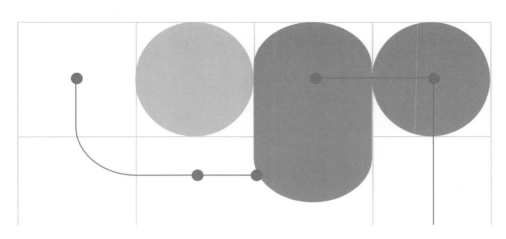

초등교사의 심리적 소진 회복을 위한
집단상담 프로그램

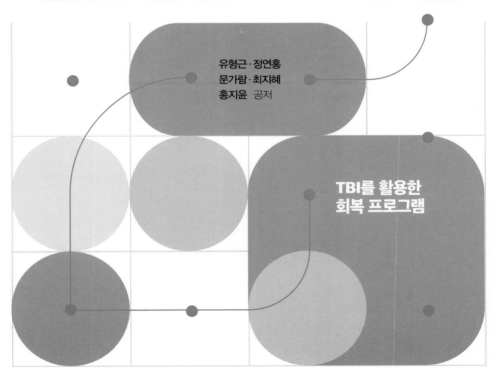

유형근 · 정연홍
문가람 · 최지혜
홍지윤 공저

TBI를 활용한
회복 프로그램

학지사

머리말

"교사가 행복해야 학생도 행복하다"라는 말이 있다. 이는 교사가 행복하지 않으면 아무리 전문성이 높다고 할지라도 그것이 충분히 발휘되지 못하며, 이는 곧바로 학생에게 부정적인 영향을 미친다는 것을 강조한 말이다. 그런데 요즘의 상황을 보면 행복감이 떨어지고 심리적 소진을 호소하는 교사의 비율이 점차 높아지고 있어 우려스러운 것이 현실이다.

최근 우리 사회와 교육 환경의 급격한 변화는 교사들에게 새롭고 다양한 역할을 요구하면서 그들의 역할 수행을 어렵게 하고 있다. 대표적인 변화 중에서 눈에 띄는 변화는 가정의 기능이 약화되면서 그 기능이 학교로 이전되고 있다는 점이다. 학생들의 급식 문제, 방과 후 교육 문제, 야간 및 주말 돌봄 문제 등이 대표적인 사례이다. 이와 더불어 교육감 직선제 등이 실시되면서 선거권을 가지고 있는 학부모의 입김이 점차 강화되어 학생 교육에 대한 학부모의 책임을 강조하는 정책 입안에 소극적으로 임하게 되고, 그 결과 학부모가 감당해야 할 책임마저 고스란히 교사들에게 전가되고 있다. 또한 학생들의 인권이 강조되면서 그들의 목소리도 함께 커짐에 따라 교사들은 과거에 비해 학생 지도와 관련된 동일 업무를 처리하는 데 있어서 훨씬 더 많은 시간과 노력을 들일 뿐 아니라, 그 과정에서 많은 갈등을 경험하고 과도한 부담을 갖게 되었다.

이러한 변화는 고스란히 교사들의 업무 부담 증가로 직결되었고 교사들은 점차 많은 스트레스를 받게 되었지만, 정작 그들이 이러한 스트레스를 풀고 휴식을 취할 수 있는 시간은 갈수록 줄어들고 있다. 직무를 수행하면서 받는 스트레스들이 해소되지 않고 지속적으로 누적되면 결국 교육활동 침해 사건이 빈발하고, 교사는 심리적으로 소진되며 신체적으로도 여러 가지 질병을 얻게 된다. 이러한 상황이 개선되지 않고 지속되면 교사의 교육 역량이 저하되어 결국 학생 교육에도 악영향을 미치게 된다.

그동안 교사의 심리적 소진 문제에 대하여 이론적으로는 많이 연구되었으나, 실제적으로 이에 대해 정확하게 진단하고 그 결과에 근거하여 교사들의 심리적 소진을 개선하기 위한 맞춤식 프로그램의 개발과 적용 등에 관련한 연구와 노력은 많이 이루어지지 않았던 것이 현실이다. 심리적 소진의 개선과 회복을 조력하기 위한 프로그램의 개발과 적용을 위해서는 참여자들의 선별 및 적극적인 참여가 꼭 필요한데, 심리적 소진을 경험하는 교사들의 특성상 자신의 신상이 드러날 수 있는 프로그램에 적극적으로 참여하는 것을 꺼리는 경향이 강하여 이러한 노력들을 더욱 난감하게 만들었다.

이러한 상황에서 학지사 심리검사연구소인 '인싸이트'의 지원과 '한국교원대학교 심리적 소진 연구팀'의 적극적인 노력으로 교사 개개인의 소진 수준을 객관적인 검사를 통하여 정확하게 측정하고, 그 결과에 근거하여 소진의 주요 원인을 파악한 후, 소진의 원인에 부합하는 맞춤식 프로그램을 구안 및 적용하여 효과를 검증한 프로그램(TBI)을 개발하였다. 이로써 교사 개개인의 소진에 대한 one-stop 서비스를 제공할 수 있는 기반을 마련하게 되었다. 특히 초등교사와 중등교사는 처한 직무환경이 다르고, 그들이 받는 스트레스에도 차이가 있음을 고려하여 초등교사용 프로그램과 중등교사용 프로그램을 분리하여 개발함으로써 프로그램의 효과를 제고할 수 있도록 하였다. 이러한 프로그램을 개발하는 데에서 그치지 않고 책으로 펴냄으로써 보다 많은 교사가 프로그램을 활용하여 심리적 소진에서 회복할 수 있기를 희망해 본다.

이 책은 총 3부 11장으로 구성되어 있다. 제1부는 교사 심리적 소진의 이해에 관해 다룬다. 제1장에서는 심리적 소진의 정의에 대해 기술하였고, 제2장에서는 심리적 소진의 특징을 소개하였으며, 제3장에서는 심리적 소진의 측정 도구에 대하여 소개하였다. 제2부는 교사 심리적 소진 검사의 이해를 다룬다. 제4장에서는 TBI의 특징을, 제5장에서는 TBI의 구성과 내용을 다루며, 제6장에서는 TBI의 실시 방법을 소개하였고, 제7장에서는 TBI 결과와 영역별 개입 프로그램과의 관련성을 다루었다. 제3부는 초등교사의 심리적 소진 회복을 위한 프로그램의 실제를 다룬다. 제8장에서는 학생 및 학부모와의 대인관계능력 향상 프로그램을, 제9장에서는 동료 교사 및 관리자와의 대인관계능력 향상 프로그램을, 제10장에서는 생활지도 역량 향상 프로그램을, 제11장에서는 긍정심리자본 향상 프로그램을 각각 소개하였다. 이 책의 부족하고 미흡한 부분은 앞으로 독자들의 관심 어린 충고와 가르침을 바탕으로 지속적으로 개선해 나가고자 한다.

끝으로, 이 책의 출판을 적극적으로 지원해 주신 학지사 김진환 사장님, 출판을 위해 많은 협조와 수고를 아끼지 않으신 편집부 김찬미 선생님께 깊은 감사를 드린다. 특히 어려울 때마다 묵묵히 힘이 되어 준 가족에게도 그동안 표현하지 못했던 고마움을 전한다.

2023년 8월
저자 일동

차례

제 1 부

교사 심리적 소진의 이해

제1장

심리적 소진의 정의

  좋은 학교를 만들기 위해서는 교육 현장에서 앞장서서 교육활동을 주도하고 교육의 질을 결정하는 교사의 역할이 중요하다. 교육학자 Whitaker(2015)는 "교직이 어려운 이유는 단 하루도 빠짐없이 중요하기 때문이다."라고 말하며 교사가 아주 놀라운 직업이라고 이야기한 바 있다. 또한 교육의 질을 결정하는 것은 프로그램이 아니라 사람이라는 믿음을 잃지 않아야 한다고 하였다. 하지만 과도한 업무와 수업 부담, 학생과 학부모 및 지역사회의 가치관 변화와 각종 교권 침해, 교사 다면평가에 대한 심리적 부담감이 교사의 스트레스를 가중시키고 있다(조환이, 윤선아, 2017). 이러한 연속적인 스트레스는 개인의 심각한 정서변화, 낙담, 의심과 같은 정서로 이어져서 직업적 위기 상황, 즉 심리적 소진으로 나타나게 된다(김주영, 2010; 김효정, 2018; 정보용, 2018).

  교사가 심리적 소진을 경험하게 되면 학생을 가르치는 데 노력을 덜 기울이고, 학생들과의 접촉을 피하는 등 학생을 대하는 태도에 부정적인 영향을 미칠 수 있으며, 타인의 조언을 받아들이지 않고 인내심을 상실하게 되어 교직생활에 대한 부정적인 견해와 업무 소홀의 경향을 보인다(한광현, 2008). 따라서 교사의 심리적 소진을 자세히 살펴 그 원인을 분석하고, 극복 방안을 마련하는 것이 중요하다고 할 수 있다. 이 장에서는 교사의 심리적 소진을 살피기에 앞서 좀 더 일반적인 의미에서 논의되는 심리적 소진의 개념과 특징을 알아보고자 한다.

1. 심리적 소진의 개념

'소진'은 점점 줄어들어 다 없어짐을 뜻한다. 사람에게는 체력적으로나 정신적으로 에너지가 고갈되었다는 의미로 사용된다. 소진은 육체적 측면과 심리적 측면으로 나눌 수 있으며, 이 책에서는 정신 또는 마음이 지쳐서 도움이 필요한 상태인 심리적 측면의 소진을 다루고자 한다. 한국표준질병사인분류(KCD-8)에서는 심리적 소진을 건강 상태 및 보건 서비스 접촉에 영향을 주는 요인으로, 생활관리의 어려움에 관련된 문제라고 분류하고 있다. 심리적 소진은 직무와 관련된 상황에서 스트레스를 오랫동안 받으면서 정신적·신체적 자원이 고갈됨을 느끼고, 이에 따라 에너지의 불균형이 초래되는 현상이다. 적절한 수준의 스트레스는 개인의 능력을 향상시키고 목표를 성취하였을 때 만족감을 주지만, 지속된 압박감과 심리적 부담은 다양한 형태의 심리적 소진으로 이어질 수 있다. 이러한 심리적 소진은 정신적으로나 심리적으로 병리 상태에 있는 사람들에게 나타나는 것이 아니라 정상적인 일반인들에게 직무와 관련되어 나타난다는 특징이 있다.

'심리적 소진(burn-out)'이라는 용어는 1970년대에 지역정신보건센터에서 일했던 미국의 정신분석의학자 Freudenberger가 처음 사용한 것으로 알려져 있다. Freudenberger (1974)는 자신뿐만 아니라 동료 치료자들이 특별한 이유 없이 의욕이 없어지고 내담자들에게 냉담해지는 현상을 발견하였다. 그는 이러한 정서적·신체적인 탈진 현상을 설명하기 위해 심리적 소진이라는 용어를 사용하게 되었다. 이후 심리적 소진의 다양한 개념적 정의가 이루어졌으나, 심리적 소진을 설명할 때 Freudenberger(1974)가 규정한 '자신의 업무를 열정적으로 수행하였으나 본인이 기대한 성과나 보람을 얻지 못하고 오히려 자신의 업무에 회의감이나 좌절감을 겪는 상태'라는 개념적 정의가 가장 널리 사용되고 있다.

심리적 소진이라는 개념이 널리 사용됨에 따라 이를 스트레스, 우울과 혼동하여 이해하는 경우가 있다. 먼저 스트레스와 심리적 소진은 모두 지루함, 의욕 저하, 피곤, 지친 느낌 등의 정의를 가지지만 둘은 완전히 다른 구성개념이다. 스트레스는 누구나 경험할 수 있는 것이지만, 심리적 소진은 자신의 직무에 열정적이며 높은 목적과 기대를 가진 사람, 자신의 일에서 삶의 의미를 이끌어 내고자 하는 사람에게만 제한적으로 나타난다(윤아랑, 정남운, 2011). 스트레스는 개인이 가지는 자원을 초과하거나 개인의 안녕을 위협한다고 평가되는 상황에서 개인과 환경 간의 특정한 관계를 일컫는다(Lazarus & Folkman, 1984). 주로 스트레스 대처 방식이 심리적 소진과 밀접한 관계를 맺고 있어서 직무에서 오는 스트레스가 결국 심리적 소진으로 발전되는 경향이 강하다(김보람, 박영숙, 2012; 김혜숙, 최은영, 김성민, 2011; Khamisa et al., 2015). 업무상 스트레스가 지나치게 쌓였음에도 불구하고 이에 적절하게 대처하지 못한 결과로 나타나는 위기가 심리적 소진이라고 할 수 있다(Maslach et al., 1996). 심리적 소진이 스트레스의 하위 현상일 수는 있으나 심리적 소진과 스트레스는 각각 별개의 촉발 원인과 결과를 지니고 있다(Pines, 2005). 심리적 소진의 근본적 원인은 개인이 하는 일이 중요하다는 믿음이 사라진 채 자신의 일이 무의미하다고 생각하면서 무력감과 무망감을 느끼기 시작하기 때문이라고 알려져 있다. 또한 심리적 소진은 직무 만족감의 부족, 이직 희망, 신체적 및 정서적 증상, 지각된 수행 수준 등의 결과 변인도 스트레스보다 관련이 높다.

심리적 소진이라는 개념이 도입된 이래로 우울과 소진이 과연 다른 증상인가에 대한 의문이 제기되기도 하였다. 심리적 소진의 많은 불쾌 증상인 피로감, 거리두기, 감소된 열정 등은 우울 증상에서도 전형적으로 나타난다(Bakker et al., 2000). 우울은 누구나 일생 동안 경험할 수 있는 일반적인 현상으로 슬픈 감정이나 침울한 기분이 특징이다. 우울은 마음이 슬프고 답답하며, 근심이나 걱정이 있어서 명랑하지 못하고 마음과 몸이 모두 침울한 상태로 정의된다. 우울은 개인이 적절히 대처하기 어려운 개인적인 관계 또는 직장 맥락 등 다양한 맥락에서 일어날 수 있는 일상적인 반응으로 맥락과 상관없이 발생할 수 있다. 반면에 심리적 소진은 타인을 조력하는 직업에 종사하는 전문가들에게서 나타나는 특정한 종류의 직업적 스트레스로서 조력자와 수요자 간의 요구적이며 감정적으로 과부하된 관계의 결과로 나타난다(Beck et al., 1988). 우울은 직무를 수행하는 과정에서 부정적인 생각과 행동을 하게 하고(김철희, 2017), 직무에서 관계하는 대상을 부정적으로 인식하고 냉소적인 태도를 취하도록 하여 목표를 포기하게 할 수 있다(민하영, 2010). 결국 우울로 인해 업무를 통한 유능감이나 성취감을 얻지 못하게 되어 심리적 소진에 이르게 될 수 있다. 우울이 심리적 소진에 이르게 하기도 하며, 심리적 소진이 우울의 선행인자로 작용하기도 하는 등 두 개념은 서로 밀접하게 관련되어 있다. 그러나 심리적 소진은 직장에서의 수행 능력에 영향을 주며, 타인에게 도움을 주는 대상자들이 경험하는 신체적·정서적 자원의 고갈을 의미하는 것으로, 의욕 상실 및 기능 장애를 초래한다는 특징으로 구분된다(최혜영, 1994; Cherniss, 1980).

2. 심리적 소진의 특징

Maslach과 Jackson(1981)은 심리적 소진 상태에서 나타날 수 있는 특징을 정서적 고갈, 비인간화, 개인적 성취감 결여의 세 가지 하위 차원으로 분류하였다.

1) 정서적 고갈

정서적 고갈(emotional exhaustion)은 정서적으로 지쳐서 그들이 더 이상 심리적 수준에서는 아무것도 할 수 없다고 느끼게 되는 상태이다. 정서적 고갈로 인해 경험하는 부정적인 감정으로 인해 더 이상 일에 전념할 수 없으며, 자신의 의지만으로는 문제를 해결할 수 없게 된다(강진아, 2010). 자신의 일에 사명감을 가지고 성실히 임하지만 과중한 압박감과 스스로 감당하기 어려운 부담감이 지속되면 정신적으로 무력해지는 상태를 보인다.

2) 비인간화

비인간화(depersonalization)는 타인에 대해 냉소적이고 부정적인 태도를 갖는 것으로, 감정이 증폭됨에 따라 문제에 대한 책임을 타인에게 전가시키며 자기 자신에 대해서도 비판적인 태도를 고수하고 강화하는 것이다. 비인간화는 대인관계에서 자주 발생한다. 직무와 관련하여 만나는 사람들에 대해 부정적으로 생각하고 반응하기도 하며, 무감각한 반응을 보이거나 과도하게 거리감을 두는 태도로 나타나기도 한다(강진아, 2010). 자신의 일에 대한 냉소적인 태도는 심각한 경우에는 업무에 대한 거부로 이어질 수 있다.

3) 개인적 성취감 결여

개인적 성취감 결여(lack of personal accomplishment)는 자기 자신, 또는 직무수행에 있어서 자신의 성취에 대해 불만을 갖는 것이며, 스스로를 불행하다고 느끼고 타인을 돕는 일에서 실패했다고 믿는 경향성을 말한다. 개인적 성취감 결여는 자기 평가에서 자주 나타나게 되며, 우울증, 사기 저하, 좌절감, 자존감 저하 등과 함께 나타날 수 있다(김병섭, 1990). 자신이 쓸모없는 사람이 된 것 같은 부정적인 감정은 자존감에도 치명적인 영향을 미칠 수 있다.

3. 심리적 소진의 진행 과정 및 결과

심리적 소진은 갑작스럽게 일어나는 것이 아니라 '열성-침체-좌절-무관심'이라는 일련의 과정을 거쳐 나타나게 된다. 첫째, 열성(enthusiasm) 단계에는 자신의 일에 대해 꿈과 열정이 있지만 가끔씩 현실적이지 못한 기대를 가지고 상당한 시간과 열정을 투자해 어려운 과제를 수행하며 모험과 만족감을 느끼는 단계이다. 둘째, 침체(stagnation) 단계는 자신이 하는 일에 대해 흥미를 느끼지 않게 되는 단계이다. 셋째, 좌절(frustration) 단계에서는 자신의 노력에 비해 성과가 적다고 느끼며 업무를 회피하거나 신체·심리적인 문제를 겪게 된다. 넷째, 무관심(apathy) 단계에서는 스트레스가 극한이 되어 업무에 무관심하게 되는 단계이다(김호선, 2017; 한선아, 2013).

Maslach(1998)은 역할의 과부화와 지나친 개인 간 상호작용이 정서적 고갈의 원인이 되며, 이러한 과정을 거치면서 비인간화와 개인적 성취감 결여가 일어난다고 하였다. Maslach 등(2001)이 정리한 소진의 결과를 좀 더 구체적으로 살펴보면 첫째, 직무수행상의 결과로 소진된 사람은 결근, 이직 등의 직무철수를 보인다. 직무에서 낮은 생산성과 비효율성을 나타내고, 결국 직무만족이 감소되어 직장에 덜 헌신적이 된다는 것이다. 둘째, 건강상의 결과로서 소진은 불안, 우울, 자존감 저하 등과 같이 정신건강상의 부정적 결과를 촉진시키는 등 직무 관련 신경쇠약의 정신의학적 프로파일과도 관련이 있다(윤아랑, 정남운, 2011에서 재인용).

Brock과 Grady(2000)는 만성적 피로감, 사회적 위축, 감정적 고립, 자기 비난, 자존심 결여, 우울감, 절망감 등을 소진의 과정이 시작되는 전조 증상으로 제시한 바 있다. 심리적 소진의 과정을 설명하는 Leiter와 Maslach(1988)의 모델에서 발전한 Leiter(1990)의 수정된 모델을 시각적으로 설명하면 [그림 1-1]과 같다. 이 모델은 심리적 소진의 세 가지 하위 차원인 정서적 고갈, 비인간화, 개인적 성취감을 환경적 맥락의 상호작용으로 설명한다. 과도한 업무량과 업무 과정에서의 대인 갈등은 정서적 고갈을 심화시키게 된다. 그 결과 대인관계 속에서 느낄 수 있는 인간적인 모습과 업무에서 느끼는 성취감에 부정적인 영향을 미친다. 사회적 맥락, 조직 자원의 제공, 동료들과 서비스 수혜자 사이의 개인적 갈등, 그리고 감정적인 요구의 압박이 심리적 소진의 과정에 존재하는 것으로 보았다. 이러한 관점에서 볼 때 시간의 연속성은 심리적 소진의 중요한 개념이라고 할 수 있다. 다시 말해 사람들은 갑자기 지치지 않으며, 어떤 사람들은 높은 수준의 피로와 성취감의 감소 또한 시간의 연속성을 갖고 진행되는 것이다. 업무 환경의 지속적인 상호작용의 결과로 전문적인 효율성이 높아질 수도 있고, 심리적 소진으로 이어질 수도 있다.

심리적 소진은 다양한 결과로 나타날 수 있다. 첫째, 사회적으로 주어진 역할에 대한 가치가 감소되고, 이로 인하여 개인은 더욱 심각하게 소외될 수 있다. 자신을 직무

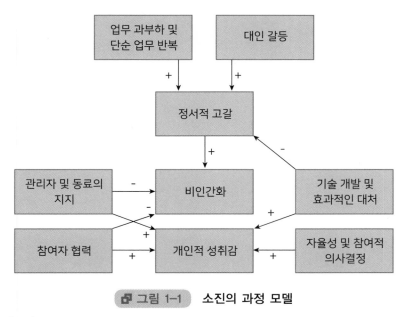

그림 1-1 소진의 과정 모델

출처: Leiter(1993).

와 완전히 동일시하는 사람은 직무상 요구되는 역할과 기대에 맞추어 자신이 실제로 느끼는 감정마저 포장하기도 한다. 이때 소모되는 능동적인 노력은 심리적 자원을 고갈되게 만들어 심리적 소진을 유발한다. 심리적 소진은 직무와 관련된 상황에서 자신의 개인적 요구를 멀리한 채 사회적으로 기대되는 역할에 과도하게 집중하게 하여 심리적 에너지의 불균형을 초래하고, 결과적으로 정신적인 체념을 하게 한다(정연홍, 2016).

둘째, 신체적 고갈 증상이 나타나기도 한다. 심리적 소진이 나타나 그 정도가 심해지면 긴장, 초조, 과로로 이어질 수 있으며, 신체의 건강도 악화된다. 신체의 건강 악화로 인해 수면장애, 두통, 식욕 상실, 신경증, 복통 등의 증상이 발생하며, 흡연, 약물, 알코올 남용과 같이 물질을 오남용하는 행동적인 문제도 나타날 수 있다(정연홍, 2016).

셋째, 정신증적 증상이 나타나기도 한다. 심리적 소진이 나타나면 기운 없음, 지루함, 환멸, 낙담, 혼란스러움의 느낌이 나타나며, 분노, 불안, 신경과민, 우울, 권태, 냉소 등의 정신증적 증상으로 이어질 수 있다. 정서적인 측면에서 고갈은 심리적 안정감이 감소되는 상태이며, 심리적 안정감이 감소되면 정체성에도 영향을 미칠 수 있다. 심리적으로 소진된 사람은 자신의 인생을 스스로 통제할 수 없다고 생각하여 개인적인 능력과 자존감에 회의감을 가지기도 한다(정연홍, 2016).

제2장
교사 심리적 소진의 특징

    심리적 소진이라는 포괄적인 개념이 존재하기는 하나 그것만으로는 교사의 심리적 소진을 온전히 설명할 수 없다. 겉으로 드러나는 상태는 언뜻 비슷해 보일지라도 속을 들여다보면 분명한 차이가 있다. 집요하게 차이를 살피는 일은 특정한 개념을 보다 공고히 이해하는 데 중요한 역할을 한다. 따라서 일반적인 심리적 소진과 다른 점이 무엇인지 분명히 하고, 차이가 어디서 오는지 여러 요인을 검토하는 일은 교사 심리적 소진을 이해하는 데 큰 도움이 될 것이다.

    학교라는 공간에서 학생을 대상으로 교육 서비스를 제공한다는 공통점이 있지만, 초등교사와 중등교사의 심리적 소진에는 차이가 있다. 사격에서는 아주 세밀한 조준의 차이가 과녁에 이르러서는 큰 차이로 확장된다. 중등교사와 달리 초등교사의 심리적 소진은 어떤 특징이 있는지 보다 구체적으로 살펴야 하는 이유도 그와 같다. 작은 차이일지라도 대상만의 독특한 맥락을 살필 때 과녁이라는 목적에 정확하게 이를 수 있을 것이다. 이에 교사 심리적 소진의 개념을 살핀 이후에 심리적으로 소진된 초등학교 교사는 어떤 특징을 가지는지 상세히 밝히고자 한다.

1. 교사 심리적 소진의 개념

Freudenberger(1974)에 의해 '심리적 소진(burn-out)'이라는 개념이 최초로 정립된 이후로 관련된 연구는 주로 사람을 직접 상대하는 직무에 종사하는 개인을 대상으로 이루어져 왔다. 교사 역시 사람을 주로 상대할 뿐만 아니라 직무특성상 자신의 통제를 초과하는 상황에 반복적으로 노출되고, 그에 관한 자신의 통제 결핍을 지각하게 되어 심리적 소진을 경험할 가능성이 높기 때문에 주요한 연구 대상에 줄곧 포함되어 왔다. 대표적으로 Maslach과 Jackson(1981), Seidman과 Zager(1987) 등을 꼽을 수 있는데, 이들은 각각 교사를 위한 Maslach 소진 검사(Maslach Burnout Inventory-Educators Survey: MBI-ES), 교사 소진 검사(Teacher Burnout Scale: TBS) 등을 개발하여 교사 심리적 소진의 개념을 다루었다. 국내에서는 2000년대 이후에 관련 연구가 큰 폭으로 증가하면서 교사 심리적 소진의 개념을 본격적으로 다루기 시작하였다.

〈표 2-1〉에서 정리한 것과 같이 여러 연구자가 밝힌 교사 심리적 소진의 개념을 살펴보면, 공통적으로 교사 심리적 소진도 결국 직무 스트레스를 극복하지 못하면서 발생하는 결과적인 상태임을 강조한다. 과도한 직무 스트레스에 노출되면서 부정적인 자아개념과 태도를 형성하여 심리적ㆍ신체적 탈진 상태에 이르고, 결과적으로 교수활동을 비롯한 전반적인 업무와 동료 교사 및 학생에게 부정적인 영향을 미치는 것이다. 또한 교사의 심리적 소진은 강점을 갖고 성공한 사람에게서 시작되는 것으로, 능력이 없고 가르치는 일에 소홀한 교사들에게서 나타나기보다는 교사로서 소명의식을 가지고 자신의 능력을 열성적으로 발휘하는 교사에게서 주로 나타난다(정연홍, 2016).

이런 점에서만 보면 일반 직종에서의 심리적 소진과 교사의 심리적 소진에서 특별한 차이를 찾기 어렵다. 그러나 교사의 심리적 소진을 단지 직무 스트레스와의 관계로만 이해하는 것은 부족하다. 교사가 일반 서비스 직종에서와 마찬가지로 사람을 상대로 한다는 특성을 갖지만 일반 서비스직종과는 다르게 교사는 주도적인 입장에서 역할을 수행해야 하며, 특히 교육전문가로서 가치를 실현하는 일을 하는 등 고도의 정신적인 노동을 하는 역할 특성을 지닌다. 따라서 교사의 심리적 소진을 제대로 이해하기 위해서는 스트레스 등과 같이 부정적인 감정에 압도되어 정상적인 기능을 하지 못한다는 차원을 넘어 교육에 열정과 사명감을 가지고 헌신하였지만, 이에 따르는 긍정적

표 2-1 교사 심리적 소진의 개념

연구자	학교급	교사 심리적 소진
김연옥 (2012)	유아	유아 교사가 직무와 관련된 스트레스를 효과적으로 대처하지 못하는 상황이 반복된 결과로 나타나는 정서적·신체적·정신적인 탈진 상태
송미경·양난미 (2015)	초등	초등학교 교사들이 보이는 신체적·관계적 탈진과 개인적 능력 및 열정에 대한 회의, 불안을 경험하는 상태를 말하는 것으로, 교사로서의 직무와 관련된 스트레스에 효과적으로 대처하지 못하는 상황이 반복된 결과
홍우림 (2015)	초등	교사 개인 특성이나 학교 조직 특성으로 인해서 나타나는 정신적·정서적·신체적인 고갈 상태
정연홍 (2016)	초·중등	직무와 관련된 상황에서 스트레스를 오랫동안 받으며 정신적·신체적 자원이 고갈됨을 느끼고, 이에 따라 에너지 불균형이 나타나는 것이며, 결과적으로 자신, 대인관계, 직무 그 자체에 대해 부정적인 행동 특성을 나타내는 것

인 피드백이 부재하여 나타나는 좌절감, 무가치감 등과 같은 부적 정서로 이해하는 게 타당할 것이다. 더군다나 심리적으로 소진된 교사는 교직 자체에 회의를 갖는데, 이때 의미 상실의 대상은 단지 직무에만 한정되지 않고 자기 자신에게로 향하는 경우가 많아서 스스로 가치 없는 존재로 여기게 될 수 있다.

앞선 내용을 정리하면, 교사는 학생들을 교육하고 성장을 돕는 과정에서 그들에게 도움이 되고자 하는 의욕을 보이지만, 자신의 목표를 실현할 기회를 갖지 못하거나 기대했던 성취를 이루지 못하면서 더 이상 교육에 헌신할 이유와 목적을 잃어버리게 되어 심리적 소진을 경험하게 된다. 이러한 교사의 심리적 소진은 학생을 가르치는 자신의 직무에 대해 실패감, 능력 상실감을 경험하는 것이며, 학생에 관한 일을 귀찮게 생각하거나 아예 교직을 떠나려는 생각을 하게 되는 것으로 정의할 수 있다.

2. 심리적으로 소진된 초등교사의 특징

심리적으로 소진된 초등교사의 특징을 이해하기 위해서 초등학교의 교육 대상인 초등학생과 초등교사의 근무환경 등을 살펴볼 필요가 있다. 이러한 요소를 고려할 때 심리적으로 소진된 초등교사의 특징을 다음과 같이 이해할 수 있다.

첫째, 초등교사는 동 학년 조직에 매우 큰 영향을 받는 특성이 있다. 초등학교의 교육체제는 학년 단위를 기반으로 운영되는데, 수업, 평가 등 학년 교육과정 운영뿐만 아니라 축제, 현장학습, 운동회, 공개 수업, 친목 행사 등의 학교 행사 역시 학년 행사라는 명칭이 사용될 만큼 동 학년 중심으로 운영되고 있다(도영호, 2016). 중등학교와 달리 초등학교에서 특히 동 학년 중심으로 공통 교육과정이 운영될 수밖에 없는 데에는 교과가 분화되어 있지 않은 초등학교만의 특수성에서 그 원인을 찾아볼 수 있다. 공통 과목을 중심으로 학급 교육과정이 운영되다 보니 학급 교육과정의 차이가 곧 학생 및 학부모, 관리자로 하여금 학급을 비교하고 서열화하는 기준이 되는 것이다. 교사는 각자의 교육관, 가치, 성향에 따라 교육과정을 자율적으로 구성해서 운영할 수 있는 권한이 있지만, 앞과 같은 이유로 동 학년 내에서 웬만하면 동질적인 교육과정을 운영하려고 하는 특징이 있다(정미향, 2015).

그러나 이와 같은 공통성 추구는 동 학년 내 대인관계 갈등의 원인이 되기도 한다. 교사는 나름의 교육과정 운영 방식과 교육적 소신을 바탕으로 학급 내에서의 학급 규칙, 수업 방식, 동아리 운영 등에 관한 자신의 가치관과 생각을 투영하고 싶어 하나, 이를 동 학년의 기준에 맞추는 과정에서 필연적으로 충돌이 발생하게 되는 것이다. 또한 초등학교는 중등학교와 다르게 행사가 굉장히 많은 편인데, 이러한 행사들은 일회성으로 이루어지기보다는 교육과정 내에서 1년간 지속적으로 이루어지는 행사들이 대부분이며, 교사 중심으로 계획되는 경우가 많기에 이를 둘러싼 대인관계 갈등이 자주 발생한다고 할 수 있다(도영호, 2016).

이때 심리적으로 소진된 초등교사는 대인관계에 있어서 심리적으로 소진되지 않은 교사와 비교해 다른 심리적 특성을 가질 가능성이 높다. 대표적인 것 중 하나는 심리적으로 소진된 초등교사는 부적응적 인지적 정서 조절 전략을 사용한다는 것이다(김혜원, 이지연, 2016). 인지적 정서 조절 전략이란 인지행동모델에서 제시하는 개념으로,

사람들은 살아가면서 다양한 부정적인 정서를 경험하게 될 때 이를 조절하기 위해 다양한 전략을 사용하게 되는데 불쾌한 정서와 같이 정서적 각성을 일으키는 정보가 있는 경우에 이를 인지 처리 과정을 통해 해결한다는 것을 의미한다. 인지적 정서 조절 전략이 적응적인지, 부적응적인지에 따라서 개인의 정서적 경험의 속성 자체가 바뀌거나 정서 경험의 강도가 축소 혹은 강화될 수 있는데, 심리적으로 소진된 초등교사는 주로 자기 비난, 타인 비난, 반추, 파국화와 같은 부적응적인 전략을 주된 전략으로 사용한다는 것이다. 이러한 정서 조절 전략을 사용하는 접근은 대인관계에서 자신의 중요성에 대해 왜곡된 생각을 가지도록 하고 자신의 지지체계 내에서 소외감을 느끼게 할 수 있다(최우경, 김진숙, 2014). 정리하면, 초등교사는 동 학년 중심의 교육과정 운영으로 밀접한 대인관계의 장(field)에 위치해 있고 이는 때로 대인관계 갈등으로 나아갈 여지가 많은데, 심리적으로 소진된 초등교사는 부적응적 인지적 정서 조절 전략을 주로 사용하기 때문에 대인관계에서 어려움이 증폭되고 이는 또다시 심리적 소진에 기인하는 요소로 작용하는 악순환에 빠질 가능성이 높다고 할 수 있다.

둘째, 초등학교 체계는 학급담임제를 기반으로 하는 것과 더불어 소수의 전담 과목을 제외하고 대부분의 과목을 담임이 지도하기 때문에 담임교사는 학급에 계속 머물면서 생활지도, 훈육 등에 더 많은 시간을 소모한다는 특징이 있다(손형국, 양정호, 2013). 또한 초등교사는 중등학교처럼 교사 업무 공간이 별도로 존재하지 않기 때문에 학급에 계속 머무르며 아동에 대한 교육 행위를 수행하는 것과 공문서 처리와 같은 관련 사무처리를 병행한다. 담임교사는 쉬는 시간과 점심시간을 포함하여 일과의 대부분을 자신의 교실에서 학급의 학생들과 함께하며(손형국, 2015), 여러 가지 반복되는 일상이 교사의 운영 방식에 따라 정교하게 움직인다. 잡다한 일상적인 일 모두를 아이들과 함께하는 것이다. 교사는 아이들이 하교할 때까지 그들과 함께 생활하며 학급에서 일어나는 거의 모든 일을 알게 된다. 그 모든 일이 생활이며 또 교사가 주의를 기울여야 하는 범위 안에 들어와야 하는 일이고 지도의 대상이 되는 것이다. 사실상 초등학교 학급의 일상적인 생활체계는 가정생활과 유사한 면이 많다. 특히 최근에는 안전이라는 주제가 이슈화됨에 따라 학생의 안전에 더욱 신경을 쓸 수밖에 없는 상황이 되었다. 초등학생 시기는 흔히 뛰어노는 시기라고 표현할 만큼 초등학생들 사이에는 신체적 상호작용이 많고, 위험 행동의 빈도가 잦다. 이러한 이유로 초등교사는 학급 내에서 언제 어떤 일이 벌어질지 모르기 때문에 지속적인 긴장감 상태에 있다고 볼 수 있다.

교육공간의 분리 없이 연속적으로 이루어지는 교사와 학생 간의 상호작용은 초등교사 직무특성상 학생의 다양한 문제행동에 대한 지각의 증가로 이어진다(Friedman, 2000). 실제 관련 연구에서도 교사와 학생 간의 긍정적인 상호작용보다는 문제행동 학생과의 부정적인 상호작용이 월등히 많다는 결과를 보이고 있다(Alvarez, 2007). 초등교사가 중등교사보다 교실에서의 질서 유지에 더 많은 어려움을 겪고 있는 것으로 나타난 점(한국교육개발원, 2020)을 살폈을 때 초등교사의 직무환경은 학생의 생활지도와 관련된 스트레스에 큰 영향을 미치고 있는 것으로 판단할 수 있다. 실제로 생활지도에 대한 스트레스가 초등교사의 심리적 소진에 가장 높은 영향을 미치는 것으로 나타났고(김민지, 김현욱, 2020), 심리적으로 소진된 초등교사 집단에서 자기통제, 공감능력 등 다른 비교 변인보다 생활지도 효능감이 유의미하게 낮게 나타나는(홍석기, 2013) 등 관련 연구에서도 이를 확인할 수 있다.

생활지도에 대한 스트레스는 심리적 소진에 이르는 큰 원인이 되기 때문에 결과적으로 심리적으로 소진된 교사는 생활지도를 거부하거나 포기하는 등의 특성을 보이기도 한다(김선경, 안도현, 2017). 교사는 아동의 문제행동을 고치기 위해 노력을 했는데도 아동의 문제행동이 반복된다고 느낄 때 무기력감과 우울감을 경험한다(손현동, 김은실, 2014). 심리적으로 소진되기 전에는 학생들에게 남다른 봉사를 하며 선의를 가지고 헌신하고 학습의 성과를 높이려고 노력하지만(Farber, 1984), 심리적으로 소진되었을 경우에는 학생들에 대한 긍정적인 느낌이나 관심을 잃게 되어 결과적으로는 도움을 주고자 하는 노력을 덜하게 된다. 즉, 생활지도에 대한 스트레스가 막중한 나머지 종국에는 무기력으로 인해 더 이상 헌신하지 않게 되고, 교직 자체에 회의감을 가져 문제 상황이 발생했을 때 무엇을 더 해야 할지 모르거나 행동 의지가 사라지는 문제가 나타나게 되는 것이다(홍우림, 2015). Cherniss(1989)는 이와 같이 심리적으로 소진된 교사가 보이는 태도의 예로 학생에 대한 긍정적인 느낌의 상실, 학생과의 접촉을 머뭇거림, 학생을 상투적으로 대함, 집중력 또는 청취력 저하, 고집스러운 느낌, 냉소적, 규정대로만 하는 등의 태도를 보인다고 설명하였다.

셋째, 심리적으로 소진된 초등교사는 학교 현장에서 불만족스러운 현실에 대해 크게 문제 삼지 않으려고 하며 대체로 순응하려는 경향이 있다. 물론 모든 초등교사가 불만족에 대해 순응하는 것은 아니며, 학교 현장이 아닌 곳에서는 자신의 의견을 강하게 개진하는 모습을 보일 수도 있다. 단지 여기서 말하고자 하는 바는 전체적인 경향성에 대한 것이라고 할 수 있다. 초등교사가 이러한 특성을 보이는 데에는 여러 요인이 있겠지만, 우선 초등학교 관리자는 경력에 따른 교직 경험의 유사성 등으로 인해 교사들에 대한 영향력이 상당히 큰 점을 꼽을 수 있다. 특히 초등교사는 대부분 교육대학교라는 양성 기관을 통해서 초등교사 자격증을 취득하는데, 이로 인해 대부분의 교사가 동문 그룹에 속한다든지 직접적인 선후배 관계가 아니더라도 한 다리만 건너면 서로 어느 정도 알 수 있는 네트워크의 일원에 속한다고 할 수 있다. 거대한 네트워크라는 암묵적인 압박 속에서 소위 '튀는' 행동이라고 일컬어지는 불만족에 대한 문제 제기는 자연히 축소될 수밖에 없다. 그러나 이와 같은 순응 경향성은 단지 겉으로 드러나는 모습일 뿐 초등교사는 상급 기관 및 상급자가 지시한 사항을 온전한 과업 수용으로 발전 및 이행하지 않으며, 조직 사회와 조직 결정권자에 대한 불평과 불만을 품는다(유희정, 2009). 초등학교에 형성된 침묵의 카르텔이라는 학교조직문화는 초등교사라는 개인으로 하여금 하고 싶은 말을 못하게 하고, 하고 싶지 않은 것을 하게 만들고, 공정하지 않은 업무 분담에 대해서도 크게 문제 삼지 않아야 하는 쪽으로 이끈다. 결과적으로 이와 같은 학교조직문화는 학교라는 전체적인 시스템이 무리 없이 운영되는 데에는 단기적인 도움이 될지는 모르지만, 초등교사가 심리적 소진에 이를 수 있는 가능성을 높이는 요인이 되기도 한다.

순응 경향성이라고 불리는 교직 문화의 환경적 맥락 속에서 불공정한 업무 분담, 관리자의 독단적인 결정 등과 같은 직무 스트레스는 교사들로 하여금 소진을 겪게 하는 큰 변인임은 틀림없지만, 이에 어떤 교사들은 잘 적응하는 반면, 어떤 교사들은 쉽게 소진된다는 점(강명선, 이희영, 2012)을 살필 때 심리적으로 소진된 초등교사는 어떤 개인 내적인 특징을 갖는지 주목할 필요가 있다. 대처는 인간의 적응 노력 과정을 가장 잘 반영하는 개념 중 하나로서 개인의 수용 능력을 위협하는 것으로 평가되는 내적·외적 요구를 다루려는 모든 인지적·행동적 노력으로 정의되며, 스트레스 요인으로부터 받는 피해를 최소화하기 위해 개인이 행하는 노력을 대처 방식이라고 한다(Lazarus & Folkman, 1984). 대처 방식은 학자에 따라 다르게 유형화되어 왔지만, Amirkhan(1990)이 제시한 문제해결 중심 대처 방식, 회피 중심 대처 방식, 사회적 지지 추구 대처 방식이 광범위한 스트레스 상황 및 대상 집단을 포괄할 수 있는 대처 방식의 기본 틀로 지지되어 왔다(Clark et al., 1995). 이 중 심리적 소진에 이를 가능성이 가장 높은 유형은 회피 중심 대처 방식을 주로 사용하는 개인으로, 가능한 한 문제를 생각하지 않으려고 함과 동시에 업무를 소홀히 하며 수면 시간을 늘리는 등 업무 부담에서 벗어나기 위해 다른 일에 관심을 쏟는 모습을 보이는 것이 구체적인 예라고 할 수 있다 (권나연, 이희영, 2012).

교직의 경우에는 업무의 구분이 뚜렷하지 않은 영역이 있어서 이로 인해 교사 간 갈등, 교사와 관리자 사이의 갈등, 교사와 행정가 사이의 갈등이 촉발되기도 한다. 또한 자신이 맡은 업무 외에도 시시때때로 업무가 할당되기도 하는데, 과연 교사가 해야 할 일인가 생각이 드는 업무를 맡는 경우도 있다. 그렇다고 마냥 자신에게 맡겨진 일을 쉽게 거절할 수 없는데, 이는 자신이 하지 않으면 누군가가 해야 하고, 다른 교사들 역시 각자 사정이 있기 때문에 자신을 대신해 줄 사람을 찾기란 쉽지 않아 현재의 상황을 바꾸기 어렵다는 것을 알고 있기 때문이다. 따라서 이와 같은 직무환경에서 불합리한 것에 대해 그냥 조용히 넘어가자는 식의 교직 문화의 압박이 더해져 심리적으로 소진된 초등학교 교사는 회피 중심의 대처 방식에서 벗어나지 못하고 새로운 대상자와 다른 상황에 대처할 수 있는 유연성과 민감성이 다소 부족한 특성을 보인다고 할 수 있다 (김보람, 박영숙, 2012).

넷째, 초등학생 자녀를 둔 학부모는 자녀의 문제가 곧 자신의 문제라고 동일시하여 책임감을 느끼는 경향이 강하기 때문에 아동 문제로 교사와 학부모 간의 잦은 갈등이 초래되기도 한다. 교육 현장에서 종종 우스갯소리로 학생의 학년과 학부모의 숙련도가 비례한다는 말이 나오기도 한다. 그 말인즉슨 학부모도 학부모로서의 역할이 낯설기 때문에 대체로 초등학교에서 겪는 일들에 대해 어떻게 대처해야 할지 경험이 부족하다는 뜻이다. 거기에 더해 초등학교는 학생들이 상대적으로 성숙하다고 보기 어려워 교사-학부모 간의 협력이 중요하며, 저학년 학부모들은 특히 잦은 상담을 요청하는 등의 독특한 현상이 있다(홍은영, 임진영, 2014). 어쩌면 공동의 육아라고 부를 수 있는 환경 속에서 초등교사는 학부모와 교류가 잦아지며, 때로 이는 갈등의 소재로 변질되기도 한다(김은성, 조덕주, 진석언, 2019). 조사에 따르면 대체로 초등교사는 학부모와의 갈등을 상대적으로 크게 인식한다는 결과가 지속적으로 나오고 있는 점을 고려할 때, 앞선 논의는 충분히 타당하다고 할 수 있다. 최근에는 학부모의 학교교육 참여를 늘리기 위한 여러 정책이 제안되고 있는데, 정작 초등교사는 학부모의 학교 참여에 대해 기피하는 경향을 보인다는 점(황철형, 최류미, 김대현, 2019)을 보면 학부모와 초등교사 사이의 갈등의 빈도가 증가할 가능성이 존재한다.

초등교사는 서비스 공급자와 수요자의 관계 구조 속에서 학부모에게 자신의 부정적인 감정을 드러내기 어렵고, 자신의 감정에 신경을 쓰지 못하며 학부모에게 학생에 대한 긍정적인 면만 전달하고, 학부모의 요구에 따라 행동하는 등 감정노동을 수행하는 과정에서 감정의 부조화를 경험한다(권미경, 김천기, 2015). 연구자들은 감정노동을 표면행위와 내면행위로 구별하여 보고 있으며, 개인의 경험에 의한 정서와 표현 규칙을 일치시키기 위해 적극적으로 정서를 변화시키는 내면행위는 소진에 부적인 영향을 미친다고 본다. 반면, 겉으로 정서를 표현할 뿐 내면적으로는 자기 소외, 우울, 냉소, 분노의 감정을 느끼는 표면행위는 소진에 정적인 영향을 미친다고 주장하고 있다(임지윤, 도승이, 2014). 다시 말해, 표면행위를 하는 교사가 심리적 소진에 이를 가능성이 높으며, 소진에 이르렀다면 직무수행의 과정에서 표현되지 못한 억압된 부정적인 정서를 많이 경험하고 있을 가능성이 높다는 것이다. 특히 이러한 경험 속에서 감정 조절이 제대로 이루어지지 않거나 부정적인 감정에 대처하기 위한 자원이 불충분할 경우에 심리적 소진의 정도가 상대적으로 높게 나타날 수 있다(Chang, 2009). 따라서 초등교사가 학부모와 맺는 관계에서 전문가로서 존중받지 못한다는 느낌, 학부모와 적대관계가 되어 공격받는 느낌, 무기력과 좌절감, 실패감 등의 부정적인 정서 체험을 지속해서 보고하고 있음을 살펴보았을 때, 심리적으로 소진된 초등교사는 학부모와의 관계 속에서 내면적으로는 강렬한 부정적인 정서를 경험하고 있지만, 겉으로는 긍정적인 감정만을 표현하는 표면행위를 주된 감정노동 수행 전략으로 사용하고 있다고 할 수 있다.

초등교사의 환경적 맥락	발생 가능한 문제	결과
동 학년 중심의 교육과정 운영	과도한 공통성 추구로 겪는 동료 교사와의 갈등	부적응적 인지적 정서 조절 전략 사용
학급 담임에 의해 전반적으로 이루어지는 교과 지도, 학급 운영, 생활지도	연속적으로 이루어지는 학생 지도로 인해 스트레스 증가	무기력감, 우울감, 회의감
순응 경향성이 강한 조직 문화	불합리한 현실에 대한 적극적인 의견 표현 자제	회피 중심의 대처 방식 사용
어린 아동을 대상으로 교육활동 수행	학부모와의 밀접한 관계로 인해 증가하는 갈등	정서 억제와 정서 표현의 양가성

그림 2-1 심리적으로 소진된 초등교사의 특징

제3장

심리적 소진의 측정 도구

　심리적 소진 정도에 따른 심리치료 및 상담 프로그램의 요구 측정을 위해 국내외에서 다양하게 활용되고 있는 심리적 소진의 측정 도구에 대해 알아보고자 한다. 먼저 교사 심리적 소진의 측정을 위해 사용되고 있는 Maslach과 Jackson(1981)의 Maslach 소진 검사(Maslach Burnout Inventory: MBI)는 서비스직 종사자들의 심리적 소진을 측정하기 위해 고안되어 강도와 빈도의 두 점수를 수집하여 특정하기 위해 제작되었으나 교직의 특성은 반영되지 않았다(김장섭, 2004; 이봉주, 2017). 이후 교사의 심리적 소진 측정을 위해 TBS, Farber(1982)의 교사 태도 검사(Teacher Attitude Survey: TAS), Jones(1980)의 건강전문직 종사자를 위한 소진 검사(Staff Burnout Scale for Health Professionals: SBS-HP), 유아교사 소진척도, 초등교사 소진척도 등이 제작되었으나 행정적 지원과 지도성 요인이 다루어지지 않았거나 우리나라 교직 문화의 특성을 반영하지 못하고 있다는 점에서 한계점을 가지고 있다(정연홍, 2016). 이 장에서는 심리적 소진의 측정 도구의 종류와 특징 및 한계점을 다루고자 한다.

1. 국내의 심리적 소진의 측정 도구

심리적 소진을 측정하기 위해 국내에서 개발된 측정 도구로는 김연옥(2012)의 유아교사 소진 척도와 송미경과 양난미(2015)의 초등교사 소진 측정 도구가 있다.

김연옥(2012)의 유아교사 소진 척도는 유치원 및 어린이집에서 학급의 담임으로 역할을 수행하는 교사를 대상으로 하며, 교사 무능감, 직업적 회의, 직무환경 불만족, 신체적·정서적 고갈의 4개 하위 요인으로 구성되어 있고, 직무환경적 불만족과 신체화 증상을 문항에 포함하여 18개의 문항으로 개발되었다. 김연옥은 외국에서 개발되어 번안된 심리적 소진 측정 도구인 MBI가 우리나라 유아교사의 심리적 소진을 충분히 담아내지 못하고 있다고 지적하였으며, 유아들의 발달과 유아교사들의 경험을 반영하여 유아교사 소진 척도를 제작했다. 유아교사들이 겪는 정서적 측면에서의 어려움을 반영하며, 우리나라 유아교육 환경 및 사회적 문화를 반영하고자 개발된 측정 도구이다. 척도의 문항 응답 방식은 Likert 5점 척도이며, 점수가 높을수록 심리적 소진이 높은 것을 의미한다.

송미경과 양난미(2015)는 초등교사 소진 측정을 위해 문헌 연구와 경험적 접근을 토대로 미래에 대한 불안, 관계 불만족, 신체화 증상의 3개 하위 요인을 가지며, Likert 6점 척도, 12개의 문항으로 구성된 초등교사 소진 측정 도구를 제작했다. 특히 MBI의 한계로 지적되는 신체화 증상이 포함되지 않은 점에 주목하여 초등학교 교사 소진 측정 도구에 신체화 증상을 포함했다. 즉, 송미경과 양난미는 심리적 소진을 보이는 초등교사가 신체적·관계적 탈진, 개인적 능력과 열정에 대한 회의와 불안을 느낀다고 본 것이다. 또한 우리나라 교육 현장의 특성과 사회 문화적 특성을 반영하기 위해 개방형 설문지와 같은 경험적 접근을 사용하였다. 이 측정 도구에서는 대인관계 영역에서 나타나는 심리적 소진을 별도의 영역으로 구분하면서 학생을 비롯하여 사람들에 대한 냉담과 무관심, 그리고 애착이 사라지는 것을 의미하는 관계 불만족을 하위 영역에 포함하여 심리적 소진의 결과가 대인관계 영역에서 어떻게 나타날 수 있는지 보여주고 있다.

그 밖에 교사를 대상으로 심리적 소진을 측정하기 위해 일반적으로 MBI를 번안하여 사용하거나 MBI를 교육 현장에 맞게 수정한 MBI-ES를 한국형으로 타당화한 도구(정송, 노언경, 2020)를 들 수 있다.

2. 국외의 심리적 소진의 측정 도구

국외의 심리적 소진 측정을 위해 사용되는 척도로는 MBI, TBS, TAS, SBS-HP 등이 있다.

이러한 여러 측정 도구 중 빈번하게 사용되는 MBI는 정서적 고갈, 비인간화, 개인적 성취감 결여의 3개 하위 요인을 가지며, Likert 7점 척도, 22개 문항으로 구성되어 있다. 정서적 고갈은 정신적인 피로감을 의미하며, 비인간화는 타인에 대해 부정적인 태도 및 냉소적인 태도를 말하고, 개인적 성취감 결여는 직무에 대한 부정적인 태도의 형성과 성취감 상실을 의미한다. MBI는 구성개념의 고유한 특성으로 인해 점수를 합하거나 전체 평균 점수를 사용하지 않고 구성개념 단위로 사용할 것을 권장하고 있다. 즉, 각 하위 점수별 상중하 수준의 절단 기준점을 따르며, 그 자체로 소진의 여부를 측정하기보다는 소진의 수준이 어느 정도 연속선상에 있는지 보여 준다. MBI가 심리적 소진 측정에 있어서 빈번하게 사용되고 있지만(이영만, 2013), 신체 증상과 직무환경에 대한 고려가 부족하다는 한계와 일반 직종의 종사자 및 서비스직종 종사자들을 대상으로 하는 것이어서 교사들에게 특화된 소진 척도는 아니다.

다음으로 TBS는 미국 공립학교 초·중등 교사를 대상으로 개발된 것으로, 교직을 핵심 내용으로 하여 교사 심리적 소진 측정을 위해 개발되었다. 하위 요인으로 교직 만족, 직무스트레스 대처, 행정적 지원의 지각, 학생을 대하는 태도 등 네 가지 요인으로 총 21개의 문항으로 이루어져 있으며, 각 항목별 점수가 높을수록 심리적 소진의 정도가 높은 것을 의미한다. 〈교직 만족〉은 직업으로서의 교직이 만족스럽지 못하다고 느끼는 정도이며, 〈직무 스트레스〉에 대한 대처는 직무와 관련된 스트레스로 인하여 무감동, 우울 및 기타 부정적인 스트레스 징후를 나타내는 정도이다. 〈행정적 지원에 대한 지각〉 정도는 직무상의 고충에 대해 행정적 지원의 적절한 개입과 도움을 받지 못하고 있다고 믿는 정도이고, 〈학생에 대한 태도〉는 교사가 학생들의 학업 태도나 예절에 대해 부정적으로 보는 정도이다. TBS는 심리적 교사의 소진 원인을 밝힐 수 있는 하위 요인으로 구성되어 있으며, 교직 사회의 핵심 내용이 반영되어 있다. 즉, 교사 심리적 소진의 원인을 개인의 심리적 특성에만 한정 짓지 않고, 사회적 환경과 직무환경적인 특성을 반영하였기에 교사의 심리적 소진 증상과 함께 심리적 소진의 원인을 규명하는 데 사용할 수 있다.

이외에 TAS는 MBI를 수정하여 제작한 것으로, 다양한 인적 서비스 전문가들의 심리적 소진을 평가할 수 있는 측정 도구이다. Likert 7점 척도의 25개 문항으로 구성되어 있으며, 하위 요인으로 전문적 직무, 교사의 전문적인 특성으로 구성되어 있다. 또한 건강전문직 종사자의 심리적 소진 측정 도구인 SBS-HP는 심리적, 대인관계 긴장, 내담자와의 비전문적 관계, 일에서의 불만족, 신체적 질병 및 스트레스로 구성되어 있으며, 심리적으로 소진된 전문가들은 업무, 임상 감독, 승진 기회, 직장 동료 등에 대한 불만이 높음을 검증하였다.

3. 기존 심리적 소진 측정 도구 한계 및 개선방향

심리적 소진 측정에서 가장 보편적으로 사용되는 도구는 MBI이다. MBI는 대인 서비스를 하는 일반 직종과 학생의 학업 소진, 교사의 심리적 소진 등 다양한 분야에 사용되고 있다. 심리적 소진의 증상으로 신체적 고갈을 중요하게 다루며, 심리적 소진에 영향을 미치는 요인으로 직무환경을 강조하고 있다. 다만 MBI에서는 심리적 소진을 겪는 대상자들의 신체적 질환이나 직무환경적 요인을 특정하지 않고 있다. 따라서 이러한 한계에 대한 개선 방향으로 신체화 증상과 직무환경적 요인을 반영한 문항을 포함시킬 필요가 있다는 의견이 있다(정연홍, 2016). MBI는 심리적 소진의 원인보다는 증상이나 결과에 초점을 맞춘 척도로서 많은 연구에서 교사 심리적 소진 척도로 적절하지 않다는 지적이 있어 왔다. 또한 하위 요인 중 비인간화는 유교적 문화가 강조되고, 서양에 비해 집단주의 성향을 보이는 우리나라에서는 존재한다고 보기 어렵다는 의견이 있다. 더불어 교직의 특성이나 직무환경적 특성인 행정적 지원과 지도성, 학생 지도 측면의 내용을 포함하지 않고 있는 것이 한계점이다.

TBS는 MBI가 대인관계 서비스를 주요 업무로 하는 종사자들의 심리적 소진 측정 도구로 주로 사용되고 있어 교사에게 특화된 것이 아니라는 점과 문항 내용이 학생 지도 및 행정적 지원 측면 내용을 포함하고 있지 않은 점을 한계로 지적하며 개발되었다.

하지만 우리나라에서 TBS가 사용된 연구는 고등학교 교사의 심리적 소진 경험에 대한 김장섭(2004) 외에는 찾아보기 어려우며, 지금까지 국내 교사를 대상으로 도구의 타당화 작업을 거치지 못했다. 또한 번안 과정에서 과학적이고 체계적인 신뢰도 및 타당도의 검증 과정 없이 단순 번역을 거쳐 사용하는 것은 자칫 도구 사용에 있어 오류를 범할 우려가 있다는 한계가 있다.

국내에서 개발된 유아교사 소진 척도(김연옥, 2012)는 유아들의 발달 특성에서 비롯된 유아교사만의 독특한 경험과 직무환경을 반영하여 개발된 도구로서 유아를 교육 대상으로 삼지 않는 일반 교사를 대상으로 유아교사 소진 척도를 적용하기에는 제한적일 수 있다.

초등교사 소진 척도(송미경, 양난미, 2015)는 12개 문항의 단축형 척도로 사용이 쉽다는 이점이 있으나 표집이 제한적으로 이루어졌고, 교육 현장에 맞춰 충족시키고자 하였던 직무환경, 행정적 지원 및 지도성은 포함하지 못하였다는 한계가 있다. 또한 이 척도는 초등교사만을 대상으로 초점화한 척도임을 밝히면서 업무 여건이나 교직 환경 등이 다른 중등교사를 제외하였음을 분명히 하고 있으므로 중등교사를 포함하여 일반 교사 전체를 대상으로 사용하기에는 제한적일 수 있다.

이상으로 살펴본 기존의 심리적 소진 척도의 한계를 정리하면 국외에서 개발된 척도는 번안 과정에서 우리나라의 교직 문화와 정서에 맞지 않는 경우가 있으며, 국내에서 한국 문화의 특수성과 교직 문화를 반영하여 개발된 교사 심리적 소진 척도는 유아교사와 초등교사로 한정되어 있다. 또한 MBI와 마찬가지로 행정적 지원과 지도성 요인, 학생이나 학부모 요인, 신체적 요인 등이 포함되지 않은 측정 도구라는 점에서 제한점을 가진다. 따라서 우리나라 교직 사회의 특성과 환경을 반영하고 개인의 심리적 소진 수준이 어느 수준에 있는지 비교하여 해석할 수 있으며, 실제 교사의 심리적 소진 문제 예방과 개선을 위해 활용할 수 있는 측정 도구를 활용할 필요가 있다. 정연홍과 유형근(2016)이 개발한 교사 심리적 소진 검사(Teacher Burnout Inventory: TBI)는 전국 단위 표집을 통해 우리나라 교직 문화의 특징과 교사의 정서를 반영하여 과학적 절차를 거쳐 개발한 신뢰도와 타당도가 검증된 교사 심리적 소진 측정 도구이다. 우리나라 교직 환경의 특성, 직무 여건, 교사의 정서를 반영하여 제작되었고, 특히 우리나라 교사의 심리적 소진의 특성으로 강조되어 왔던 정서적 고갈 측면을 잘 반영하고 있다. 하위 요인으로는 교권에 대한 위기감, 교직 회의감, 무능감, 좌절감, 행정 업무 부담감으로 구성되어 있으며, 이러한 하위 척도는 서로 개별화된 영역이어서 영역별로 심리적 소진 수준 파악이 가능하며, 전체 점수로 심리적 소진의 정도를 파악할 수 있다.

국내에서 개발된 측정 도구인 TBI를 활용하여 교사의 심리적 소진 수준을 파악하고자 한다면 심리검사연구소 인싸이트(https://inpsyt.co.kr)에서 제공하는 측정 도구로 검사를 진행할 수 있다.

해당 사이트에서 'TBI 교사 심리적 소진 검사'를 검색하여 검사지 또는 온라인 코드를 구입하면 검사를 받을 수 있다. 검사 후 결과는 전체 점수와 하위 영역별로 심리적 소진 정도를 구분하여 T점수와 백분위의 구체적인 수치로 작성한 프로파일이 제공된다.

그림 3-1   TBI 제공 사이트 '인싸이트'

심리적 소진 척도 프로파일

척도	원점수	T점수	백분위	등급
심리적 소진	81	66.66	95.33	8

단위: T점수

	45	55	65	75
심리적 소진	안정	보통	경계	중간 위험 / 고위험

님의 심리적 소진은 __중간 위험__ 수준입니다.

심리적 소진 정도가 상당히 높으며 무력함을 느끼고 업무 수행의 결손으로 이어질 가능성이 높은 상태로 전문가의 도움이 필요합니다.

하위 척도 결과 프로파일

단위: T점수

	교권에 대한 위기감	무능감	좌절감	행정 업무 부담감	교직 회의감
원점수	16	18	13	14	20
T점수	55.57	80.17	53.97	58.06	68.61
백분위	75.17	100	72.26	82.55	97.32

그림 3-2 TBI 결과 예시

제 2 부

TBI의 이해

> **제4장**
>
> # TBI의 특징

1. TBI의 특징

TBI는 우리나라 교사들의 심리적 소진을 측정하기 위하여 초·중등 교사의 현장 경험을 반영하여 개발된 도구로서 초·중·고등학교에서 교사들이 경험하는 심리적 소진의 상태를 측정한다. 즉, 아동과 청소년을 대상으로 교과 지도, 생활지도의 교육활동과 그에 따른 행정 업무를 담당하는 교사들이 자신의 직무를 수행하는 과정에서 겪게 되는 심리적 어려움의 정도를 측정하기 위한 도구이다. 교사의 심리적 소진은 다섯 가지의 하위 요인으로 구성되는데, '교권에 대한 위기감' '무능감' '좌절감' '행정 업무 부담감' '교직 회의감'이다. 이 다섯 가지 하위 척도는 서로 개별화된 영역이어서 영역별 점수에 따라 활용할 수 있으며 전체 점수로 심리적 소진의 정도를 추정할 수 있다. 총점에 대하여 T점수 45 미만은 안정 수준, 45 이상~55 미만은 보통 수준, 55 이상~65 미만은 경계 수준에 해당하며, 65 이상~75 미만은 중간 위험 수준, 75 이상의 경우에는 고위험의 심리적 소진을 의미한다. TBI는 규준 참조 검사이므로 결과 점수로 교사의 심리적 소진 정도를 측정하고, 심리적 소진의 형태를 구분하여 개인의 심리적 소진 정도가 어느 위치에 있는지 상대적인 정보를 제공함으로써 효과적인 개입을 통해 어려움을 극복할 수 있도록 돕는 기초 자료로 활용할 수 있다.

TBI는 정서적 측면이 강조된 도구로서 지금까지 대면(face-to-face) 서비스를 제공하는 직종의 심리적 소진을 주로 측정하기 위해 사용하였던 도구인 MBI와 비교하면 하위 영역 중 정서적 고갈 영역과 높은 연관성을 보인다. 우리나라 초등교사들이 정서적 고갈을 가장 많이 느낀다는 연구 결과를 비롯하여 우리나라 교사를 대상으로 한 심리적 소진 연구에서 정서적 고갈과 관련한 영역이 구체적으로 강조되며, MBI의 세 가지 영역 중 비인간화나 개인적 성취감 결여와 함께 중요하게 다루어질 필요가 있다는 결과를 제시하고 있다. 이는 미국의 교사를 대상으로 한 연구에서 심리적 소진 영역 중 개인적 성취감 결여가 높게 나타난 결과와 차이를 보이는 것이어서 우리나라 교직의 특성 및 교사의 정서와는 차이가 있음을 확인할 수 있다. 이에 따른 TBI와 MBI의 차이는 〈표 4-1〉과 같다.

표 4-1 TBI와 MBI의 차이

	TBI	MBI
하위 영역	교권에 대한 위기감, 무능감, 좌절감, 행정 업무 부담감, 교직 회의감	정서적 고갈, 비인간화, 개인적 성취감 결여
대상	초·중등 교사	일반 서비스직종
문항 구성의 특징	정서적 고갈에 따른 신체화 증상 포함	신체화 증상 제외
	우리나라 교직의 특성을 반영한 문항 개발	국외에서 개발된 척도로, 우리나라의 문화 특성과 다름
	교사의 심리적 소진에 주요한 영향을 미치는 직무환경적 요인 및 행정 업무 포함	직무환경적 요인 및 행정 업무 제외
검사 결과 제시	전체 집단규준 및 학교급별 집단규준과 비교하여 수검자의 상대적 위치 정보 제공(안정, 보통, 경계, 중간 위험, 고위험)	전체 점수를 계산한 뒤 상중하로 구분

우리나라와 외국의 교직 문화는 차이가 있으므로 국외에서 개발된 측정 도구를 이용하여 우리나라 교사들의 심리적 소진을 설명하는 것은 한계가 있다. 일례로 우리나라 교사들은 공식적인 지위, 계층적 서열관계에 관심이 많고 인정 지향적인 성향을 보인다. 또한 공식 절차를 명확히 규정하고 표준화 및 관습화된 업무 처리 방법을 세심하게 정해 놓고 따르는 편이다(김지은, 2006). 이처럼 우리나라의 학교조직 문화는 인

정 지향적이고 공식 절차와 규정 및 지위 계층을 강조하는 보존적 문화의 성격을 가지고 있어서 외국에서 효율성을 강조하는 합리적인 태도를 지향하는 것과는 차이가 있을 수 있다. 따라서 외국의 도구로는 우리나라 교사들의 심리적 소진을 충분히 담아내기가 어렵다는 것을 짐작할 수 있다. 이처럼 TBI는 우리나라 학교 현장의 특성과 교사들이 처한 상황을 반영하는 측정 도구의 개발이 필요하다는 인식에서 시작되었다. 이는 보다 구체적이고 실제적인 척도를 개발하는 것이 교사의 심리적 소진을 완화시키고 예방할 수 있는 출발점이 될 것이라는 여러 연구자(박대준, 최수찬, 2015; 이영만, 2013; 조민아 외, 2010; 조환이, 윤선아, 2014)의 제안과 그 맥을 같이한다.

개인의 직무수행은 조직 문화와 관련되고, 각각의 조직은 고유한 문화적 특징을 갖는다. 이에 우리나라의 교직 문화를 살펴보면 학생을 교육하는 과정에서 부딪히는 문제가 점점 복잡해지면서 자신의 전문적 역량을 발휘해야 할 교실이 교사에게 고통스러운 공간이 되고, 학생들과의 관계에서 위축되며 무기력해지는 경험을 하게 되는 일이 발생하고 있다. 사회는 이러한 교사들을 무능하고 무력한 존재로 여기고 비판 또는 비난의 소리를 높이지만 교사들은 정작 자신들이 겪고 있는 상태를 개선하거나 치유할 방법을 찾지 못하고 있다. 오히려 어려움을 겪는 상황을 애써 버티어 내거나 고통을 개인적인 문제로 감수하며 교육 현장에서 역할을 수행하는 책임감을 발휘하려고 한다. 결과적으로 이들은 피로, 무력감, 불안, 좌절, 의욕 상실을 경험하며 교권을 침해당하는 상황에까지 노출되면서 육체적·정신적인 부담을 겪고 있다. 그뿐만 아니라 교직에 대한 보람을 잃고 교사로서 해야 할 역할을 지속하는 것에 회의적인 태도를 보이기도 한다. 이러한 교사들의 어려움은 개인에게 한정되는 것이 아니라 결국 교육의 질 차원으로 이어진다는 문제를 낳는다.

학생, 동료 교직원을 비롯하여 학부모와 학교 행정가를 직접 만나 상대하는 것은 교사의 주된 업무 방법이자 내용이어서 교사들은 수시로 자신의 감정을 조절하며 의사소통을 한다. 그러면서도 한편으로는 사회적으로 모범을 보여야 한다는 인식을 의식하여 교사들이 실제로 드러내는 감정 상태는 내면의 솔직한 상태라기보다는 자신의 불편한 감정을 숨기며 변형된 경우가 많다. 성장기의 미성숙한 학생들이 집단으로 모여 있는 공간에서 학생들, 그리고 관련된 다양한 사람과 감정적으로 밀도 있는 접촉을 하면서도 교사로서 요구되는 품위를 고려할 수밖에 없는 것이다. 이러한 감정노동에서 오는 분노, 우울, 자존감 상실과 같은 문제는 교사에게서도 나타날 수밖에 없다. 우리나라 교사들은 이런 문제들이 수업, 생활지도 등 교육활동에 부정적인 영향을 미치고 있다고 느끼면서도 대처나 해결 방법을 찾지 못한 채 직무수행 과정에서 지치고 잘 회복하지 못하는 일을 반복하고 있다. 학교를 떠나지 않고서는 근본적으로 문제가 되는 환경에서 벗어나기 어려우며, 문제가 되는 요소들이 해소되지 않는 한 교사들의 심리적으로 건강하지 않은 상태가 지속되므로 결과적으로 에너지가 다 타 버려 고갈된 상태인 심리적 소진이 진행될 수 있다.

학교교육에서 차지하는 교사의 역할 비중, 학생에 대한 교사의 영향력과 교사의 사기가 저하되고 교직이라는 직업에 대한 전반적인 회의감이 높아지고 있는 것을 생각해 볼 때, 교사들이 경험하는 심리적 소진은 학교교육이 처한 위기 문제로 중요하게 다루어져야 한다. [그림 4-1]에서 볼 수 있듯이, 2022년 제41회 스승의 날 기념 한국교원단체총연합회의 교원 인식 설문조사에 따르면 응답한 전체 인원 8,431명 중 6,635명이 교직에 대한 사기가 떨어졌다고 답하였으며, 이는 전체 응답 인원 중 79%에 달하는 것으로 확인할 수 있다. 이처럼 교사의 교직에 대한 사기가 매우 떨어져 있으므로 학생에 대한 교육의 질을 보장하고 교사에 대한 근무 환경을 개선하기 위해서는 교사의 심리적 소진을 이해하고 이를 예방하기 위한 노력이 우선될 필요가 있다.

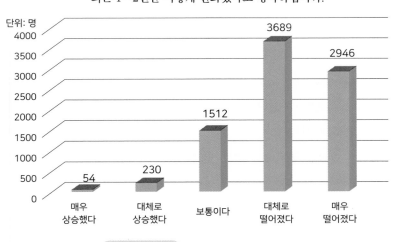

"선생님 본인 또는 동료 교사들의 교직에 대한 사기가
최근 1~2년간 어떻게 변화됐다고 생각하십니까?"

🔲 그림 4-1   교원 인식 설문조사

출처: 한국교원단체총연합회(2022).

TBI는 우리나라 초·중등교사를 대상으로 심리적 소진을 측정할 수 있도록 타당도와 신뢰도가 확보된 도구로서 개발되었다는 데 의의가 있으며, 교직에만 해당하는 환경인 교과 지도 및 생활지도 상황에서의 정서적 어려움을 드러내고 있어 교사들의 고유한 직무환경을 뚜렷하게 반영하였음을 확인할 수 있다. 즉, MBI에서 '수업으로 인해 소진되었다고 느낀다.' '업무로 인해 좌절감을 느낀다.'와 같은 문항이 정서적 피로를 나타내는 정서적 고갈 영역으로 분류되고 있지만, TBI에서는 직무를 구체적으로 구분하여 수업 및 생활지도와 같은 상황에서 교사들이 학생과의 관계에서 겪을 수 있는 감정적인 피로 상태를 나타낸 문항으로 더 현장감 있게 구성되었다고 할 수 있다. 우리나라 교사의 심리적 소진의 특성으로 강조되어 왔던 정서적 고갈 측면을 잘 반영하는 것으로 볼 수 있으며, 그 내용은 구체적으로 세분화되어 각각 독립된 다섯 가지 영역의 심리적 소진의 특성을 나타낸다.

TBI는 실용적 측면에서 교원정책 및 교사 지원 시스템 개발에 의미 있는 시사점을 주는데, 구체적인 내용은 다음과 같다.

첫째, 심리적 소진을 겪고 있는 교사를 대상으로 상담을 진행하기 전에 심리적 소진의 정도를 파악하기 위한 표준화 검사로 활용할 수 있다. 지금까지는 교사의 심리적 소진을 측정하는 도구로 MBI를 주로 사용하였다. 그러나 우리나라 연구에서 MBI의 요인 구조가 원척도와 차이를 보여 MBI 문항은 우리나라 교직 상황을 충분히 반영하지 못하거나 제한적이라는 한계가 제시되었다. 대안적 도구로 스트레스 척도, 우울척도 등 유사한 상태를 측정하기 위한 도구를 주관적으로 선택하여 사용하기도 하지만 이는 교사의 심리적 소진 상태를 뚜렷하게 드러낸다고 보기 어렵다. 이러한 실정에서 TBI는 우리나라 교사를 대상으로 심리적 소진의 수준을 측정하고 상담이 필요한 대상자를 선정하는 데 활용할 수 있다.

둘째, TBI는 교사의 심리적 소진의 예방과 회복을 위하여 실시하고 있는 다양한 상담 프로그램의 효과성을 검증하는 척도로 활용할 수 있다. 프로그램의 사전 및 사후 검사와 추수검사를 통해 프로그램의 효과성을 검증할 수 있다. 또한 TBI에서 제시하는 다섯 가지 요인을 토대로 예방 및 개입 프로그램 개발의 방향성을 설정할 수 있다.

셋째, 심리적 소진을 겪고 있는 교사를 상담하는 상담인력의 교육 및 연수를 구성할 때 활용할 수 있다. 교육의 효과는 가시적인 결과뿐 아니라 잠재적인 측면까지 포함하므로 교사를 대상으로 상담 서비스를 제공할 때 이러한 직무특성을 고려해야 한다.

    TBI의 요인과 세부 사항은 교사에게 필요한 지원을 마련하고 상담적 도움을 제공하기 위한 상담인력 교육 및 연수 내용을 수립하는 토대로 활용할 수 있다.

    종합해 보면 TBI는 교사의 심리적 소진 회복을 위한 정책 방안, 소진의 예방 및 회복을 위한 연수 프로그램 등의 영역에서 교사의 심리적 소진 수준에 대한 기초 자료를 제공함으로써 유용하게 활용될 수 있다.

TBI의 구성과 내용

TBI는 심리적으로 소진된 교사가 보이는 특성을 바탕으로 교사의 심리적 소진을 대인관계 영역과 직무 영역 및 개인 영역으로 구분하고 있다. 대인관계 영역에서 심리적으로 소진된 교사는 교권에 대한 위기감을 경험하고, 직무 영역에서 심리적으로 소진된 교사는 무능감과 좌절감 및 행정 업무 부담감을 느끼게 되며, 개인 영역에서 심리적으로 소진된 교사는 교직에 대한 회의감을 갖게 된다. 이 장에서는 각 영역에서 소진된 교사가 보이는 특성인 교권에 대한 위기감, 무능감, 좌절감, 행정 업무 부담감 및 교직 회의감에 대해 살펴보고자 한다.

1. 교권에 대한 위기감

교권에 대한 위기감은 교사로서의 권위가 위협받는 것에 대한 불안과 교권 침해 피해에 대한 불안을 말한다(정연홍, 유형근, 2016).

교사들은 가르치는 일을 하면서 단순히 학생을 지도하는 차원의 업무만을 담당하지는 않는다. 교사들은 가르치는 일과 생활지도, 행정 업무 등 다양한 업무를 담당한다.

또한 우리나라에서는 교사들에게 시대의 가치관을 담아내고 모범이 되며 도덕적인 사람일 것을 요구하기도 하고, 실제로 대부분의 교사는 학교에서 요구하는 다양한 역할을 수행하기 위해 최선을 다한다. 그러나 최근에는 평소 교사들이 하는 역할과 교육의 의미가 평가절하 되는 일이 종종 발생하고 있다. 이는 교권 침해라는 형태로 나타나기도 하며, 교사를 단순히 학습을 돕거나 지식을 제공하는 역할을 하는 직업인으로 가치를 낮춰 평가하는 분위기로 나타나기도 한다. 이로 인해 교사들은 교사로서의 권위가 흔들린다는 느낌을 받으며 불안한 감정인 위기감을 경험하게 된다.

교권이 침해당하는 경험을 한 교사는 큰 위기감을 경험할 수 있다. 또다시 그런 피해가 생기지 않을까 걱정하고 두려워하며 위축될 수 있다. 또한 직접적으로 교권 침해의 피해를 당하지 않았지만 이를 간접적으로 경험한 교사도 교사로서의 권위가 흔들리는 느낌을 받을 수 있고 불안감을 느낄 수 있다. 그래서 교권 침해를 직접적으로 경험하지 않더라도 교사들은 '혹시 나도 저런 일을 당할 수 있지 않을까?' 하는 불안감으로 인한 위기감을 경험할 수 있다. 위기감은 자신이 교육해야 하는 대상으로부터 무시당하는 느낌과 그 관계에서 아무것도 할 수 없다는 좌절, 절망으로 이어지며, 자신감이 결여되고 반복적인 패배감을 느끼면서 학습된 무기력, 관계의 피폐함 등의 결과로 이어질 수 있다(정연홍, 유형근, 2020).

2. 무능감

무능감은 자신의 능력에 대한 믿음인 효능감이 낮아진 상태로, 자기 능력을 충분히 발휘하지 못하며 교사로서의 직무를 제대로 수행하지 못하는 상태를 반영한 것이다 (정연홍, 유형근, 2016).

교사의 심리적 소진의 영역 중에서 직무 영역인 교과 지도와 생활지도에서 소진된 교사는 평소에 자신이 자기 능력을 잘 발휘하지 못하고 있다고 느끼며, 자기 능력이 부족하다고 여기는 무능감을 경험할 수 있다. 무능감을 경험하는 교사는 교육이라는 장기적이고 궁극적인 변화를 추구하기보다는 눈앞에 드러나는 단기적인 결과에 연연하게 된다. 즉, 가르치는 일 자체에서 가시적인 성과를 만들어야 한다는 압박을 경험하게 된다(정연홍, 2016). 그러나 교육을 통해 가시적인 변화가 나타나는 데에는 많은 시간이 필요하다. 결국 무능감을 느끼는 교사는 교육을 해야 하는 학생들이 두렵고 수업을 하는 공간과 그 과정에서 두려움을 느끼며 자신의 능력을 의심하게 된다. 뿐만 아니라 무능감은 오랜 기간 반복적으로 직무 스트레스에 노출되면서 실제 업무 수행 능력이 떨어져 있고, 무력감을 느끼는 상태로도 이해할 수 있다.

무능감을 느끼는 교사는 교사로서 학생의 성장과 발달을 돕는 일에 실패했다고 믿는 경향을 보이고 교육의 의미와 결과에 대해 냉소적인 반응을 나타낸다(정연홍, 유형근, 2020). 결국 교육의 직접적인 대상인 학생을 비롯해 타인의 시선에 민감해지고 외부 평가에 연연하며 눈치를 살피면서 낮은 수행과 실패를 반복하게 되는 것이다.

3. 좌절감

좌절감 또한 무능감과 마찬가지로 교사의 직무 영역 중 교과 지도와 생활지도에서 소진된 교사가 경험하는 감정으로, 가르치는 일에서 긍지와 보람을 얻지 못하면서 교사로서의 정체성을 잃은 상태이다(정연홍, 유형근, 2020).

좌절감은 감정과 관심의 상실, 신뢰감의 상실, 정신적 상실감을 포함하는 것으로, 교사라는 직업을 갖고 일을 하고는 있으나 성취감이 결여된 상태로 이해할 수 있다. 따라서 좌절감을 경험하는 교사들은 스스로를 가치 없는 존재로 여기며, 자기 자신에 대해서 비판적인 태도를 고수하게 된다. 또한 문제에 대한 책임은 타인에게 전가하면서도 자기 자신에 대해서는 비관적이기 때문에 부정적인 감정에 사로잡히게 되며, 때로는 공격적인 모습을 보이기도 한다. 결국 좌절감을 경험하는 교사들은 수업하는 것이 버겁고 힘들어서 학교에 출근하기 싫어하며, 자신이 하는 일에 의미를 찾기 어려워하고, 피로감이 쌓이게 된다. 심리적으로 소진된 교사는 수업을 준비하고 진행하는 과정에서 무력감을 경험하며, 생활지도에서도 그 어려움이 자기 능력을 넘어선다고 느끼면서 좌절감에 빠질 수 있다(권재원, 2017; 정연홍, 유형근, 2016).

4. 행정 업무 부담감

행정 업무 부담감은 수업 이외에 추가적으로 수행하게 되는 행정 업무를 부정적으로 지각하는 주관적 인식 정도를 나타내는 것이다(정연홍, 유형근, 2020).

행정 업무 부담감은 교사의 직무 영역 중 행정 업무에 관한 것으로, 다양한 업무를 처리해야 하는 상황에 대해 부정적인 정서를 경험하며, 쉴 새 없이 떨어지는 공문과 행정 업무에서 피곤함을 경험하는 것을 의미한다(김은주, 2017; 정연홍, 유형근, 2016).

행정 업무 부담감을 경험하는 교사는 본의 아니게 쫓기고 있다는 심리적 압박감을 갖게 되면서 작은 자극에도 예민하고 과도하게 반응하게 되며, 스트레스 상황이 과도하다고 느끼면서 짜증이나 분노 등의 부정적인 감정을 경험하고, 일을 하면서도 성공적으로 수행했다는 성취감이나 만족감을 얻지 못한다. 또한 행정 업무도 꼭 필요하다는 사실을 받아들이기 어려워하며, 행정 업무가 부당하게 요구되는 부수적이고 불필요한 업무라고 여기고 예민하게 받아들이게 된다. 따라서 평소라면 할 수 있었을 일에도 부담을 느끼고, 부당하다고 느끼며, 외부의 탓을 하게 되는 것이다.

5. 교직 회의감

교직 회의감은 심리적 소진으로 인해 직무나 자기 자신에 대한 무기력을 넘어서서 교직 전반에 대해 회의감을 갖게 되는 상태이다(정연홍, 유형근, 2020). 교직 회의감은 교사의 심리적 소진의 영역 중 개인 영역에서 발생하는 것으로, 무가치감과 직무에 대한 실패감 및 부정적인 감정을 경험하여 심리적 안정감이 감소된 상태라고 볼 수 있다.

교직 회의감을 경험하는 교사는 자신의 업무와 관련해 점차 환멸을 느끼면서 개인에 대한 이상이나 에너지를 상실하고 교직 자체에 대한 목적을 상실하게 된다. 교직 회의감을 느끼는 교사는 처음 교사가 되면서 교직에 대해 가져왔던 희망과 부푼 꿈은 점차 사라지고 교직이라는 직업에 대해 환멸과 회의감을 경험하게 된다. 즉, 아무리 열심히 일을 해도 성취나 인정, 감사와 같은 보상이 없다고 느끼며 교직과 학교 조직에 대한 의욕을 잃고 직무에 대한 열의가 낮아질 수 있다. 결국 교사는 교사로서 자신의 목표를 실현시킬 기회를 갖지 못하거나 기대했던 성취를 이루지 못하게 되면서 더 이상 교육에 헌신할 목적과 이유를 잃어버리고 아예 교직을 떠나야겠다는 생각을 하게 되는 것이다.

제6장

TBI 실시 방법

우리나라 교직환경의 특성과 교사의 정서가 반영된 교사의 심리적 소진 측정 도구인 TBI를 통해 교사들이 겪는 심리적 소진의 정도를 측정하고 해석할 필요가 있다. TBI는 교사의 심리적 소진 정도를 측정하고, 심리적 소진의 형태를 구분하여 교사들의 어려움을 해소하고, 현장 전문가로서 역량을 발휘할 수 있도록 결과에 따라 적절한 도움을 제공할 수 있다. 이 장에서는 TBI의 실시 방법에 대해 자세히 살펴보고자 한다.

1. TBI의 대상

TBI의 대상은 초·중·고등학교에 재직하고 있는 교사이다. 학생의 교과 지도와 생활지도, 행정 업무를 주된 직무로 하는 초·중·고등학교의 교사로 한정하며 보건교사, 사서교사, 영양교사, 전문상담교사 등 학생을 지도하는 업무 이외에 업무적 특수성을 지닌 교사는 검사 대상에 해당하지 않는다. 또한 특수학교 교사 및 유치원 교사와 같이 돌봄과 관련한 발달적 특성을 가진 학생을 대상으로 하는 경우에는 일반 교사와 근무 환경 및 역할에서 차이가 있다고 볼 수 있다. 따라서 TBI는 대상자의 특수성을 고려해야 하는 교사 직무의 구체적인 특성이 내포되지 않았음을 염두에 두어야 한다.

2. TBI의 문항 및 실시

TBI는 자기보고식 형태로 검사 대상자가 스스로 문항을 읽고 응답하는 방식으로 이루어져 있다. 검사 문항은 교사 개인의 내면 상태를 드러내는 것이므로 검사의 목적과 활용에 대한 설명과 함께 응답자의 응답 내용과 검사 결과에 대한 비밀보장을 분명히 하여 사생활 보호가 이루어져야 한다. 피검자는 TBI에 제시된 문항을 읽고 동의하는 정도를 판단하여 응답한다. 검사자는 피검자가 모든 문항을 빠뜨리지 않고 작성하여야 하며, 오랫동안 생각하지 않고 진술문을 읽은 후에 떠오르는 감정에 따라 응답하도록 안내한다. 질문에 대한 응답은 본인의 최근 상태를 기준으로 하여 현재 자신의 소진 정도를 확인할 수 있도록 한다. 검사의 모든 문항에 응답하는 데 소요되는 시간은 10분 이내이다(정연홍, 2020).

3. TBI의 채점

TBI는 다섯 가지 영역 25개의 문항으로 구성되어 있다. 각 문항에 대한 응답은 '매우 그렇다' '그렇다' '보통이다' '그렇지 않다' '전혀 그렇지 않다'의 5점 Likert 척도로 되어 있다. 평정한 내용은 '전혀 그렇지 않다'를 1점으로 시작하여 '매우 그렇다'를 5점으로 하여 채점한다. 전체 점수의 범위는 22점에서 110점이며, 점수가 높을수록 심리적 소진 수준이 심한 정도를 나타낸다.

한편, 본 검사는 자기보고식으로 평가하기 때문에 응답자가 문항을 제대로 읽지 않고 표기하는 등 모든 문항에 성실하게 응답하였는지 확인하기가 어렵다. 피검자 스스로 정확하게 응답했는가를 피검자가 점검하는 문항으로서 25번 문항에 "이 검사의 모든 질문에 솔직하고 정확하게 응답하려고 하였다."는 진술문이 제시되어 있다. 또한 23번, 24번 문항은 본 문항과 짝을 이루는 역문항이다. 역문항과 짝을 이루는 문항을 비교하여 별도로 채점하며, 이를 통해 검사에 성실하게 응답하였는지 응답하지 않았는지를 확인할 수 있다(정연홍, 2020).

4. TBI 점수의 의미

점수가 상대적으로 얼마나 높은지, 낮은지에 대한 기준은 평균은 50이고 표준편차는 10인 T점수를 사용하였다. 총점에 대하여 T점수 45 미만은 안정 수준, 45 이상~55 미만은 보통 수준, 55 이상~65 미만은 경계 수준에 해당하며 65 이상~75 미만은 중간 위험 수준, 75 이상의 경우에는 고위험 수준의 심리적 소진을 의미한다. 학교 급별 기준은 다음과 같다(정연홍, 2020).

📚 표 6-1 **학교급별 기준 점수**   (단위: 점)

구분	T점수	전체	학교급별 점수		
			초등학교	중학교	고등학교
고위험 수준	75 이상	89~110	92~110	92~110	93~110
중간 위험 수준	65 이상~75 미만	75~88	77~91	78~91	79~92
경계 수준	55 이상~65 미만	61~74	62~76	64~77	66~78
보통 수준	45 이상~55 미만	47~60	48~61	50~63	52~65
안정 수준	45 미만	22~46	22~47	22~49	22~51

출처: 정연홍(2020).

① 고위험 수준

심리적 소진이 심각한 상태로 직무와 관련된 스트레스에서 회복하지 못하여 업무 수행 능력이 떨어지고 부정적인 정서 상태와 행동의 변화를 보일 수 있으므로 치유를 위한 적극적인 개입이 필요하다.

② 중간 위험 수준

심리적 소진 정도가 상당히 높으며 무력함을 느끼고 업무 수행의 결손으로 이어질 가능성이 높은 상태로 전문가의 도움이 필요하다.

③ 경계 수준

위험 수준에 비해 심리적 소진 정도가 경미한 정도이지만 보통 이상의 어려움을 겪고 있는 상태로 불안감을 느끼고 의욕이 떨어질 수 있다. 심리적 소진 상태임을 인식하고 스스로 조절하는 노력이 필요하며, 정도가 심각해질 수 있으므로 주의가 필요하다.

④ 보통 수준

현재 심리적 소진을 겪을 가능성이 적으며 직무수행 과정에서 곤란을 느끼지 않는다. 정신적 건강을 유지하기 위한 자기 관리가 지속되어야 한다.

⑤ 안정 수준

현재 심리적 소진을 겪지 않고 안정적이다. 교사로서 받는 스트레스를 비롯한 내적 어려움에 대해 잘 대처하며 균형을 유지하는 적응적인 상태이다. 다양한 상황에 대처하고 문제를 극복하는 과정에서 자신에게 긍정적인 영향을 주는 요인을 확인하고 관심을 갖는 일이 중요하다.

TBI는 규준 참조 검사이므로 개인의 심리적 소진 정도가 어느 위치에 있다는 상대적인 정보를 제공하지만 해당 점수 자체의 의미를 파악하는 데 어려움이 있다. 따라서 추가로 경계가 되는 기준 점수(cut-off score)를 제시하였다. 기준 점수 이상일 때 심리적 소진 정도가 심각한 수준으로 이해하고 상담 등의 개입이 필요한 대상자에게 적극

📚 표 6-2　TBI의 기준 점수 　　　　　　　　　　　　　　　　　　(단위: 점)

		전체	초등학교 교사	중학교 교사	고등학교 교사
총점		82	84	85	86
하위 영역	교권에 대한 위기감	22	22	22	22
	무능감	15	15	15	15
	좌절감	18	18	18	18
	행정 업무 부담감	19	19	18	19
	교직 회의감	21	20	21	21

출처: 정연홍(2020).

적인 도움을 제공하는 것이 필요하다. 기준 점수는 평균 점수에 2 표준편차를 더하여 산출하였다.

예를 들어, 초등교사의 TBI 총점이 85점이라면 총점의 기준 점수는 84점 이상이므로 치료적 개입이 필요한 상태에 있는 것으로 볼 수 있다. 또한 하위 영역의 점수를 살펴보아 무능감 점수가 기준 점수 15 이상에 해당한다면 심리적 소진에서도 특히 무능감 측면을 개선하는 방향으로 개입할 수 있다.

심리적 소진으로 나타나는 증상은 누구에게나 동일하지는 않다. 그러나 일정한 단계를 거쳐 진행되며, 직무와 역할에 대해 열의를 상실하고 현실로부터 거리를 유지하는 태도를 보인다. 또한 심리적으로 소진을 경험하는 교사들은 결과적으로 의욕과 원동력을 갖지 못한 채 자신의 직무와 자신을 중요하게 여기지 않게 되며 이러한 정신적 · 정서적 고갈은 신체적인 증상으로도 발현될 수 있다. 또한 정서적 고갈의 내용은 구체적으로 세분화되어 독립된 영역으로 존재할 수 있으므로 교사 자신의 정서적 소진 상태를 이해하고 이에 따른 적절한 관리가 필요하다(정연홍, 2016).

제7장

TBI 결과와 영역별 개입 프로그램

TBI는 교사의 심리적 소진의 예방과 회복을 위하여 실시하는 다양한 상담 프로그램의 효과성을 검증하는 척도로 활용할 수 있다. 교사의 심리적 소진은 다양한 하위 영역으로 구성되어 있어 전체적으로 심리적 소진 수준이 같은 집단이라고 할지라도 각하위 영역이 차지하는 비율적 특성에 따라 개입 방안에 차이가 필요하다.

TBI는 전반적인 심리적 소진의 상태를 확인하고 개인 영역, 대인관계 영역, 직무 영역에서 비롯한 교사 심리적 소진의 원인을 다섯 가지 영역으로 분류한다. 교사 개인의 심리적 소진과 밀접한 영역을 교직 회의감, 교권에 대한 위기감, 무능감, 좌절감, 행정업무 부담감으로 세분화하여 제시한다. 즉, TBI 결과는 심리적 소진 예방 및 치유 프로그램에서 초점을 맞춰야 할 부분을 제안하고 있으며, 사전 및 사후 검사와 추수검사를 통해 프로그램의 효과성 검증 척도로 효과적이라고 할 수 있다. 이 장에서는 TBI 결과와 그에 따른 영역별 개입 프로그램에 대해 살펴보고자 한다.

1. TBI 결과

TBI 결과로 심리적 소진 척도 프로파일에서 심리적 소진 정도를 확인할 수 있다. 피검자의 심리적 소진에 대한 원점수, T점수, 백분위, 등급이 표시되어 심리적 소진 상태를 점수로 나타낸다. 초등학교, 중학교, 고등학교 학교급별 기준 점수에 따라 심리적 소진을 안정, 보통, 경계, 중간 위험, 고위험으로 구분하고 심리적 소진의 수준을 막대 그래프로 표현하여 한눈에 알 수 있다.

김지영(가명) 선생님의 TBI 결과 예시([그림 7-1] 참조)를 살펴보면 원점수 81, T점수 66.66, 백분위 95.33, 등급 8로 나타났다. 김지영 선생님은 T점수가 66.66으로 65점 이상이기 때문에 '김지영 님의 심리적 소진은 중간 위험 수준입니다.'로 점수의 상대적 위치를 확인할 수 있다. T점수 결과에 따라 '안정'과 '보통' 수준에 해당하는 경우에는 심리적 소진을 겪고 있지 않거나 겪을 가능성이 적으며, 직무 과정에서 겪는 어려움을 잘 대처해 나가고 있는 것으로 본다. 따라서 검사를 해석할 때 스트레스 상황을 잘 대처해 나감으로써 심리적 소진으로 이어지지 않도록 지속적인 자기 관리를 제안한다. '경계'와 '중간 위험' 수준일 경우에는 심리적 소진 상태가 진행 중이거나 상당한 수준

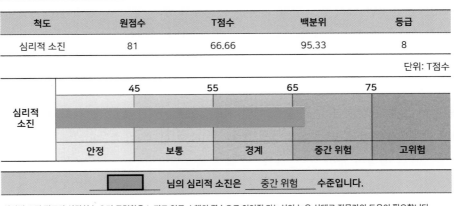

심리적 소진 척도 프로파일

척도	원점수	T점수	백분위	등급
심리적 소진	81	66.66	95.33	8

단위: T점수

심리적 소진		45	55	65	75
	안정	보통	경계	중간 위험	고위험

▨   _____ 님의 심리적 소진은 __중간 위험__ 수준입니다.

심리적 소진 정도가 상당히 높으며 무력함을 느끼고 업무 수행의 결손으로 이어질 가능성이 높은 상태로 전문가의 도움이 필요합니다.

그림 7-1   TBI 결과 예시

의 무력감을 느끼고 있다고 판단한다. 이 경우에는 교직생활에서 여러 어려움을 경험하고 있는 상태로 불안감과 무력감이 업무 수행의 결손으로 이어질 가능성이 있어 전문가의 도움이 필요하다고 여긴다. '고위험' 수준의 경우에는 스트레스 회복이 어려우며 부정적인 정서 상태로 행동의 변화를 보일 수 있어 치유를 위한 적극적 개입을 권장한다. 따라서 '경계' 이상 수준의 경우에는 집단상담을 통해 안전한 환경에서 역동적인 상호관계를 경험하고 바람직한 문제해결 과정을 경험할 수 있도록 하여 정서적 안정 및 성숙의 기회를 경험할 것을 제안한다. 특히 '고위험' 이상 수준의 경우에는 개별 면담을 통해 심리적 소진 상태에 따라 개인상담으로 이어질 수 있도록 주의를 기울일 필요가 있다.

2. 영역별 교사의 심리적 소진

다음으로 TBI 하위 척도 결과 프로파일을 통해 검사에서 제시하는 다섯 가지 요인(교직 회의감, 교권에 대한 위기감, 무능감, 좌절감, 행정 업무 부담감)을 토대로 교사 개인의 심리적 소진 상태를 세분화할 수 있다. 우리나라 교직 사회의 문화적 특징을 기반으로 교사들이 실제로 경험하는 심리적 소진을 반영한 정연홍(2016)의 연구에 따라 교사의 심리적 소진을 촉발하는 영역을 개인 영역, 대인관계 영역, 직무 영역으로 구분할 때 각 영역과 연결되는 하위 척도의 수준에 따라 심리적 개입의 방향을 결정할 수 있게 된다. 또한 교사의 심리적 소진을 유발하는 요인은 개인의 특성에 따라 다를 수 있으며, 때로는 여러 요인이 복합적으로 영향을 끼칠 수 있음을 염두에 둔다.

각 영역별로 살펴보면 첫째, '개인 영역'은 교사들이 심리적 소진으로 인하여 만성피로와 같은 신체화 증상 및 질병을 경험하는 것과 부정적인 감정, 직무에 대한 실패감, 정서적 고갈과 같은 심리적 안정감의 감소로 구분할 수 있다. 가르치는 일에 대한 보람과 흥미를 느끼지 못하게 되고, 교직에 대해 처음 가졌던 이상과 목적, 에너지를 잃게 되어 생계 수단으로 교직을 이어 가거나 교직을 떠나고자 하는 마음을 갖게 되는 것으로 '심리적 안정감'이 감소하면서 개인 영역의 심리적 소진이 촉발된다. 이는 교직 전반에 대한 '교직 회의감'이 높을 때 해당하는 것으로 볼 수 있다. '교직 회의감'은 심리적 소진의 결과 직무나 자신에 대한 무기력뿐만 아니라 교직 전반에 대해 회의감을 경험하는 것으로 이해할 수 있다. 교직 회의감은 개인 영역에서 심리적 안정감이 감소하는 것이며, 무가치화와 직무에 대한 실패감 및 부정적인 감정을 경험하는 것을 말한다(정연홍, 유형근, 2016). 심리적으로 소진된 교사는 직무에 대한 열의가 낮아지고, 낮은 직무 만족감을 보이며, 그로 인해 교직 자체에 대한 회의감으로 이어질 가능성이 크다(이정영, 2012; 정연홍, 유형근, 2016). 즉, 교직 회의감은 교사가 심리적으로 소진되어 자신의 개인적인 능력과 자존감에 회의가 생기며, 그 결과 심리적 안정감이 감소된 상태로 볼 수 있다(정연홍, 유형근, 2016). 교사의 심리적 소진에 영향을 미치는 다양한 변인에 관한 연구에서는 이를 개인적 요인과 조직적 요인으로 분류하기도 하는데(조환이, 윤선아, 2014; Jackson et al., 1986), 교사의 심리적 소진에서 개인 영역에 해당하는 교직회의감은 희망, 자기효능감, 낙관성, 탄력성 등 개인의 내적 자원에 해당하는 긍정심리자본과 연관성이 크다(박민아, 2021). 이처럼 개인의 심리적 안정감 감소와 밀접한 '교직 회의감'은 교사의 정체성과도 연관을 갖는다(Farber, 1991). 특히 교직은 교육적 가치의 실현이라는 교사의 사명감이 중요한 부분을 차지하고 있는 직종임을 상기할 때 교직 회의감 영역은 교사들에게 신념과 직무에 의미를 부여하는 영역이라고 할 수 있다. 따라서 '교직 회의감' 영역에서 기준 점수(원점수 21, T점수 70) 이상의 경우에는 '긍정심리자본 향상' 프로그램을 통해 교사의 심리적 소진 보호 요인을 개발함으로써 심리적 안정감 회복에 도움을 줄 수 있다.

둘째, '대인관계 영역'은 학생 및 학부모와의 관계, 동료 교사 및 학교 관리자와의 관계, 기타 사회적 관계를 포함한다. 심리적으로 소진된 교사는 각 대상과의 관계에서 다음과 같은 특성을 보이는데, 학생과의 관계에서는 정서적으로 지쳐서 아무것도 해 줄 수 없다고 느끼면서 학생에게 냉소적이고 냉담한 태도를 취하는 행동 특성을 지닌다. 학부모와의 관계에서는 그들이 교사의 교육활동에 지나치게 간섭한다고 인식하여 의기소침해지고 무기력감을 느끼며 교직에 대한 부당한 사회적 시선과 요구에 대해 부담감을 느끼게 된다. 동료 교사와의 관계에서는 협력적인 관계를 유지하지 못하고 동료는 자신에게 피로감을 주는 대상이라고 여기게 된다. 학교 관리자와의 관계에서는 불만족과 갈등을 경험하고, 자신의 일을 수행하는 데 어려움을 가지는 상태로 이어지게 된다. 이러한 갈등 상황은 교사로서의 권위 및 교권 침해로 이어질 수 있다는 불안감을 가져오며 '교권에 대한 위기감'으로 이어지게 된다. '교권에 대한 위기감'은 교사의 심리적 소진을 설명하는 중요한 요인이다. 교권은 교사로서 교육을 할 권리만이 아니라 권위와 생활 보장까지 포괄하는 광범위한 개념으로서 Kyriacou(2001)가 다른 사람에 의한 평가, 열악한 업무 조건이 교사에게 심각한 스트레스 요인이 된다고 설명한 것과 같은 맥락에서 이해할 수 있다. '교권에 대한 위기감'은 '대인관계'를 기본으로 하는 교사의 직무특성상 교권 침해 및 교권 붕괴 위기 문제가 심각하게 제기되는 환경에서 교사들이 느끼는 어려움이 크다는 것을 반영한다. 때로는 학부모와의 관계에서 교권 침해를 경험하기도 하는데, 일부 학부모의 이기적이고 무례한 행동이 교사의 학교생활을 어렵게 하는 요인으로 지적된다(구본용, 김영미, 2014). 그러나 학부모의 태도를 교사가 어떻게 지각하느냐에 따라 교사의 개인적 효능감이 달라진다(임성택 외, 2012)는 연구 결과에 근거할 때, 교사 개인의 소진 취약성에 따라 심리적 소진이 유발될 수 있다는 것을 확인할 수 있다. 학부모와의 관계뿐만 아니라 학생, 동료 교사 및 관리자와의 관계도 교직생활에서 중요한 대인관계대상이 된다. 주목할 만한 점은 자신이 직접 교권 침해를 당한 것은 아니지만 동료 교사의 교권 침해를 간접적으로 경험한 것으로도 교권 침해의 대처나 해결 방안에 대해 무력감을 느끼는 것으로 나타난다는 것이다(경기도교육연구원, 2014). '교권에 대한 위기감'은 비단 교권 침해를 입은 교사에게만 한정할 수 없으며, 교권 침해를 당할지 모른다는 두려움을 갖거나 걱정하는 상태까지 포함된 것으로 이해할 수 있다. 따라서 '교권에 대한 위기감' 영역에서 기준 점수(원점수 22, T점수 70) 이상의 경우에는 대인관계능력을 향상함으로써 위기감을 극복하는 방향으로 개입할 수 있다. 교사의 다양한 대인관계 구성원을 '학생 및 학부모'와 '동료 교사 및 관리자(교장, 교감, 부장교사 등)'로 구성하여 교사의 교육 서비스를 기대하는 대상과 협력관계에서 업무를 수행하는 대상으로 구분하여 교사가 심리적 소진을 겪고 있는 대인관계에 해당하는 맞춤식 프로그램에 참여할 것을 권장한다.

셋째, '직무 영역'은 교과 지도, 생활지도, 행정 업무 내용으로 구성된다. 교과 지도 측면에서는 수업하는 것을 과도하게 부담스러워하고 수업을 준비하고 진행하는 과정에서 자신의 능력이나 열정, 목적의식이 사라졌다고 느끼면서 부정적인 태도를 보이게 된다. 특히 학생의 다양한 문제행동에 대해 대처하는 것을 어려워하고, 생활지도에 있어 교사 자신의 능력 범위를 넘어선다고 판단하여 생활지도에 한계를 느끼면서 심한 좌절감에 빠지기도 한다. 행정 업무 부담에 관해서는 직무환경에 불만족하며 과도하고 불합리한 행정 업무로 인하여 스트레스를 받고 있으나 극복하지 못할 것이라고 느끼는 무기력 상태를 보인다. '생활지도 역량'이 충분히 발휘되지 못할 경우에 '무능감' '좌절감' '행정 업무 부담감'으로 이어지므로 이를 긍정적으로 회복할 수 있도록 상담적 개입이 필요하다. 하위 영역인 '무능감'과 '좌절감'은 교사의 교육활동과 직접적으로 관련된 영역이다. '무능감'은 자신의 능력에 대한 효능감과 관련된 것으로 전문적 성장의 차원에서 설명할 수 있다. 교사 효능감은 자신의 수행 능력에 대한 믿음뿐 아니라 교육활동에 대한 확신을 갖게 하여 교육의 질을 좌우하는 중요한 요인이 되는 것으로 알려져 있는데(Brouwers & Tomic, 2000), 정연홍(2016)의 연구에서도 효능감이 낮아진 상태인 무능감이 교사의 심리적 소진에서 중요한 요인임이 드러났다. 교사가 자신의 능력을 부정적으로 판단함으로써 직무를 열정적으로 수행했음에도 불구하고 심리적 소진을 겪게 되면서 자신의 능력을 충분히 발휘하지 못하게 되어 결국 직무수행에 어려움을 경험하는 상태로 이어진다. 이처럼 자신감이 떨어진 상태에서는 직무 스트레스를 더 많이 느끼게 되며, 심리적 소진을 악화시키는 결과로 이어진다(강문실, 송병식, 2008; 조성연, 2005). '좌절감' 하위 영역 또한 교사 스스로 가르치는 일에서 긍지와 보람을 얻지 못하는 상태로, 교사들이 심리적으로 소진되어 부정적인 감정 상태가 형성되면 스스로 교사로서의 전문적 역량을 부정적으로 평가하여 수업과 생활지도에서 역할을 제대로 수행할 수 없는 상태에 이르게 한다. 좌절감의 회복을 돕기 위하여 교

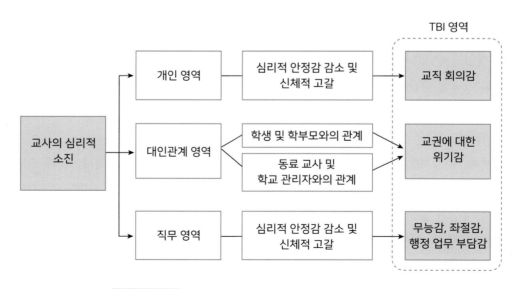

🔖 그림 7-2   교사의 심리적 소진 구성 요소와 TBI 영역

출처: 홍우림(2015).

사가 적응 유연한 태도로 도전적인 상황에 긍정적으로 반응하며, 다양한 교육적 노력을 시도하여 직업적 성취감과 만족감에 기여할 수 있도록 해야 한다. 따라서 '무능감' 영역에서 기준 점수(원점수 15, T점수 70) 이상이거나 '좌절감' 영역에서 기준 점수(원점수 18, T점수 70)의 경우에는 '생활지도 역량 향상'을 위한 상담 프로그램에 참여할 것을 권장한다. 단, '행정 업무 부담감' 영역은 심리적으로 소진되었을 때 수업 이외에 추가로 수행하게 되는 행정 업무에 대한 부담을 의미하는 것으로, 전반적인 심리적 소진 극복을 통해 주관적 인식의 변화가 중요하다(홍우림, 2015).

3. 영역별 개입 프로그램

심리적 소진의 영역 극복 및 회복을 위한 '교권에 대한 위기감' '무능감' '좌절감' '행정 업무 부담감' '교직 회의감'은 TBI에서 새롭게 제시되는 것으로, 우리나라 교직 사회의 특징이 강조된 분석틀을 가진다. 각 영역은 교사의 심리적 소진을 촉발하는 요인을 기준으로 하고 있기 때문에 TBI의 하위 영역의 개별 점수를 살펴보고 '경계(T점수 65 이상)'에 해당하는 영역이 있다면 교사의 심리적 소진 극복을 위한 프로그램을 맞춤식으로 제안할 수 있다. 이해를 돕기 위해 [그림 7-3]을 제시하였다. 먼저 TBI 검사 총점 프로파일이 경계(T점수 65) 이상으로 상담적 개입이 필요한지를 판단한다. 첫 번째 물음에서 T점수가 65 미만으로 '보통' 수준 및 '안정' 수준인 경우에는 일반적으로 심리적 소진으로 보지 않는다. 그러나 T점수가 65 이상으로 '경계' '중간 위험' '고위험'에 해당하는 경우에는 상담적 개입이 필요하다. 이때 하위 영역별 점수를 살펴보고 개인별로 맞춤식 상담 프로그램을 선택할 수 있도록 한다. '교직 회의감'이 '경계' 수준 이상인 경우에는 심리적 안정감 감소로 촉발되었기 때문에 긍정심리자본 향상 프로그램을 제안할 수 있다. '교권에 대한 위기감'이 '경계' 수준 이상인 경우에는 학생 및 학부모와의 대인관계의 어려움인지, 동료 교사 및 관리자와의 대인관계에서의 어려움인지를 판단하여 해당하는 대인관계능력 향상 프로그램을 제안한다. 다음으로 '무능감' 혹은 '좌절감' 영역이 '경계' 수준 이상인 경우에는 생활지도에 대한 어려움에서 비롯된 것으로 보아 생활지도 역량 향상을 위한 집단상담을 제시한다.

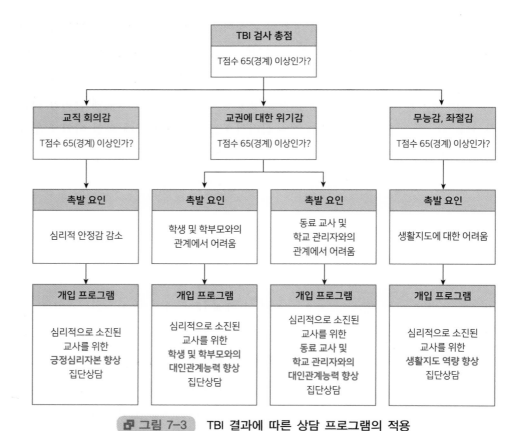

그림 7-3   TBI 결과에 따른 상담 프로그램의 적용

실제 TBI의 하위 척도 결과 프로파일에 적용하여 살펴보면 다음과 같다. [그림 7-4]에서 김지영(가명) 선생님은 '무능감'에서 가장 높은 점수를 나타내고 있다. 특히 '무능감'영역은 T점수 80.17로 고위험(75 이상)에 해당하므로 '무능감' 감소를 위한 '생활지도 역량 향상 프로그램'을 통해 교직에 대한 자신감과 교사 효능감의 회복이 요구된다. 다음으로 높게 나타난 영역은 '교직 회의감'이다. T점수 68.61로 중간 위험(65 이상 ~ 75 미만)에 해당하므로 상담 프로그램이 권장된다. 따라서 김지영(가명) 선생님은 가장 높은 영역인 '무능감'에 해당하는 '생활지도 역량 향상 프로그램' 이후 '긍정심리자본 향상 프로그램'에 추가로 참여할 것을 추천한다.

하위 척도 결과 프로파일

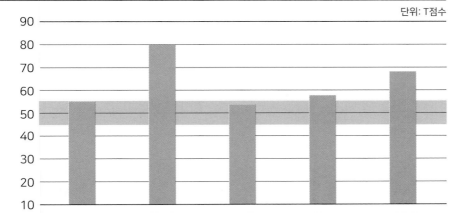

단위: T점수

	교권에 대한 위기감	무능감	좌절감	행정 업무 부담감	교직 회의감
원점수	16	18	13	14	20
T점수	55.57	80.17	53.97	58.06	68.61
백분위	75.17	100	72.26	82.55	97.32

🔗 그림 7-4   김지영(가명) 선생님의 심리적 소진 하위 척도 결과

제 3 부

초등교사의 심리적 회복을 위한 프로그램의 실제

제8장

학생 및 학부모와의 대인관계능력 향상 프로그램

1. 프로그램 개발 절차

본 연구는 박인우(1995)의 집단상담 프로그램 개발 모형을 바탕으로 조사, 분석, 설계, 구안, 적용의 과정을 거쳤다. 이 장에서 소개되는 프로그램은 다음 순서로 진행된다. 일련의 연구 절차를 도식화하면 [그림 8-1]과 같다.

1 변화에 대한 기대	2 첫인상의 힘
3 대화의 기술	4 힘이 되는 한마디
5 당신을 응원해요	6 솔직한 나의 표현
7 현명하게 주장하기	8 당당하게 말해 봐요
9 나에게 소중해요	10 슬기로운 감정 소통
11 내 마음 알아주기	12 앞으로의 나

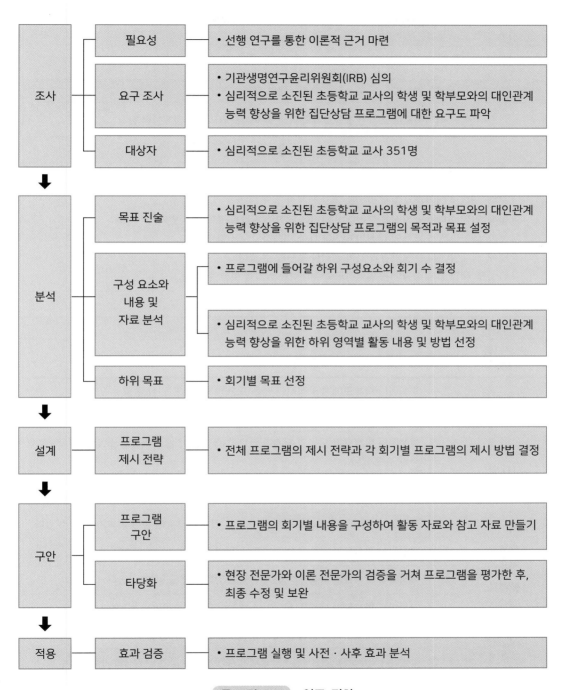

📎 그림 8-1   연구 절차

2. 프로그램의 목표

프로그램의 목적
심리적으로 소진된 초등교사의 학생 및 학부모와의 대인관계능력 향상

프로그램의 하위 영역별 목표
첫째, 새로운 대인관계 형성 방법을 알고 실천할 수 있다. 둘째, 있는 그대로의 자신을 드러내며 타인에 대한 친밀감을 표현할 수 있다. 셋째, 대인관계 속에 놓인 자신과 타인에 대해 이해하고 공감할 수 있다. 넷째, 상대방에 대한 불쾌감과 자기 권리를 표현할 수 있다. 다섯째, 대인 갈등 상황에서 협력적으로 해결하는 방법을 찾을 수 있다.

하위 영역	회기	회기별 목표
프로그램 소개	1	전체 프로그램의 목적을 이해하고, 집단원 간에 친밀감을 형성할 수 있다.
처음 관계 맺기	2	학생이나 학부모에게 긍정적인 면을 표현하여 좋은 첫인상을 줄 수 있다.
	3	학기 초에 학생이나 학부모에게 무엇인가를 같이하자고 제안할 수 있다.
정서적 지지 및 조언	4	학생이나 학부모가 도움과 지지가 필요할 때 그들이 잘 받아들일 수 있는 방식으로 조언할 수 있다.
	5	학생이나 학부모가 친구나 가족의 문제로 힘들어 할 때 그들을 지지하고 격려할 수 있다.
자기 노출	6	학기 초에 학생이나 학부모에게 내가 겪고 있는 어려움에 관한 이야기를 할 수 있다.
타인에 대한 불쾌감 주장	7	학생이나 학부모가 약속을 어겼을 때 정당하게 나의 의견을 표현할 수 있다.
	8	학생이나 학부모가 나를 난처하게 만들고 있다는 것을 말할 수 있다.
	9	학생이나 학부모가 나를 무시하거나 배려하지 않을 때 나의 권리를 지킬 수 있다.
대인 갈등 다루기	10	학생이나 학부모와의 갈등을 피하기 위해 부정적인 감정을 적절히 표현할 수 있다.
	11	학생이나 학부모와 갈등이 생겨서 불쾌한 감정이 들 때 화가 난 감정을 가라앉힐 수 있다.
마무리	12	프로그램을 정리하며 자신의 변화된 모습을 평가할 수 있다.

🖺 **그림 8-2** **프로그램의 목적과 하위 영역별 · 회기별 목표**

3. 최종 프로그램

📚 표 8-1   **최종 프로그램**

영역	회기	프로그램 제목	회기별 목표	활동 내용
프로그램 소개	1	변화에 대한 기대	프로그램의 의미와 목적을 알고, 집단원 간에 친밀감과 신뢰감을 형성할 수 있다.	• 프로그램 안내 • 집단 내 규칙, 약속 정하기, 서약서 쓰기, 별칭 짓기 • 자신의 바람 및 상담 목표 정하기
처음 관계 맺기	2	첫인상의 힘	학기 초에 학생이나 학부모에게 긍정적인 면을 표현하여 좋은 첫인상을 줄 수 있다.	• 첫인상이 주는 의미 이해하기 • 상대방의 첫인상 그리기 게임하기 • 나와 상대방의 긍정적인 첫인상을 찾아 표현하기
처음 관계 맺기	3	대화의 기술	학기 초에 학생이나 학부모에게 무엇인가를 같이하자고 제안할 수 있다.	• 제안이나 부탁하는 상황에 대한 경험 이야기하기 • 대안 및 방안에 대한 경험 나누기 • 2인 1조로 역할극 하기
정서적 지지 및 조언	4	힘이 되는 한마디	학생이나 학부모가 도움과 지지가 필요할 때 그들이 받아들일 수 있는 방식으로 조언할 수 있다.	• 공감하는 대화에 대해 경험 나누기 • '라디오에 사연 보내기' 활동하기 • 공감 표현 역할극 하기
정서적 지지 및 조언	5	당신을 응원해요	학생이나 학부모가 친구나 가족의 문제로 힘들어할 때 그들을 지지하고 격려할 수 있다.	• 지지와 격려에 대해 경험 나누기 • '인생 그래프' 그리기 • 응원 메시지 전달하기
자기 노출	6	솔직한 나의 표현	학기 초에 학생이나 학부모에게 내가 겪고 있는 어려움에 관한 이야기를 할 수 있다.	• 교사로서 자기 개방의 어려움 이야기하기 • '6조각 이야기' 만들어 표현하기 • 자기 경험 및 감정 표현하기
타인에 대한 불쾌감 주장	7	현명하게 주장하기	학생이나 학부모가 약속을 어겼을 때 정당하게 나의 의견을 표현할 수 있다.	• 권리주장에 대한 경험 이야기하기 • 역할극 하기
타인에 대한 불쾌감 주장	8	당당하게 말해 봐요	학생이나 학부모가 나를 난처하게 만들고 있다는 것을 말할 수 있다.	• 난처했던 경험 이야기하기 • '웅덩이화' 그리기 • 자신의 상황을 표현하고 이야기 나누기
타인에 대한 불쾌감 주장	9	나에게 소중해요	학생이나 학부모가 나를 무시하거나 배려하지 않을 때 나의 권리를 지킬 수 있다.	• '세 개의 가치 항아리'를 글이나 그림으로 채우기 • 교권 침해 및 보호에 대해 이야기하기 • 다양한 갈등 상황에 대한 역할극 하기
대인 갈등 다루기	10	슬기로운 감정 소통	학생이나 학부모와의 갈등을 피하기 위해 부정적인 감정을 적절히 표현할 수 있다.	• '감정 사전' 다양하게 표현하기 • '생각 안 하기' 게임하기 • '내 마음의 감정 버튼' 이해하기
대인 갈등 다루기	11	내 마음 알아주기	학생이나 학부모와 갈등이 생겨서 불쾌한 감정이 들 때 화가 난 감정을 가라앉힐 수 있다.	• 자신의 감정에 대해 바라보기 • '나의 마음에게' 편지 쓰기
마무리	12	앞으로의 나	프로그램을 정리하며 자신의 변화된 모습을 평가할 수 있다.	• '묘비명 쓰기' 활동을 통해 가치 탐색하기 • 프로그램의 전체 내용을 정리하기 • 변화된 생각과 느낌 나누기

4. 프로그램 효과 검증

이 프로그램의 효과 검증을 위하여 혼합분산분석(Mixed ANOVA)을 사용하였으며, 유의수준 .05에서 검증한 결과 유의한 효과가 있는 것으로 밝혀졌다($F=21.79$, $p<.01$).

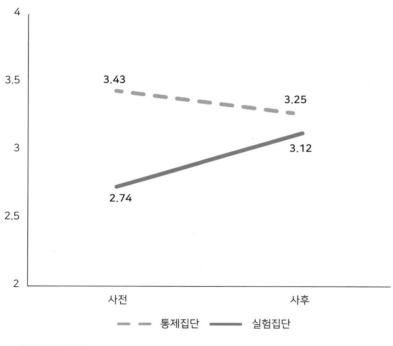

그림 8-3 학생 및 학부모와의 대인관계능력의 사전 · 사후 점수

다음으로 학생 및 학부모와의 대인관계능력의 변화를 하위 요인별로 검증하기 위해 혼합분산분석을 반복해서 사용한 결과, 대인관계능력의 대인 갈등 다루기 영역을 제외한 처음 관계맺기, 타인에 대한 불쾌감 주장, 자기 노출, 정서적 지지 및 조언에서 유의한 효과가 있는 것으로 나타났다. 따라서 심리적으로 소진된 초등교사의 학생 및 학부모와의 대인관계능력 향상을 위한 집단상담 프로그램은 효과가 있는 것으로 검증되었다.

5. 프로그램의 실제

1회기	변화에 대한 기대		
하위 영역	프로그램 안내 및 자기 소개		
활동 목표	프로그램의 의미와 목적을 알고, 집단원 간의 친밀감과 신뢰감을 형성할 수 있다.		
준비물	PPT 자료, 활동 자료, 경험보고서, 명찰 크기의 종이, 목걸이형 명찰, 색연필, 사인펜, 필기구	시간 (분)	90분
단계	활동 내용	시간 (분)	집단 구성
도입	◈ 프로그램 안내 - 프로그램의 의미와 목적 소개 〈활동 자료 1-①〉 - 프로그램의 일정 및 참여 시 유의 사항 안내 ◈ 집단의 규칙 안내 및 프로그램에 대한 다짐 〈활동 자료 1-②〉 - '약속하고 다짐합니다' 작성하기	10	전체
전개	◈ 별칭 짓기 - 집단상담에서 불리고 싶은 나만의 별칭을 짓고 소개하기	10	전체
	◈ 심리적 소진에 대한 나의 마음 나누기 〈활동 자료 1-③〉 - 현재 내가 느끼는 심리적 소진의 정도를 척도로 생각해 보기 - 소진의 원인에 대해 생각해 보기	30	전체
	◈ 내가 바라는 나의 모습 찾아보기 - 지금 나를 힘들게 하는 것과 내가 바라는 것을 생각해 보기 - 집단에서 내가 이루고 싶은 작은 목표 세워 보기	30	조별
정리	◈ 집단상담 소감 나누기 〈활동 자료 1-④〉 - 오늘의 집단상담 경험에 대한 소감 나누기 ◈ 다음 회기 설명 - 다음 회기에 대한 전반적인 설명하기	10	전체
유의 사항	- 상담자는 집단원이 편안하게 상담에 참여하여 자신을 있는 그대로 드러내고 적극적으로 참여할 수 있도록 안전한 환경으로 느낄 수 있도록 돕는다. - 상담자는 집단원의 개인정보 및 개인적인 이야기를 상담 밖의 장면에서 이야기하지 않도록 상담의 비밀유지 규칙에 대해 중요하게 언급한다. - 상담자는 비대면 화상상담의 경우에 온라인 상담의 에티켓(소음이 발생하지 않는 개인적인 공간에서 참여할 것, 녹화나 녹음으로 내용을 유출하지 않을 것 등)에 대해 이야기한다.		

1회기	소진 회복 프로그램	별칭
활동 자료 1-①		

◆ 심리적으로 소진된 초등교사의 학생 및 학부모와의 대인관계능력 향상을 위한 집단상담 프로그램의 목적

　본 집단상담 프로그램의 목적은 학생 및 학부모와의 관계에서 대인관계능력을 향상함으로써 심리적 소진을 극복하고 예방하는 데 있습니다. 이를 위해 대인관계능력을 구성하는 다섯 가지 하위 영역인 처음 관계 맺기, 정서적 지지 및 조언, 자기 노출, 타인에 대한 불쾌감 주장, 대인 갈등 다루기 능력을 회기의 주제로 삼아 집단상담을 운영할 것입니다. 이 집단상담 프로그램에 적극적으로 참여한다면 학생 및 학부모와의 관계에서 기술을 향상함으로써 심리적 소진에 이르지 않고 행복한 교직생활로 나아갈 수 있는 기회가 될 것입니다.

◆ 프로그램의 구성

영역	회기	프로그램 제목
프로그램 소개	1회기	변화에 대한 기대
처음 관계 맺기	2회기	첫인상의 힘
	3회기	대화의 기술
정서적 지지 및 조언	4회기	힘이 되는 한마디
	5회기	당신을 응원해요
자기 노출	6회기	솔직한 나의 표현
타인에 대한 불쾌감 주장	7회기	현명하게 주장하기
	8회기	당당하게 말해 봐요
	9회기	나에게 소중해요
대인 갈등 다루기	10회기	슬기로운 감정 소통
	11회기	내 마음 알아주기
마무리	12회기	앞으로의 나

1회기	서약서	별칭
활동 자료 1-②		

약속하고 다짐합니다

1. [비밀보장] 나는 참여자의 인격을 기본적으로 존중하고, 내가 깨닫고 학습한 것 외에 프로그램 중에 나온 개인의 사적인 내용에 대해 절대로 다른 사람에게 이야기하지 않겠습니다.

2. [배려와 존중] 나는 참여자 모두의 성장을 위해 상대방을 배려하고 존중하며 활동 중 다른 행동(핸드폰 하기, 음식 섭취 등)을 하지 않겠습니다.

3. [진솔한 마음] 나는 진솔한 마음으로 이 집단의 주인공이 되어 적극적으로 참여하겠습니다.

4. [   ]

5. [   ]

나는 이 프로그램에 적극적으로 참여하여
나의 [대인관계능력] 향상을 위해 노력할 것을 약속합니다.

20 　 년 　 월 　 일

이름: 　　　　　 (서명)

1회기	변화에 대한 기대	별칭
활동 자료 1-③		

✎ 집단상담 프로그램을 통해 선생님이 학생 및 학부모와의 관계에서 어떤 변화가 일어나길 바라나요?

◆ 내가 바라는 변화

◆ 현재 나의 위치

1	2	3	4	5	6	7	8	9	10

◆ 기대하는 나의 위치

1	2	3	4	5	6	7	8	9	10

✎ 지금 나를 힘들게 하는 것(소진의 원인)이 있다면 무엇인지 생각해 보고, 앞으로 바라는 모습을 문장으로 완성해 보세요.

만일 (   )이 내게 문제가 되지 않는다면(없다면), 나는 (   )

할 것이다.

1회기	경험보고서	별칭
활동 자료 1-④		

참여한 회기: [   ]회기

✎ 집단상담을 하면서 경험한 내용을 자유롭게 적어 봅시다.

◆ 새롭게 알게 된 점

◆ 가장 기억에 남는 활동

◆ 상담을 통해 발견한 나의 강점과 집단원의 강점

◆ (회기 시작 전과 비교해서) 나의 변화된 부분

2회기	첫인상의 힘		
하위 영역	처음 관계 맺기		
활동 목표	학기 초에 학생이나 학부모에게 긍정적인 면을 표현하여 좋은 첫인상을 줄 수 있다.		
준비물	PPT 자료, 활동 자료, 참고 자료, 필기구	시간 (분)	90분
단계	활동 내용	시간 (분)	집단 구성
도입	◆ 명상으로 마음 쉬어 가기 〈참고 자료 2-①〉 - 편안한 자세로 자신의 몸의 감각 느껴 보기 - 짝과 신체감각 느낌을 주고받기 ◆ 이번 회기 활동 안내 - 이번 회기 주제와 관련하여 나누고 싶은 이야기하기 - 변화하고 싶은 자신의 작은 목표 이야기하기	15	전체
전개	◆ 학기 초 새로운 관계 맺기의 경험 나누기 - 학생이나 학부모와 새 학년(학기)을 시작할 때의 느낌 이야기하기	15	전체
전개	◆ 첫인상에 대한 나의 생각 나누기 〈활동 자료 2-①〉 - 초두 효과로 인해 달라지는 평가에 대해 생각해 보기 - 내가 생각하는 나의 첫인상에 대해 이야기해 보기	20	전체
전개	◆ 상대방의 긍정적인 면(장점)을 찾아 이야기하기 〈활동 자료 2-②〉 - 상대방의 얼굴만 보고 그림 그리기 - 완성한 그림을 보면서 느낀 점 이야기하기 - 첫인상에서 느껴지는 상대방의 긍정적인 면(장점) 이야기하기	30	조별
정리	◆ 집단상담 소감 나누기 〈활동 자료 1-④〉 - 오늘의 집단상담 경험에 대한 소감 나누기 ◆ 다음 회기 설명 - 다음 회기에 대한 전반적인 설명하기	10	전체
유의 사항	- 심리적으로 소진된 경우에는 신체화 증상을 동반하는 경우가 많기 때문에 상담자는 시작할 때 집단원이 신체 이완을 통해 긴장을 풀고 편안한 마음으로 참여할 수 있도록 한다. - 상담자는 집단원이 갖고 있는 자신의 긍정적인 자원을 발견하고 표현함으로써 긍정적인 피드백을 주고받을 수 있도록 격려한다.		

2회기	첫인상의 힘
참고 자료 2-①	

✎ 명상으로 마음 쉬어 가기

대인관계에서 느껴지는 심리적 부담감은 신체의 피로감과 통증으로 이어집니다. 신체감각 알아 차림은 긴장 이완과 불안 감소에 탁월한 효과가 있습니다. 내 몸을 발견하는 신체감각 알아차리기 활동을 해 봅시다.

◆ 순서대로 나의 감각 느껴 보기

머리 정수리의 느낌을 느껴 봅니다. 어떤 감각이 있는지 살펴보고, 감각을 알아차리면 잠시 느껴 보고 바로 몸 아래쪽으로 내려갑니다. 다음은 눈으로 가서 눈꺼풀의 느낌, 눈동자의 느낌을 느껴봅니다. 다음은 코에서 콧등의 느낌이나 공기가 코로 들어오는 느낌을 느껴 봅니다. 입술, 목, 어깨, 가슴, 배, 엉덩이, 무릎, 발까지 내려옵니다. 발의 감각을 느끼면 마지막으로 숨을 들이쉬고 내쉴 때 공기가 정수리로 들어와 발바닥으로 빠져나가는 상상을 하며 "나의 몸은 편안하다"라는 말로 마무리합니다.

※ 주의: 하나의 감각에 너무 오래 머무르지 않고 잡념이 들지 않도록 잠시 음미하면서 몸이 잘 이 완되도록 합니다. 감각이 느껴지지 않는 부위가 있다면 그냥 지나가며 머리끝에서 발끝까지 1회 훑어본 후에 이완되는 느낌이 없으면 여러 차례 반복해도 됩니다.

◆ 짝과 함께 감각 느껴 보기

지금 여기에서 알아차리는 신체감각이나 움직임을 옆 사람과 주거니 받거니 대화하는 방법입니다.

A: 어깨가 아파.
B: 눈이 파르르 떨려.

눈을 감고 하면 좀 더 감각을 알아차리기 쉽지만 눈을 뜨고 해도 됩니다. 함께하는 명상은 대화로 해서 재미있고 웃음이 나기도 합니다. 한 사람이 "등이 간지러워" 하면 상대방도 자신의 그 부분을 살펴보게 되어 몸의 감각을 알아차리는 데 시너지 효과가 발생합니다. 또한 "하품이 나와" "나도 하품이 나와"라는 식으로 서로 비슷한 형상을 말하면 공명이 되어 긴장이 더 쉽게 풀리고 그 결과로 웃음이 터져 나오기도 합니다.

출처: 박대령(2015).

2회기	첫인상의 힘	별칭
활동 자료 2-①		

✎ **두 사람의 특징을 듣고 느껴지는 첫인상을 이야기해 봅시다.**

정 선생님	따뜻하다	근면하다	지적이다	결단력이 있다
차 선생님	차갑다	결단력이 있다	근면하다	지적이다

◆ '정 선생님'과 '차 선생님'을 표현하는 첫 단어는 무엇인가요?

◆ '정 선생님'과 '차 선생님'의 공통적인 특징은 첫 단어에 따라 어떻게 느껴지나요?

✎ **나의 첫인상에 대해 생각해 보고 함께 이야기해 봅시다.**

◆ 나의 첫인상에 대해 생각해 봅시다.

◆ 좋은 첫인상을 위해 어떤 노력을 했나요? 혹은 앞으로 어떤 노력을 할 수 있을까요?

2회기	첫인상의 힘	별칭
활동 자료 2-②		

✎ **상대방의 긍정적인 면(장점)을 찾아 첫인상을 표현해 봅시다.**

◆ 상대방의 얼굴만 바라보면서 자화상을 그려 봅시다. 그림을 그리는 나의 손과 종이를 보지 않고 상대방의 긍정적인 이미지(좋은 첫인상)를 생각하며 그립니다.

◆ 집단원의 긍정적인 이미지(좋은 첫인상)는 무엇인가요?

◆ 집단원이 찾아 준 나의 긍정적인 이미지(좋은 첫인상)를 듣고 어떤 생각이 드나요?

3회기	대화의 기술		
하위 영역	처음 관계 맺기		
활동 목표	학기 초에 학생이나 학부모에게 무엇인가를 같이하자고 제안할 수 있다.		
준비물	PPT 자료, 활동 자료, 필기구	시간 (분)	90분
단계	활동 내용	시간 (분)	집단 구성
도입	◆ 명상으로 마음 쉬어 가기 - 심호흡하기, 근육 이완하기, 나를 힘들게 하는 것을 마음에서 떠나보내기 ◆ 이번 회기 활동 안내 - 이번 회기 주제와 관련하여 나누고 싶은 이야기하기 - 변화하고 싶은 자신의 작은 목표 이야기하기	15	전체
전개	◆ 제안이나 부탁하는 상황에서의 나의 모습 〈활동 자료 3-①〉 - 학생이나 학부모에게 제안/부탁하는 말을 하기 어렵게 하는 걸림돌 찾기 - 제안/부탁하는 말을 잘 표현하기 위해 필요한 것 이야기하기	30	전체
	◆ 제안이나 부탁하는 상황 역할극 하기 〈활동 자료 3-②〉 - 상황과 역할 선택하기 - 어울리는 대화를 완성하여 연습해 보기 - 역할극을 하고 느낀 점 이야기하기	35	조별
정리	◆ 집단상담 소감 나누기 〈활동 자료 1-④〉 - 오늘의 집단상담 경험에 대한 소감 나누기 ◆ 다음 회기 설명 - 다음 회기에 대한 전반적인 설명하기	10	전체
유의 사항	- 집단원이 자신의 경험을 떠올리고 함께 이야기하면서 혼자만의 걱정이나 고민이 아니라는 것을 깨닫고 상담을 통해 함께 문제를 해결해 나갈 수 있는 용기를 갖게 한다. - 상담자는 제안하거나 부탁하는 상황에서 상대방의 거절은 '교사로서의 나'에 대한 거부가 아니라 '나의 부탁 한 가지'에 대한 거절일 뿐이라는 것을 상기시킨다. - 상담자는 집단원이 조별 역할극에 적극적으로 참여하도록 함으로써 대화에 대한 두려움, 분노, 섭섭함 등 대화를 어렵게 하는 감정을 자연스럽게 받아들일 수 있게 한다.		

3회기	대화의 기술	별칭
활동 자료 3-①		

✎ **학생이나 학부모에게 제안이나 부탁하는 상황에서 여러분은 어떻게 했는지 떠올려 봅시다.**

◆ 공감이 가는 문장이 있나요? 자신의 경험을 이야기해 봅시다.

- 상대방에게 충고하는 말이 자꾸 떠오른다.
- 상대방의 말을 듣기보다는 나의 일 혹은 전달해야 하는 말에 신경을 쓰느라 상대방의 감정을 신경 쓰지 못한다.
- 내가 한 말에 대해 상대방이 어떻게 반응할지, 무슨 말을 할지 신경을 쓰느라 상대방의 말을 충분히 듣지 않는다.
- (여러분의 경험을 나누어 보세요.)

◆ 제안이나 부탁하는 말을 하기 어렵게 하는 것(걸림돌)이 있다면 무엇인가요?

◆ 제안이나 부탁하는 말을 해냈던 경험을 떠올려 보고 그때의 기분을 이야기해 봅시다.

3회기	대화의 기술	별칭
활동 자료 3-②		

✎ **학생이나 학부모에게 제안이나 부탁해야 하는 상황을 역할극으로 재연해 봅시다.**

◆ 구체적인 상황 정하기

학생과의 대화	학부모와의 대화

◆ 역할을 정하고 알맞은 대화를 만들어 역할극을 해 봅시다.

선생님	
학생/학부모	
선생님	
학생/학부모	
선생님	
학생/학부모	
선생님	
학생/학부모	

※ 상대방이 제안이나 부탁을 수락하지 않아도 되므로 자유롭게 이야기를 꾸며 봅시다.

◆ 역할극을 하고 나서 느낀 점을 이야기해 봅시다.

4회기	힘이 되는 한마디		
하위 영역	정서적 지지 및 조언		
활동 목표	학생이나 학부모가 도움과 지지가 필요할 때 그들이 잘 받아들일 수 있는 방식으로 조언할 수 있다.		
준비물	활동 자료, 필기구	시간 (분)	90분
단계	활동 내용	시간 (분)	집단 구성
도입	◆ 명상으로 마음 쉬어 가기 - 심호흡하기, 근육 이완하기, 나를 힘들게 하는 것을 마음에서 떠나보내기 ◆ 이번 회기 활동 안내 - 이번 회기 주제와 관련하여 나누고 싶은 이야기하기 - 변화하고 싶은 자신의 작은 목표 이야기하기	10	전체
전개	◆ 놀라운 공감의 힘 〈활동 자료 4-①〉 - 도움과 지지가 필요한 학생이나 학부모에게 조언하는 방법(비폭력 대화 소개하기) - 공감으로 소통하기 위해 필요한 것 생각하기	10	전체
	◆ 공감하는 마음으로 역할극 하기 - 학생이나 학부모에게 공감하는 마음으로 조언할 수 있는 상황 떠올리기 - 역할극을 통해 상대방에게 공감하는 마음을 표현하기 - 역할극을 통해 느낀 점 이야기하기	30	전체
	◆ 공감하는 대화하기 〈활동 자료 4-②〉 - 지금 나의 어려움을 표현하고 도움과 지지가 필요한 집단원에게 공감하는 표현하기 - 공감하는 표현을 듣고 느낀 점 이야기하기	30	전체
정리	◆ 집단상담 소감 나누기 〈활동 자료 1-④〉 - 오늘의 집단상담 경험에 대한 소감 나누기 ◆ 다음 회기 설명 - 다음 회기에 대한 전반적인 설명하기	10	전체
유의 사항	- 이번 회기는 상담자가 공감의 중요성, 공감의 방법을 가르치는 활동이 아니라 집단원이 공감 능력을 충분히 발휘할 수 있도록 한다. 집단원이 경험한 상황적인 어려움을 공감하고, 집단원을 지지하고 존중하며 격려한다. - 상담자는 학생 및 학부모에게 공감하는 활동(역할극)뿐만 아니라, 지금 함께하는 집단원에게 공감하는 활동을 통해 공감 표현을 충분히 연습할 수 있게 한다.		

4회기	힘이 되는 한마디	별칭
활동 자료 4-①		

✎ 공감은 상대방이 자신의 감정을 느끼는 동안에 그 상대방과 온전히 함께하는 것을 의미합니다. 학생이나 학부모에게 힘이 되는 공감의 말을 하는 방법을 생각해 봅시다.

◆ 공감으로 소통하는 단계

> 1. 현재에 머물기
>   – 어떠한 판단이나 진단 또는 조언 없이 공감해 주기
> 2. 현재의 느낌과 욕구에 연결되어 있는지 확인하기
>   – 상대방의 현재의 내면에 초점 맞추기
>   – 상대방이 자신의 느낌과 욕구를 표현할 때 다시 한 번 말로 되짚으며 공감하기
> 3. 공감에 머무르기
>   – 상대방이 받아들이는 동안에 함께 머무르기
> 4. 확인하기
>   – "더 하고 싶은 말이 있나요?"라고 물어보기
> 5. 공감 후 부탁받기
>   – 이 순간 상대방이 나에게 바라는 점(정보, 조언, 나의 소감)을 이야기하기

출처: Marshall. B. Rosenberg(2017).

◆ 공감으로 소통하기 위해 필요한 것은 무엇인가요?

✎ 공감하는 마음으로 대화하는 역할극을 해 봅시다.

◆ 학생이나 학부모에게 공감하는 마음으로 조언할 수 있는 상황을 떠올려 봅시다. 특히 상대방이 나의 가치관과 다르거나 나의 생각을 받아들이기 어려운 경우에 어떻게 대화하면 좋을지 역할극으로 표현해 봅시다.

상황: 예) 교사는 학생의 문제행동에 대해 우려하는 마음을 표현하고 싶으나 학생/학부모가 받아들이지 못할 것으로 예상되는 상황	
교사	
학생/학부모	
교사	
학생/학부모	
교사	

4회기	힘이 되는 한마디	별칭
활동 자료 4-②		

✏ '공감'은 문제해결을 위한 시작입니다. 상대방이 힘이 들 때 '공감'해 주는 것만으로도 충분한 위안이 되고 다시 일어서게 합니다. 집단원과 공감하는 대화를 해 봅시다.

◆ 도움받고 싶은 지금 나의 어려움(고민)에 대해 적어 봅시다.

◆ 집단원의 어려움(고민)을 읽고 공감과 응원의 글을 적어 봅시다.

집단원 별칭	공감과 응원의 글

◆ 공감하는 말을 듣고 나서 느낀 점을 이야기해 봅시다.

5회기	당신을 응원해요			
하위 영역	정서적 지지 및 조언			
활동 목표	학생이나 학부모가 친구나 가족의 문제로 힘들어할 때 그들을 지지하고 격려할 수 있다.			
준비물	활동 자료, 필기구, 경험보고서	시간 (분)	90분	
단계	활동 내용	시간 (분)	집단 구성	
도입	◆ 명상으로 마음 쉬어 가기 - 심호흡하기, 근육 이완하기, 나를 힘들게 하는 것을 마음에서 떠나보내기 ◆ 이번 회기 활동 안내 - 이번 회기 주제와 관련하여 나누고 싶은 이야기하기 - 변화하고 싶은 자신의 작은 목표 이야기하기	10	전체	

전개	◆ 공감하기 어려운 이유 나누기 〈활동 자료 5-①〉
	- 내 삶에서 친구나 가족은 어떤 의미인지 동물로 표현해 보기
	- 학생이나 학부모를 공감하기 어려웠던 경험을 떠올리고 어려움의 원인은
	  무엇인지 생각해 보기
	- 학생이나 학부모가 친구나 가족의 문제로 어려움을 호소했던 적이 있다면
	  경험 나누기
		30	전체	

	◆ 나의 인생그래프 그리기 〈활동 자료 5-②〉 - 자신의 삶에서 중요했던 사건들을 떠올려 보고 인생그래프 그리기 - 집단원의 인생그래프를 보고 지지, 격려하는 대화하기	40	조별	
정리	◆ 집단상담 소감 나누기 〈활동 자료 1-④〉 - 오늘의 집단상담 경험에 대한 소감 나누기 ◆ 다음 회기 설명 - 다음 회기에 대한 전반적인 설명하기	10	전체	

유의 사항	- 친구나 가족을 동물로 표현할 때 자유롭게 그리되, 직접 그리는 것을 어려워하는 경우에는
	  동물 이미지를 오리거나 복사하여 사용할 수 있게 함으로써 그리기에 부담감을 느끼지 않도
	  록 한다.
	- 상담자는 집단원이 상대방의 인생그래프를 보고 공감하는 표현을 할 때 충고나 조언보다는
	  상대방을 존중하고 위로하는 마음을 가지고 진심으로 참여하도록 안내한다.			

5회기	당신을 응원해요	별칭
활동 자료 5-①		

✎ **다음의 질문에 대해 생각해 보고, 집단원과 함께 이야기해 봅시다.**

◆ 여러분에게 친구나 가족은 어떤 존재인가요? 친구와 가족을 동물로 그려서 표현해 봅시다.

✎ **친구와 가족은 우리 삶에 중요한 타인입니다. 질문에 대해 생각해 보고, 집단원과 함께 이야기해 봅시다.**

◆ 학생이나 학부모가 친구나 가족의 문제로 힘들어하는 것을 경험한 적이 있나요?

◆ 집단원의 어려움(고민)을 읽고 공감과 응원의 글을 적어 봅시다.

집단원 별칭	공감과 응원의 글

◆ 공감하는 말을 듣고 나서 느낀 점을 이야기해 봅시다.

5회기	당신을 응원해요	별칭
활동 자료 5-②		

✎ **나의 인생에서 중요했던 사건들을 떠올려 보고 인생 그래프를 그려 봅시다.**

+10

0

−10

◆ (+)행복감을 느꼈던 사건에서 작용했던 나의 강점은 무엇인가요?

◆ (−)행복감으로 향해 있는 사건을 견디게 했던 나의 자원은 무엇인가요?

✎ **집단원의 인생 그래프를 보고 함께 이야기해 봅시다.**

◆ 집단원의 인생 그래프를 보고 공감, 지지, 격려하는 표현을 해 봅시다.

6회기	솔직한 나의 표현		
하위 영역	자기 노출		
활동 목표	학기 초에 학생이나 학부모에게 내가 겪고 있는 어려움에 관한 이야기를 할 수 있다.		
준비물	활동 자료, 필기구, 경험보고서	시간 (분)	90분
단계	활동 내용	시간 (분)	집단 구성
도입	◈ 명상으로 마음 쉬어 가기 - 심호흡하기, 근육 이완하기, 나를 힘들게 하는 것을 마음에서 떠나보내기 ◈ 이번 회기 활동 안내 - 이번 회기 주제와 관련하여 나누고 싶은 이야기하기 - 변화하고 싶은 자신의 작은 목표 이야기하기	10	전체

전개	◈ 내가 경험하는 어려움을 이야기하기 〈활동 자료 6-①〉
	- 동굴에서 바라보는 바깥세상을 그림으로 표현하기
	- 동굴 밖의 모습을 이야기하며 지금 경험하는 어려움(심리적 소진)을 이겨
	  낸 후의 모습을 떠올려 보기
	- 느낀 점 이야기하기
	
	◈ 학생이나 학부모에게 나의 어려움을 표현하기 〈활동 자료 6-②〉
	- 긍정적인 점(plus), 부정적인 점(minus), 흥미로운 점(interesting)을 생각
	  하며 자기 개방을 위한 방법 생각해 보기
	- 자신이 경험하는 어려움을 6조각 이야기(6-part story making)로 표현
	  하기
	- 내가 경험하는 어려움을 헤쳐 나가려면 무엇이 필요한지 생각하기
	- 느낀 점 이야기하기
		30
		
		40
			조별
			
			조별

정리	◈ 집단상담 소감 나누기 〈활동 자료 1-④〉 - 오늘의 집단상담 경험에 대한 소감 나누기 ◈ 다음 회기 설명 - 다음 회기에 대한 전반적인 설명하기	10	전체

유의 사항	- 상담자는 집단원의 자기 개방에 대한 부정적인 생각을 충분히 수용하고 이해하며 긍정적
	  인 점을 강요하지 않도록 주의하면서 자기 개방이 대인관계능력에 도움이 된다는 점을 소개
	  한다.
	- 상담자는 동굴화, 6조각 이야기 그리기 활동에서 집단원이 그리기 활동에 부담을 느끼지 않
	  고 자유롭게 표현할 수 있도록 안내한다.		

6회기	솔직한 나의 표현	별칭
활동 자료 6-①		

✎ '동굴화 그리기'를 통해 내가 겪는 어려움과 내가 바라보는 세상을 살펴 봅시다.

◆ 다음 동그라미는 동굴로 들어가는 문입니다. 당신이 동굴 안에 살고 있다면 바깥세상은 어떨 것 같나요? 동굴 안에서 보이는 바깥세상을 자유롭게 그려 봅시다.

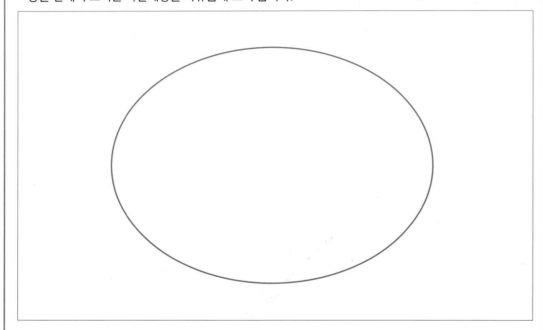

◆ 동굴 밖은 어떤 모습인가요? (어떤 계절인가요? 누구와 함께 있나요?)

◆ 활동 후 느낀 점을 이야기해 봅시다.

6회기	솔직한 나의 표현	별칭
활동 자료 6-②		

✏️ **자신이 경험하는 어려움을 학생이나 학부모에게 이야기하는 것에 대해 생각해 봅시다.**

◆ '긍정적인 점'과 '부정적인 점'을 찾아보고 '흥미로운 점'을 고려하여 질문에 대한 자신의 생각을 정리해 봅시다.

[질문] Question
학생이나 학부모에게 선생님이 경험하는 어려운 점을 이야기하는 것은 어떤가요?

[긍정적인 점] Plus	[부정적인 점] Minus

[흥미로운 점] Interesting
공감하는 대화에서 자기 개방은 대인관계능력 향상에 도움이 됩니다.

[나의 생각]

✏️ **자신이 주인공이 되어 내가 겪고 있는 어려움(장애물)을 헤쳐 나가는 과정을 상상하며 6조각 이야기로 표현해 봅시다.**

〈주인공〉	〈주인공의 목표〉	〈주인공의 장애물〉
〈조력자〉	〈고난을 헤쳐 나가는 과정〉	〈결말 혹은 그 이후〉

7회기	현명하게 주장하기		
하위 영역	타인에 대한 불쾌감 주장		
활동 목표	학생이나 학부모가 약속을 어겼을 때 정당하게 나의 의견을 표현할 수 있다.		
준비물	활동 자료, 필기구	시간 (분)	90분
단계	활동 내용	시간 (분)	집단 구성
도입	◆ 명상으로 마음 쉬어 가기 - 심호흡하기, 근육 이완하기, 나를 힘들게 하는 것을 마음에서 떠나보내기 ◆ 이번 회기 활동 안내 - 이번 회기 주제와 관련하여 나누고 싶은 이야기하기 - 변화하고 싶은 자신의 작은 목표 이야기하기	10	전체
전개	◆ 이구동성 게임하기 - 4명이 한 글자씩 큰 소리로 이야기하고, 나머지 집단원은 단어 알아 맞히기(예: 교권보호, 자기주장, 소진극복)	10	전체
	◆ 현명하게 의견 표현하기 위해 필요한 것 〈활동 자료 7-①〉 - 학생이나 학부모와의 '약속'에 대한 나의 생각 표현하기 - 자신의 의견을 표현할 때 어려운 점(걸림돌) 생각해 보기 - 나의 의견을 정당하게 표현하기 위해 필요한 것 이야기하기	20	조별
	◆ 현명하게 자기주장하는 역할극 하기 〈활동 자료 7-②〉 - 자기주장하는 연습해보고 싶은 상황이 떠올려 보기 - 재미있게 역할을 선택하여 상황 만들기 - 역할에 충실하여 역할극 꾸며 보기 - 실제 상황이라면 어떤 일이 일어날지 상상해 보기 - 현명하게 자기주장하는 상황으로 바꾸어 표현해 보기	40	조별
정리	◆ 집단상담 소감 나누기 〈활동 자료 1-④〉 - 오늘의 집단상담 경험에 대한 소감 나누기 ◆ 다음 회기 설명 - 다음 회기에 대한 전반적인 설명하기	10	전체
유의 사항	- 상담자는 집단원이 회기를 시작하며 게임을 통해 긴장을 풀고 활동에 적극적으로 참여할 수 있도록 한다. - 상담자는 집단원이 역할극에 참여할 때 정해진 답이 없으므로 자유롭게 표현할 수 있도록 돕는다.		

7회기		별칭
활동 자료 7-①	**현명하게 주장하기**	

✎ **다음의 질문에 대해 생각해 보고, 집단원과 함께 이야기해 봅시다.**

◆ 학생이나 학부모와 '약속'을 한 경험이 있나요? '약속'은 여러분에게 어떤 의미를 갖고 있는지 이야기해 봅시다.

◆ 나의 의견을 표현하고 싶은 상황에서 어려운 점(걸림돌)이 있다면 무엇인가요?

◆ 앞의 어려운 점(걸림돌)이 갑자기 사라진다면 어떻게 될까요?

◆ 나의 의견을 현명하게 표현하려면 무엇이 필요한가요?

7회기	현명하게 주장하기	별칭
활동 자료 7-②		

✎ **현명하게 자신의 의견을 주장하는 대화를 역할극으로 표현해 봅시다.**

◆ 학생이나 학부모와의 관계에서 자기주장하는 상황을 연습해 보고 싶나요? 어떤 장면인지 이야기해 봅시다.

◆ 역할극으로 표현해 보고 싶은 역할을 선택해 봅시다.

학생	학부모	선생님	
반항하는 학생	핑계를 대는 학부모	싫은 소리를 못하는 선생님	화가 많은 선생님
거짓말하는 학생	교사를 무시하는 학부모	만사가 귀찮은 선생님	냉정한 선생님

◆ 상황과 역할을 정하고 자유롭게 역할극으로 표현해 봅시다.

상황: 예) 바른말을 사용하기로 약속하였으나 이를 어긴 학생의 '핑계를 대는 학부모'와 상담하게 된 '화가 많은 선생님'

( ) 선생님	
( ) 학생/학부모	
( ) 선생님	
( ) 학생/학부모	
( ) 선생님	

◆ 현명한 대화 상황으로 바꾸려면 어떻게 고쳐 말하면 좋을까요? 바꾸어 말해 봅시다.

( ) 선생님	
( ) 학생/학부모	
( ) 선생님	
( ) 학생/학부모	
( ) 선생님	

8회기	당당하게 말해 봐요		
하위 영역	타인에 대한 불쾌감 주장		
활동 목표	학생이나 학부모가 나를 난처하게 만들고 있다는 것을 말할 수 있다.		
준비물	활동 자료, 필기구, 경험보고서	시간 (분)	90분
단계	활동 내용	시간 (분)	집단 구성
도입	◈ 명상으로 마음 쉬어 가기 - 심호흡하기, 근육 이완하기, 나를 힘들게 하는 것을 마음에서 떠나보내기 ◈ 이번 회기 활동 안내 - 이번 회기 주제와 관련하여 나누고 싶은 이야기하기 - 변화하고 싶은 자신의 작은 목표 이야기하기	10	전체
전개	◈ 세 글자 게임하기 〈활동 자료 8-①〉 - 한 사람씩 세 글자로 이어말하기를 하면서 문장을 완성하기 - 학생이나 학부모와 선생님과의 관계에서 곤란한 상황이 벌어지는 내용으로 상황을 만들기 - 상대방의 행동에 불쾌감을 느꼈을 때 표현하는 방법 이야기해 보기	15	전체
	◈ 난처한 상황에 놓인 나의 마음 나누기〈활동 자료 8-②〉 - 웅덩이화 그리기를 통해 자신의 마음을 표현하기 - 웅덩이에서 빠져나오기 위해 자신에게 필요한 것이 무엇인지 탐색해 보기	25	전체
	◈ 난처한 상황에서 비폭력 대화로 의견 표현하기〈활동 자료 8-③〉 - 교권 침해로 불쾌한 감정을 느꼈던 상황 떠올리기 - 갈등 해결을 돕는 비폭력 대화 방법 연습하기 - 상황에 맞게 역할극으로 자신의 의견 표현하기	30	전체
정리	◈ 집단상담 소감 나누기 〈활동 자료 1-④〉 - 오늘의 집단상담 경험에 대한 소감 나누기 ◈ 다음 회기 설명 - 다음 회기에 대한 전반적인 설명하기	10	전체
유의 사항	- 상담자는 집단원이 불쾌한 감정을 느낄 수 있는 상황에 대해 충분히 공감하고 이해한다. 그럼에도 불구하고 갈등을 해결하는 대화를 하고자 하는 집단원의 욕구를 알아차리고, 비폭력 대화에 관심을 갖고 연습하여 실제로 적용해 볼 수 있도록 격려한다.		

8회기	당당하게 말해 봐요	별칭
활동 자료 8-①		

✎ **학생이나 학부모와의 관계에서 선생님이 난처했던 경험이 있나요? 당황스러웠던 순간을 상상하면서 질문에 답해 봅시다.**

◆ 세 글자 게임 방법

> – 세 글자씩 말해 문장을 완성하기
> – 세 글자가 아니면 벌칙
> – 중간에 문장이 끝나도 벌칙
> – 주제에서 많이 벗어나도 벌칙
> – "세 글자~, 세 글자~, 세! 글! 자!"
> – 학교에서 일어나는 일이므로 첫 단어는 '학교에'로 정한다.

* 벌칙은 집단원이 즐겁게 수용할 수 있는 것으로 정한다(예: 자리에서 일어서기).

◆ 세 글자 게임 예시(집단원이 9명일 경우)

학교에	① 갔는데 ➡	② 우리 반 ➡	③ 학생이 ➡	④ 화가 나 ➡
⑤ 나에게 ➡	⑥ 욕해서 ➡	⑦ 엄마가 ➡	⑧ 학교에 ➡	⑨ 찾아옴

◆ 학생이나 학부모와의 관계에서 교권 침해로 인해 불쾌한 느낌을 받았을 때, 어떻게 행동(대화)하거나 해결했는지 이야기해 봅시다.

◆ 자신의 의사소통 방법은 적절했는지 생각해 봅시다. 더 나은 방법이 있다면 무엇일지 이야기해 봅시다.

8회기	당당하게 말해 봐요	별칭
활동 자료 8-②		

✎ '웅덩이화'를 통해 어려움에 빠진 자신의 모습을 상상해 보고, 질문에 답해 봅시다.

◆ 다음 그림은 웅덩이를 표현하고 있습니다. 웅덩이에 빠진 자신의 모습과 주변 풍경을 그려 봅시다.

◆ 웅덩이에 빠져 있을 때 어떤 마음이 드나요?

◆ 웅덩이에서 빠져나오기 위해 필요한 것은 무엇인가요?

8회기	당당하게 말해 봐요	별칭
활동 자료 8-③		

✎ **상대방에게 불쾌한 감정을 느꼈을 때, 자신의 의견을 주장하는 상황을 역할극으로 표현해 봅시다.**

◆ 학생이나 학부모와의 관계에서 교권 침해로 불쾌한 감정을 느꼈던 적이 있나요? 어떤 상황인지 이야기해 봅시다.

◆ 갈등 해결을 돕는 비폭력 대화로 바꾸어 말해 봅시다.

'평가' → '관찰'	'지은이는 골칫덩어리야.'	➜	'지은이가 오늘 친구랑 싸웠다.'
	'요즘 학부모는 교사를 무시해.'	➜	'어떤 학부모가 교사를 존중하지 않는 말을 했다.'
'생각' → '느낌'	'수민이 어머니는 나를 피곤하게 해.'	➜	'나는 피곤해.'
	'나는 담임으로 부족한 게 많아.'	➜	'나는 담임 역할에 지쳤어.'
'수단/방법' → '욕구'	'나는 너희가 싸우는 게 싫어.'	➜	'나는 우리 반 아이들이 사이좋게 지내면 좋겠어.'
	'나는 교직을 그만두고 싶어.'	➜	'학교생활에서 보람을 느끼고 싶어.'
'강요' → '부탁'	'쓰레기 좀 갖다 버려라.'	➜	'쓰레기 좀 갖다 버려 줄 수 있니?
	'수업 시간에 전화하지 마세요.'	➜	'수업 시간에는 전화를 받기 어렵습니다. 3시 이후에 연락 주세요.'

◆ 상황과 역할(학생이나 학부모, 선생님)을 선택하여 자신의 의견을 비폭력 대화로 표현하는 상황을 역할극으로 연습해 봅시다.

9회기	나에게 소중해요		
하위 영역	타인에 대한 불쾌감 주장		
활동 목표	학생이나 학부모가 나를 무시하거나 배려하지 않을 때 나의 권리를 지킬 수 있다.		
준비물	활동 자료, 필기구, 경험보고서	시간 (분)	90분
단계	활동 내용	시간 (분)	집단 구성
도입	◆ 명상으로 마음 쉬어 가기 - 심호흡하기, 근육 이완하기, 나를 힘들게 하는 것을 마음에서 떠나보내기 ◆ 이번 회기 활동 안내 - 이번 회기 주제와 관련하여 나누고 싶은 이야기하기 - 변화하고 싶은 자신의 작은 목표 이야기하기	10	전체
전개	◆ 나의 가치와 권리 찾기 〈활동 자료 9-①〉 - '세 개의 가치 항아리'에 중요하지 않은 것, 중요한 것, 매우 중요한 것을 적어 보기 - 나에게 중요한 것을 소중하게 여기고 있는지 생각해 보기 - 중요한 것을 소중하게 지키지 못하게 방해하는 것 찾기	30	전체
	◆ 역할극으로 나의 권리 주장하기 〈활동 자료 9-②〉 - 학생이나 학부모에게 교권 침해 상황에서 자신의 권리를 주장하지 못했던 장면 떠올리기 - 떠오른 대상이 '빈의자'에 앉아 있다고 생각하기 - 상담자의 도움을 받아 표현하고 싶은 감정과 행동을 마음껏 하기 - 표현한 후에 느낀 점 이야기하기 - 실제 상황이라면 어떻게 표현하면 좋을지 이야기하기	40	조별
정리	◆ 집단상담 소감 나누기 〈활동 자료 1-④〉 - 오늘의 집단상담 경험에 대한 소감 나누기 ◆ 다음 회기 설명 - 다음 회기에 대한 전반적인 설명하기	10	전체
유의 사항	- 상담자는 역할극 활동에서 주인공 역할을 하는 집단원의 마음을 이해하고 지지해 주며, 집단원이 공감되는 부분을 공유할 수 있도록 적극적인 참여를 유도한다. - 집단원은 자신의 권리를 주장하는 것과 마음대로 행동하는 것은 차이가 있음을 알고 실제 상황에서 자신의 권리를 주장하기 위해 바꾸어 표현해야 할 부분이 있는지 확인한다.		

9회기	나에게 소중해요	별칭
활동 자료 9-①		

✏️ **'세 개의 가치 항아리'를 통해 지금 자신에게 중요한 것에 대해 생각해 보고, 질문에 답해 봅시다.**

◆ 다음에 세 개의 항아리가 있습니다. 첫 번째 항아리에는 '중요하지 않은 것', 두 번째 항아리에는 '중요한 것', 세 번째 항아리에는 '매우 중요한 것'을 글이나 그림으로 채워 봅시다.

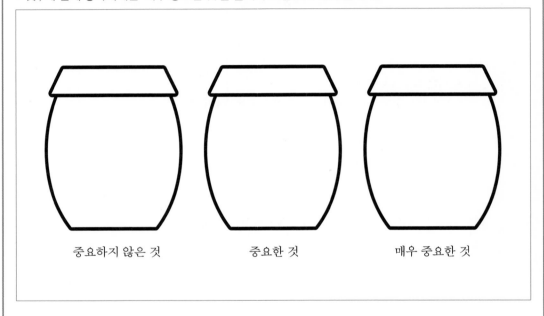

중요하지 않은 것   중요한 것   매우 중요한 것

◆ 내가 중요하다고 생각하는 것을 위해 어떤 노력을 하고 있나요?

◆ 나에게 중요한 것을 방해하는 것이 있다면 무엇인가요?

9회기	나에게 소중해요	별칭
활동 자료 9-②		

✎ 역할극을 통해 권리를 주장하는 연습을 해 봅시다.

◆ 교권 침해 상황에서 자신의 권리를 주장하지 못했던 상황을 표현해 봅시다.

◆ 떠오른 대상은 누구인가요? 자신이 표현하고 싶은 말과 행동을 적어 봅시다.

◆ '빈 의자'에 상대방이 있다고 생각하고, 자신이 표현하고 싶은 대로 감정과 행동을 마음껏 표현해 봅시다.

◆ 실제 상황에서 앞과 같이 표현한다면, 어떤 일이 일어날 것 같나요?

◆ 실제 상황에서 자신이 권리를 주장하는 장면을 떠올리며, 바꾸어 표현하고 싶은 부분이 있다면 다시 표현해 봅시다.

◆ 느낀 점

10회기	슬기로운 감정 소통		
하위 영역	대인 갈등 다루기		
활동 목표	학생이나 학부모와의 갈등을 피하기 위해 부정적인 감정을 적절히 표현할 수 있다.		
준비물	활동 자료, 필기구, 경험보고서	시간 (분)	90분
단계	활동 내용	시간 (분)	집단 구성
도입	◈ 명상으로 마음 쉬어 가기 - 심호흡하기, 근육 이완하기 - 생각 안 하기 게임하기 〈활동 자료 10-①〉 ◈ 이번 회기 활동 안내 - 이번 회기 주제와 관련하여 나누고 싶은 이야기하기 - 변화하고 싶은 자신의 작은 목표 이야기하기	15	전체
전개	◈ '감정사전'으로 지금의 나의 감정 표현하기 〈활동 자료 10-②〉 - 지금 나의 감정 혹은 최근 나의 감정을 색, 그림, 글로 표현하기 - '생각 안 하기' 게임하기 - '초밥 벨트 이야기'를 읽고 느낀 점 이야기하기	30	전체
	◈ '내 마음의 감정 버튼'을 알아보기 〈활동 자료 10-③〉 - 대인관계에서 자신이 다루기 힘든 '부정적' 감정 찾기 - 자신의 '부정적 감정'에 대해 구체화하기 - 감정에 대한 생각을 문장으로 표현하기(인지적 탈융합) - 나와 감정을 분리하여 생각해 본 느낌 이야기하기	35	전체
정리	◈ 집단상담 소감 나누기 〈활동 자료 1-④〉 - 오늘의 집단상담 경험에 대한 소감 나누기 ◈ 다음 회기 설명 - 다음 회기에 대한 전반적인 설명하기	10	전체
유의 사항	- 상담자는 '감정사전'에 다양한 감정을 표현할 수 있도록 허용적이고 편안한 분위기를 만드는 것이 필요하며, 우리 모두는 부정적 감정도 갖고 있다는 것을 자연스럽게 이해하는 시간을 갖는다. - 상담자는 집단원이 부정적인 감정으로 자신을 비난하거나 개념화하는 것(예: '나는 무능해.')에서 벗어나 생각이나 감정을 관찰하고 객관화('나는 …할 때 내가 무능하다는 생각을 믿고 있구나.')하도록 돕는다.		

10회기	슬기로운 감정 소통	별칭
활동 자료 10-①		

✏️ **지금부터 '생각 안 하기 게임'을 시작합니다. 다음의 질문에 자신의 생각을 자유롭게 적어 봅시다.**

지금부터 여러분에게 어떤 것을 생각하지 말라고 할 것입니다. 그러면 그것을 잠시뿐이라도 생각하지 마세요. 절대로 생각하면 안 됩니다. 시작하겠습니다. 반짝거리는 꿀떡을 생각하지 마세요. 갓 쩌낸 따끈따끈한 꿀떡에서 냄새가 나고 있습니다. 따끈따끈하고 달콤한 꿀떡을 입에 넣었습니다. 절대로 꿀떡을 생각하지 마세요. 따끈따끈하고 달콤한 꿀떡을 깨물었습니다. 꿀떡을 생각하지 마세요. 꿀떡을 절대로 생각하지 마세요.

◆ '꿀떡'을 생각하지 않기를 성공했나요? 무엇을 경험했는지 적어 봅시다.

◆ 부정적인 상황이나 감정을 떠올리지 않으려고 노력해 본 적이 있나요?

◆ 느낀 점을 이야기해 봅시다.

10회기	슬기로운 감정 소통	별칭
활동 자료 10-②		

✎ **최근 느낀 감정들을 각 칸에 자유롭게 표현해 봅시다.**

◆ 감정을 표현하는 색이나 그림, 글로 자유롭게 표현해 봅시다.

◆ 감정의 초밥집의 초밥 벨트 이야기

> 나의 모든 감정을 초밥집의 접시에 놓인 초밥이라고 생각해 보세요. 지금 여러분의 뇌 안에 초밥 벨트가 움직이고 있습니다. 긍정적인 감정의 초밥도 있지만, 부정적인 감정의 초밥도 있습니다. 감정이 느껴지지 않는 초밥도 있을 수 있습니다. 초밥 벨트는 계속해서 돌아가고, 초밥 접시가 내 앞에 올 때마다 바라봅니다. 초밥 접시는 곧 다시 사라지고 다음 초밥 접시가 다가올 것입니다. 여러분의 감정 또한 초밥 벨트 위의 초밥 접시처럼 끊임없이 나타났다 사라질 것입니다. 머릿속에서 생각은 하되 나의 감정을 '그냥' 바라보는 경험을 해 봅시다.

◆ 느낀 점을 이야기해 봅시다.

10회기			별칭
활동 자료 10-③	**슬기로운 감정 소통**		

✎ **학생이나 학부모와의 관계에서 자신을 힘들게 하는 부정적인 감정에 대해 알아보고, 다음의 질문에 자신의 생각을 자유롭게 표현해 봅시다.**

◆ 대인관계에서 자신을 힘들게 하는 부정적인 감정(화, 분노, 무력감 등)을 (   )에 적고, 부정적인 감정 버튼이 눌러지는 상황을 구체적으로 생각해 봅시다.

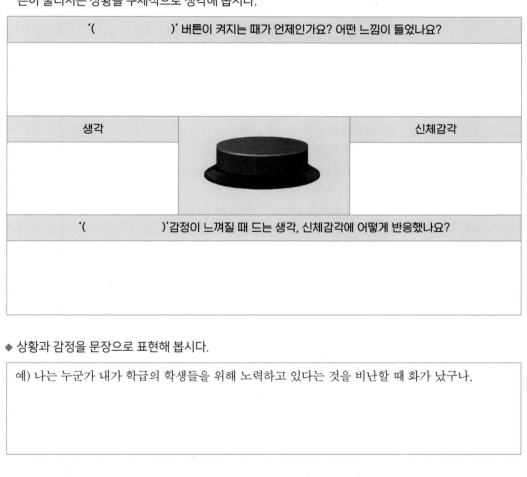

'( )' 버튼이 켜지는 때가 언제인가요? 어떤 느낌이 들었나요?		
생각		**신체감각**
'( )'감정이 느껴질 때 드는 생각, 신체감각에 어떻게 반응했나요?		

◆ 상황과 감정을 문장으로 표현해 봅시다.

예) 나는 누군가 내가 학급의 학생들을 위해 노력하고 있다는 것을 비난할 때 화가 났구나.

◆ 앞과 같이 자신의 부정적인 감정과 생각을 '나'와 분리하여 생각해 보고 느낀 점을 이야기해 봅시다.

11회기	내 마음 알아주기			
하위 영역	대인 갈등 다루기			
활동 목표	학생이나 학부모와 갈등이 생겨서 불쾌한 감정이 들 때 화가 난 감정을 가라앉힐 수 있다.			
준비물	활동 자료, 필기구, 경험보고서	시간 (분)	90분	
단계	활동 내용	시간 (분)	집단 구성	
도입	◆ 명상으로 마음 쉬어 가기 - 심호흡하기, 근육 이완하기 - '버스 운전사' 이야기를 듣고 느낀 점 이야기하기 〈활동 자료 11-①〉 ◆ 이번 회기 활동 안내 - 이번 회기 주제와 관련하여 나누고 싶은 이야기하기 - 변화하고 싶은 자신의 작은 목표 이야기하기	15	전체	
전개	◆ 강물 위 낙엽에 불쾌한 감정 흘려보내기 〈활동 자료 11-②〉 - 학생, 학부모와의 관계에서 경험한 불쾌한 감정 이야기하기 - 불쾌한 감정에 대한 나의 마음 표현하기 - '강물 위 낙엽'을 상상하며 불쾌한 감정 흘려보내기 - 느낀 점 이야기하기	25	전체	
	◆ '나의 마음에게' 편지 쓰기 〈활동 자료 11-③〉 - 갈등 상황에서 힘들어하는 나의 마음 이해하기 - 불쾌한 감정과 화가 난 감정을 충분히 수용하기 - 나의 마음을 이해하는 편지쓰기 - 느낀 점 이야기하기	40	조별	
정리	◆ 집단상담 소감 나누기 〈활동 자료 1-④〉 - 오늘의 집단상담 경험에 대한 소감 나누기 ◆ 다음 회기 설명 - 다음 회기에 대한 전반적인 설명하기	10	전체	
유의 사항	- 상담자는 집단원이 불쾌한 감정을 억압하거나 회피하지 않고 자신의 감정을 있는 그대로 수용하고 연민의 마음으로 충분히 이해하는 태도를 가질 수 있도록 격려하여 자신의 마음을 있는 그대로 바라볼 수 있도록 돕는다. - '강물 위의 낙엽 명상'을 할 때, 상담자는 떨쳐내고 싶은 잡념에 빠져들 수 있으나 언제든 다시 강가로 돌아와 명상을 다시 시작할 수 있다고 집단원에게 안내하여 편안한 마음으로 참여할 수 있도록 한다.			

11회기	내 마음 알아주기	별칭
활동 자료 11-①		

✎ **다음의 이야기를 읽고, 질문에 자유롭게 답을 적어 봅시다.**

여러분은 '삶'이라는 버스를 운전하는 사람입니다. 여러분은 여러분이 소중히 여기는 [　　　]을 향해서 운전하고 있는 중입니다. 그곳으로 가는 길에 여러분은 다루기 까다로운 승객들을 여럿 태 웠습니다. 여러분의 마음에 떠오른 (비난)과 (비판)과 (분노 사고) 말입니다. 물론 (상처)와 (아픔) 이라는 승객들도 그들 틈에 끼어서 함께 여행하고 있습니다. 그들은 매우 혼란스럽고, 절대로 내 리지 않습니다. 여러분이 선택한 길을 가고 있는 동안에 그들은 끊임없이 여러분을 겁주고 위협하 고 괴롭힙니다.

잠시 뒤, 여러분은 승객들과 언쟁을 벌이며 그들을 진정시키느라 중요한 도로 표지판 몇 개를 놓 쳐 버려서 잘못된 길로 접어들었다는 사실을 깨닫습니다. 벌써 한 시간이나 경로를 벗어나서 반대 쪽으로 내려가고 있는 것입니다. 이제 어떻게 하겠습니까? 여러분은 길을 잃은 셈이지만, 그렇다고 해서 방향을 완전히 상실한 것은 아닙니다. 여러분은 버스를 멈춰 세운 채 승객들을 정리하는 데 시간을 허비할 수도 있습니다. 하지만 그렇게 한다면 어떤 대가를 치르게 될까요? 여러분의 생각이 나 느낌은 여러분이 버스를 돌려서 다시 여러분이 소중히 여기는 [　　　]으로 향해 나아가는 것 을 막을 수 없습니다. 적어도 여러분이 그들에게 힘을 실어 주지 않는다면 말입니다.

지금 해야 할 일은 버스 운전석에 앉아서 그곳을 향해 '삶'이라는 버스를 계속 운전하는 일입니다. **즉, 승객들이 시끄럽게 떠들면서 소란을 피우든지 상관하지 않고 운전을 계속하는 것입니다.**

◆ 여러분이 소중히 여기는 '목적지'는 무엇인가요?

◆ 여러분의 운전을 방해하는 '승객'은 무엇인가요?

◆ 여러분이 버스 운전사라면 어떻게 하고 싶나요?

11회기	내 마음 알아주기	별칭
활동 자료 11-②		

✎ **다음의 질문에 자유롭게 적어 봅시다.**

◆ 학생, 학부모와의 관계에서 당신이 불쾌한 감정을 느낀 적이 있다면 이야기해 봅시다.

◆ 불쾌한 감정이 들 때 어떻게 반응했나요? 당신이 바라는 모습은 무엇인가요?

✎ **여러분의 감정을 강물 위의 낙엽이라고 생각하고, 다음의 지시에 따라 생각해 봅시다.**

1. 편안하게 심호흡합니다.
2. 여러분에게 찾아오는 모든 경험(생각, 느낌, 감각 등)을 알아차리고, 각각의 경험에 이름을 붙여 봅시다.
3. 지금 당신은 강둑에 앉아 유유히 흘러가는 강물을 바라보고 있다고 상상해 보겠습니다.
4. 강물 위에는 색색으로 물든 나뭇잎들이 수없이 떨어져 있고, 낙엽들은 천천히 흘러가고 있습니다.
5. 지금부터는 여러분의 마음에 어떤 생각, 느낌, 감각 등이 찾아오면 그것들을 나뭇잎에 하나씩 얹으십시오. 나뭇잎이 여러분 쪽으로 살며시 다가오는 것을 관찰하고, 나뭇잎이 여러분에게서 천천히 멀어지는 것도 바라보십시오. 마침내 나뭇잎이 멀리 떠내려가서 더 이상 보이지 않게 되는 것을 지켜보십시오.

◆ 느낀 점을 이야기해 봅시다.

11회기	내 마음 알아주기	별칭
활동 자료 11-③		

✎ 내 마음의 고통은 부정적인 정서 경험을 회피하거나 통제하려는 노력 때문에 생겨납니다. 지금 나의 마음을 온전히 받아들이고 충분히 이해하는 태도를 연습해 봅시다.

◆ 눈을 감고 자신의 마음의 소리, 불쾌한 감정에 대한 자신의 생각을 표현해 봅시다.

◆ 자신의 마음을 있는 그대로 이해하고, 따뜻한 진심을 담아 '나의 마음에게' 편지를 써 봅시다.

◆ 느낀 점을 이야기해 봅시다.

12회기	앞으로의 나		
하위 영역	프로그램 정리 및 마무리		
활동 목표	프로그램을 정리하며 자신의 변화된 모습을 평가할 수 있다.		
준비물	활동 자료, 필기구, 경험보고서	시간 (분)	90분
단계	활동 내용	시간 (분)	집단 구성
도입	◈ 명상으로 마음 쉬어 가기 - 심호흡하기, 근육 이완하기 ◈ 이번 회기 활동 안내 - 이번 회기 주제와 관련하여 나누고 싶은 이야기하기 - 변화하고 싶은 자신의 작은 목표 이야기하기	10	전체
전개	◈ 프로그램을 통해 변화된 나의 모습 확인하기 〈활동 자료 12-①〉 - 프로그램 참여 전과 후의 달라진 모습 표현하기 - 변화한 점이 있다면 변화의 장점 찾기 - 긍정적 변화를 유지하기 위한 노력 다짐하기	30	전체
	◈ 삶의 가치를 생각하며 묘비명 쓰기 - 주위 사람들이 나를 어떤 모습으로 기억하기를 바라는지 생각해 보기 - 내가 중요하게 여기는 삶의 가치를 떠올리며 비문 작성하기 - 느낀 점 이야기하기	30	조별
정리	◈ 집단상담 소감 나누기 〈활동 자료 1-④〉 - 오늘의 집단상담 경험에 대한 소감 나누기	20	전체
유의 사항	- 상담자는 집단원이 프로그램에 참여한 소감을 나누면서 집단상담에 참여하면서 변화하려고 노력한 자기 자신을 격려하고 함께한 집단원에게 감사한 마음을 표현할 충분한 시간을 마련한다. - 집단상담을 통한 변화를 확인할 때 이전 회기에서 작성한 활동 자료를 살펴보는 것이 도움이 될 수 있으므로 자신이 작성한 활동 자료를 살펴보면서 이야기를 나눈다.		

12회기	내 마음 알아주기	별칭
활동 자료 12-①		

✎ 프로그램을 마치며 변화된 나의 생각과 태도 등 변화된 점을 자유롭게 표현해 봅시다.

프로그램 참여 전	→	프로그램 참여 후

변화는 나에게 어떤 도움이 되나요?

달라진 나의 모습을 유지하기 위해 어떤 노력을 할 수 있나요?

✎ 생의 마지막에 다른 사람들의 머릿속에 기억되기 바라는 자신의 모습을 떠올려 보고, 자신이 삶에서 중요하게 여기는 가치를 생각하며 묘비에 비문을 적어 봅시다.

◆ 느낀 점을 이야기해 봅시다.

제9장

동료 교사 및 관리자와의 대인관계능력 향상 프로그램

1. 프로그램 개발 절차

본 연구는 박인우(1995)의 집단상담 프로그램 개발 모형을 바탕으로 조사, 분석, 설계, 구안, 적용의 과정을 거쳤다. 이 장에서 소개되는 프로그램은 다음 순서로 진행된다. 일련의 연구 절차를 도식화하면 [그림 9-1]과 같다.

1 변화를 향한 출발	2 좋은 첫인상이 필요해
3 경이로운 공감	4 소화가 잘되는 조언
5 나를 개방해요	6 당당한 권리 주장
7 거절해도 괜찮아	8 내 마음이 들리니
9 감정 표현도 현명하게	10 의사소통 점수를 높이자
11 갈등 해결의 희망을 찾다	12 변화된 나

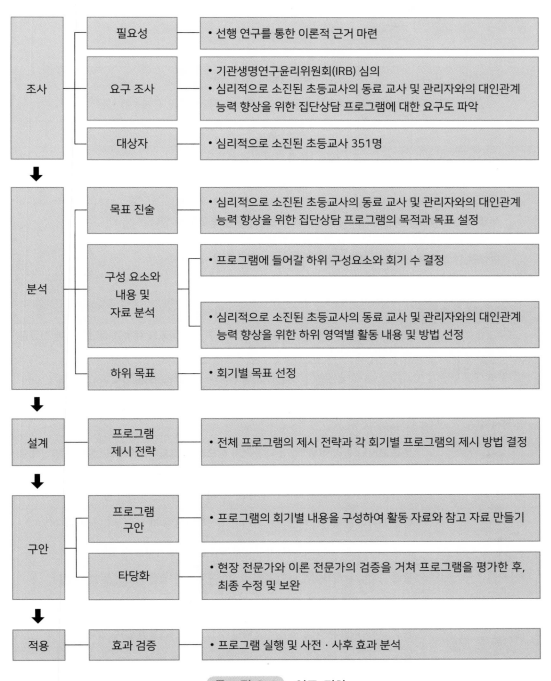

조사	필요성	• 선행 연구를 통한 이론적 근거 마련
	요구 조사	• 기관생명연구윤리위원회(IRB) 심의 • 심리적으로 소진된 초등교사의 동료 교사 및 관리자와의 대인관계 능력 향상을 위한 집단상담 프로그램에 대한 요구도 파악
	대상자	• 심리적으로 소진된 초등교사 351명
분석	목표 진술	• 심리적으로 소진된 초등교사의 동료 교사 및 관리자와의 대인관계 능력 향상을 위한 집단상담 프로그램의 목적과 목표 설정
	구성 요소와 내용 및 자료 분석	• 프로그램에 들어갈 하위 구성요소와 회기 수 결정 • 심리적으로 소진된 초등교사의 동료 교사 및 관리자와의 대인관계 능력 향상을 위한 하위 영역별 활동 내용 및 방법 선정
	하위 목표	• 회기별 목표 선정
설계	프로그램 제시 전략	• 전체 프로그램의 제시 전략과 각 회기별 프로그램의 제시 방법 결정
구안	프로그램 구안	• 프로그램의 회기별 내용을 구성하여 활동 자료와 참고 자료 만들기
	타당화	• 현장 전문가와 이론 전문가의 검증을 거쳐 프로그램을 평가한 후, 최종 수정 및 보완
적용	효과 검증	• 프로그램 실행 및 사전 · 사후 효과 분석

그림 9-1   연구 절차

2. 프로그램의 목표

프로그램의 목적
심리적으로 소진된 초등교사의 동료 교사 및 관리자와의 대인관계능력 향상

프로그램의 하위 영역별 목표
첫째, 새로운 대인관계 형성 방법을 알고 실천할 수 있다. 둘째, 대인관계 속에 놓인 자신과 타인에 대해 이해하고 공감할 수 있다. 셋째, 있는 그대로의 자신을 드러내며 타인에 대한 친밀감을 표현할 수 있다. 넷째, 상대방에 대한 불쾌감과 자기 권리를 표현할 수 있다. 다섯째, 대인 갈등 상황에서 협력적으로 해결하는 방법을 찾을 수 있다.

하위 영역	회기	회기별 목표
프로그램 소개	1	프로그램의 의미를 알고, 구체적이고 실천 가능한 목표를 세우고 집단원 간에 친밀감을 형성할 수 있다.
처음 관계 맺기	2	친해지고 싶은 동료 교사나 관리자에게 긍정적인 면을 표현하여 좋은 첫인상을 줄 수 있다.
정서적 지지 및 조언	3	동료 교사나 관리자가 우울해 할 때 그들을 격려하거나 위로할 수 있는 말과 행동을 할 수 있다.
	4	동료 교사나 관리자에게 도움과 지지가 필요할 때 그들이 받아들일 수 있는 방식으로 조언할 수 있다.
자기 노출	5	동료 교사나 관리자에게 내가 걱정하는 것과 두려워하는 것을 말할 수 있다.
타인에 대한 불쾌감 주장	6	동료 교사나 관리자가 나를 무시하거나 배려하지 않을 때 나의 권리를 지킬 수 있다.
	7	동료 교사나 관리자가 합리적이지 않은 요구를 할 때 거절할 수 있다.
	8	동료 교사나 관리자에게 나의 감정을 상하게 하는 행동을 했다고 말할 수 있다.
대인 갈등 다루기	9	동료 교사나 관리자와 갈등을 피하기 위해 부정적인 감정을 잘 표현할 수 있다.
	10	동료 교사나 관리자와 갈등을 최소화할 수 있는 의사소통을 할 수 있다.
	11	동료 교사나 관리자와 갈등이 생겼을 때 해결 방안을 함께 논의할 수 있다.
마무리	12	프로그램을 정리하며 자신의 변화된 모습을 평가할 수 있다.

🔖 그림 9-2　프로그램의 목적과 하위 영역별·회기별 목표

3. 최종 프로그램

📚 표 9-1　**최종 프로그램**

영역	회기	회기 제목	회기별 목표	활동 내용
프로그램 소개	1	변화를 향한 출발	프로그램의 의미를 알고 구체적이고 실천 가능한 목표를 세우고, 집단원 상호 간에 친밀감을 형성할 수 있다.	• 프로그램 안내 • 집단 내 규칙 안내하기 • 별칭 짓고 소개하기 • 목표 명료화하기
처음 관계 맺기	2	좋은 첫인상이 필요해	친해지고 싶은 동료 교사나 관리자에게 긍정적인 면을 표현하여 좋은 첫인상을 줄 수 있다.	• 칭찬하기 게임 • 상대방의 모습을 관찰하여 긍정적인 면을 찾아 표현하기 • 내가 몰랐던 나의 긍정적인 모습 발견하기
정서적 지지 및 조언	3	경이로운 공감	동료 교사나 관리자가 우울해 할 때 그들을 격려하거나 위로할 수 있는 말과 행동을 할 수 있다.	• 달라진 점 찾기 • 공감이 되었던 말과 공감이 되지 않았던 말에 대해 이야기 나누기 • 2인 1조로 상대방의 감정과 욕구를 반영하며 경청하기
정서적 지지 및 조언	4	소화가 잘되는 조언	동료 교사나 관리자에게 도움과 지지가 필요할 때 그들이 받아들일 수 있는 방식으로 조언할 수 있다.	• 꼰대력 테스트 • 도움이 되지 않는 조언을 하는 사람의 특징 탐색하기 • 체크리스트를 통해 나의 조언 태도를 점검하고, 개선 방향 이야기하기
자기 노출	5	나를 개방해요	동료 교사나 관리자에게 내가 걱정하는 것과 두려워하는 것을 말할 수 있다.	• 생각 억제 실험하기 • 자기 개방을 어렵게 하는 자동적 사고 탐색하기 • 내가 걱정하는 것과 두려워하는 것을 개방하는 경험하기
타인에 대한 불쾌감 주장	6	당당한 권리 주장	동료 교사나 관리자가 나를 무시하거나 배려하지 않을 때 나의 권리를 지킬 수 있다.	• 이완 호흡하기 • 주장 행동과 비주장 행동 구별하기 • 역할극을 통해 주장 행동 연습하기
타인에 대한 불쾌감 주장	7	거절해도 괜찮아	동료 교사나 관리자가 합리적이지 않은 요구를 할 때 거절할 수 있다.	• 오리 꽥 놀이 • 하향 화살표 기법으로 중간 신념 탐색하기 • 거절이 필요한 상황을 구성하고, 거절을 표현하는 역할극 하기
타인에 대한 불쾌감 주장	8	내 마음이 들리니	동료 교사나 관리자에게 나의 감정을 상하게 하는 행동을 했다고 말할 수 있다.	• 감정 맞히기 • 감정에 관한 오해 풀기 • 나의 하루에 함께했던 감정에 이름 붙이기 • 감정 표현을 억제하는 이유 탐색하기
대인 갈등 다루기	9	감정 표현도 현명하게	동료 교사나 관리자와 갈등을 피하기 위해 부정적인 감정을 잘 표현할 수 있다.	• 소리 내지 않고 퀴즈를 내어 맞히기 • 동료 교사 및 관리자로 인해 겪었던 감정에 이름 붙이기 • 보내지 않는 편지 쓰기로 감정 해소하기
대인 갈등 다루기	10	의사소통 점수를 높이자	동료 교사나 관리자와 갈등을 최소화할 수 있는 의사소통을 할 수 있다.	• 몬스터 그리기 • 대화를 재연하여 나의 의사소통 반성하기 • 척도 질문으로 나의 의사소통을 평가하고, 개선점 발견하기
대인 갈등 다루기	11	갈등 해결의 희망을 찾다	동료 교사나 관리자와 갈등이 생겼을 때 해결 방안을 함께 논의할 수 있다.	• 갈등에 관한 속담 맞히기 • 나의 갈등 관리 유형 알아보기 • 갈등 속 나와 상대방의 욕구 탐색하기
마무리	12	변화된 나	프로그램을 정리하며 자신의 변화된 모습을 평가할 수 있다.	• 프로그램의 전체 내용 정리하기 • 변화된 모습 탐색하기 • 미래의 나에게 편지 쓰기

4. 프로그램 효과 검증

이 프로그램의 효과 검증을 위하여 혼합분산분석(Mixed ANOVA)을 사용하였으며, 유의수준 .05에서 검증한 결과 유의한 효과가 있는 것으로 밝혀졌다($F = 38.59$, $p < .001$).

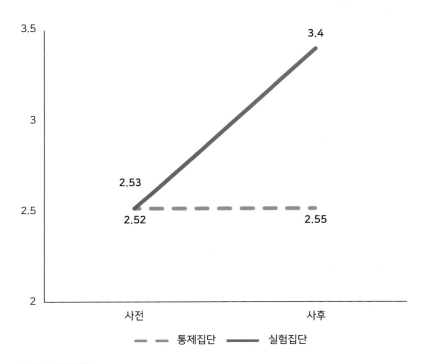

그림 9-3 동료 교사 및 관리자와의 대인관계능력의 사전·사후 점수

다음으로 동료 교사 및 관리자와의 대인관계능력의 변화를 하위 요인별로 검증하기 위해 혼합분산분석을 반복해서 사용한 결과, 대인관계능력의 대인 갈등 다루기 영역을 제외한 처음 관계 맺기, 타인에 대한 불쾌감 주장, 자기 노출, 정서적 지지 및 조언에서 유의한 효과가 있는 것으로 나타났다. 따라서 심리적으로 소진된 초등교사의 동료 교사 및 관리자와의 대인관계능력 향상을 위한 집단상담 프로그램은 효과가 있는 것으로 검증되었다.

5. 프로그램의 실제

1회기	변화를 향한 출발		
하위 영역	프로그램 안내		
활동 목표	프로그램의 의미를 알고 구체적이고 실천 가능한 목표를 세우고, 집단원 상호 간에 친밀감을 형성할 수 있다.		
준비물	PPT 자료, 활동 자료, 경험보고서, 명찰 크기의 종이, 목걸이형 명찰, 색연필, 사인펜, 필기구	시간 (분)	90분
단계	활동 내용	시간 (분)	집단 구성
도입	◆ 프로그램 안내 〈활동 자료 1-①〉 - 프로그램의 의미와 목적 소개 ◆ 서약서 쓰기 〈활동 자료 1-②〉 - 집단에서 지켜야 할 규칙에 대해 함께 읽고 서명하기	10	전체
전개	◆ 심리적 소진에 대한 나의 마음 나누기 - 현재 내가 느끼는 심리적 소진의 정도를 척도로 생각해 보기 - 동료 교사 및 관리자와의 대인관계에서 힘들었던 점을 브레인스토밍하기	25	전체
	◆ 내가 원하는 변화 〈활동 자료 1-③〉 - 집단에서 내가 이루고 싶은 목표 세우기 - 프로그램 참여의 목표와 관련된 별칭을 짓고 소개하기	30	전체
	◆ 집단에 참여하는 기분 표현하기 - 집단에 참여하는 기분을 형용사로 표현하기	15	조별
정리	◆ 집단상담 소감 나누기 〈활동 자료 1-④〉 - 오늘의 집단상담 경험에 대한 소감 나누기 - 경험보고서 작성하기 ◆ 다음 회기 설명 - 다음 회기에 대한 전반적인 설명하기	10	전체
유의 사항	- 집단을 시작하면서 느낄 수 있는 기대와 불안을 공감하고 격려하며 프로그램에 적극적으로 참여할 수 있도록 돕는다. - 매 회기마다 경험보고서를 작성할 것을 안내하며, 경험보고서와 추후에 제공될 활동자료를 체계적으로 보관할 수 있도록 파일을 만들어 관리하도록 한다.		

1회기	프로그램 안내	별칭
활동 자료 1-①		

◆ 심리적으로 소진된 초등학교 교사의 동료 교사 및 관리자와의 대인관계능력 향상을 위한 집단상담 프로그램의 목적

　본 집단상담 프로그램의 목적은 동료 교사 및 관리자와의 관계에서 대인관계능력을 향상함으로써 심리적 소진을 극복하고 예방하는 데 있습니다. 이를 위해 대인관계능력을 구성하는 다섯 가지 하위 영역인 처음 관계 맺기, 정서적 지지 및 조언, 자기 노출, 타인에 대한 불쾌감 주장, 대인 갈등 다루기 능력을 회기의 주제로 삼아 집단상담을 운영할 것입니다. 이 집단상담 프로그램에 적극적으로 참여한다면 동료 교사 및 관리자와의 관계에서 대인관계가 향상되어 심리적 소진에 이르지 않고 행복한 교직 생활을 할 수 있을 것입니다.

◆ 프로그램의 구성

영역	회기	주제
프로그램 안내	1회기	변화를 향한 출발
처음 관계 맺기	2회기	좋은 첫인상이 필요해
정서적 지지 및 조언	3회기	경이로운 공감
	4회기	소화가 잘되는 조언
자기노출	5회기	나를 개방해요
타인에 대한 불쾌감 주장	6회기	당당한 권리 주장
	7회기	거절해도 괜찮아
	8회기	내 마음이 들리니
대인갈등 다루기	9회기	감정 표현도 현명하게
	10회기	의사소통 점수를 높이자
	11회기	갈등 해결의 희망을 찾다
마무리	12회기	변화된 나

1회기	서약서	별칭
활동 자료 1-②		

시작하는 나와 약속하고 다짐합니다

1. 나는 집단상담 시간에 늦거나 결석하지 않겠습니다.

2. 나는 집단상담에서 나눈 이야기는 비밀로 하겠습니다.

3. 나는 집단 활동과 논의에 적극적으로 참여하겠습니다.

4. 나는 집단원의 이야기를 경청하고 존중하겠습니다.

5. 활동 중 다른 행동(핸드폰 하기, 음식 섭취 등)을 하지 않겠습니다.

6. [   ]

7. [   ]

나는 이 프로그램에 적극적으로 참여하여
나의 [대인관계능력] 향상을 위해 노력할 것을 약속합니다.

20   년   월   일

이름: (서명)

1회기	내가 원하는 변화	별칭
활동 자료 1-③		

✎ **집단상담을 통해 이루고 싶은 목표를 정하고, 그와 관련된 별칭을 지어 봅시다.**

◆ 좋은 목표의 조건은 다음과 같습니다.

Specific(구체적) – 목표는 구체적이고 명확할수록 좋습니다. 예) '나는 자존감을 높이고 싶어.' → '나는 하루에 한 번 나에게 칭찬을 해 주겠어.'
Measurable(측정 가능한) – 목표는 측정이 가능해야 합니다. 예) '나는 살을 뺄 거야.' → '나는 5kg의 체중 감량을 하겠어.'
Achievable(달성 가능한) – 목표는 현실적으로 달성할 수 있어야 합니다. 예) '나는 3일 동안 책을 100권 읽을 거야.' → '나는 한 주에 책 1권을 읽을 거야.'
Realistic(현실적) – 목표는 현실적으로 실현 가능해야 합니다. 예) '앞으로 관리자가 반말을 못하게 하겠어.' → '관리자가 반말을 하면 불쾌한 감정을 표현하겠어.'
Time-bound(기한이 있는) – 목표는 달성하는 데 기간 제한이 있어야 합니다. 예) '나는 감정 표현을 솔직하게 하겠어.' → '나는 집단상담에 참여하는 기간 동안에 감정 표현을 솔직하게 하겠어.'

◆ 앞의 좋은 목표의 조건을 고려해서 집단상담이 끝났을 때 내가 원하는 모습을 적어 봅시다. 나에게 어떤 변화가 있다면 이 프로그램에 참여하기를 잘했다고 생각할까요?

◆ 내가 원하는 변화(목표)를 잘 나타낼 수 있는 별칭은 무엇일까요?

1회기	경험보고서	별칭
활동 자료 1-④		

참여한 회기: [   ]회기

✎ **집단상담을 하면서 경험한 내용을 자유롭게 적어 봅시다.**

◆ 새롭게 알게 된 점

◆ 가장 기억에 남는 활동

◆ 아쉬웠던 점

◆ 기타

2회기	좋은 첫인상이 필요해		
하위 영역	처음 관계 맺기		
활동 목표	친해지고 싶은 동료 교사나 관리자에게 긍정적인 면을 표현하여 좋은 첫인상을 줄 수 있다.		
준비물	PPT 자료, 활동 자료, 경험보고서, 필기구	시간 (분)	90분
단계	활동 내용	시간 (분)	집단 구성
도입	◆ 마음 열기: 칭찬하기 게임 〈활동 자료 2-①〉 - 칭찬 목록 가운데 내가 듣고 싶은 칭찬을 집단원 수만큼 고르기 - 순서를 정한 후, 순서가 된 집단원이 고른 칭찬을 나머지 집단원이 해당 집단원에게 진심을 담아 칭찬해 주기 ◆ 긍정적 경험 나누기 - 일상생활에서 경험한 긍정적인 변화에 대해 이야기 나누기	10	전체
전개	◆ 칭찬의 중요성 - 2명씩 짝을 이루어 왼손으로 상대방의 얼굴을 자세히 관찰하고 그리기 - 상대방을 관찰하면서 느꼈던 긍정적인 첫인상의 느낌을 긍정의 형용사를 이용하여 그림과 함께 집단원에게 소개하기	35	전체
	◆ 내가 몰랐던 나의 모습 〈활동 자료 2-②〉 - 나와 짝이 된 집단원이 나에게 골라 준 긍정의 형용사를 들으며 ✔ 표시하고, 선택된 긍정의 형용사 가운데 내가 예상하지 못했던 긍정의 형용사에 ○를 덧붙이기 - 내가 보는 나와 상대방이 보는 나 사이의 차이점에 대해 이야기 나누기 - 긍정적인 느낌을 표현하는 것이 첫인상에 어떤 영향을 미치는지 이야기 나누기	35	전체
정리	◆ 집단상담 소감 나누기 〈활동 자료 1-④〉 - 오늘의 집단상담 경험에 대한 소감 나누기 - 경험보고서 작성하기 ◆ 다음 회기 설명 - 다음 회기에 대한 전반적인 설명하기	10	전체
유의 사항	- 칭찬하기 게임에서 집단의 리더가 진심을 담아 칭찬을 표현하는 모델링을 보여 줌으로써 유쾌하고 활발한 집단 분위기가 형성될 수 있도록 한다. - 다른 사람에게 칭찬받았을 때 느껴지는 긍정적인 감정에 대해 충분히 이야기할 수 있도록 한다.		

2회기	칭찬 목록	별칭
활동 자료 2-①		

◆ 선생님의 자신감 넘치는 모습이 보기 좋아요.

◆ 선생님은 주위 사람을 세심하게 잘 챙겨 주네요.

◆ 선생님에게는 배울 점이 참 많은 것 같아요.

◆ 선생님은 모든 일을 열심히 하고, 맡은 일을 참 잘해요.

◆ 선생님과 함께 있으면 마음이 참 편안해져요.

◆ 선생님은 웃는 모습이 정말 예쁘고, 긍정적인 에너지가 전달되는 것 같아요.

◆ 선생님! 열심히 사는 모습이 참 멋집니다.

◆ 바쁜 와중에도 주위 사람을 챙기는 선생님의 마음이 참 따뜻합니다.

◆ 선생님! 충분히 잘하고 있습니다.

◆ 선생님이 있어서 참 행복합니다.

◆ 누가 알아주지 않아도 묵묵히 어려운 일을 도맡아 주셔서 감사합니다.

◆ 매일 학생들을 위해 노력하고, 고생하시는 선생님이 훌륭합니다.

◆ 선생님! 실수해도 괜찮아요.

◆ 선생님과 같이 시간을 보낼 수 있어서 참 행복합니다.

◆ [※ 내가 듣고 싶은 칭찬이 목록에 없는 경우에 직접 써 봅시다.   ]

2회기		내가 몰랐던 나의 모습	별칭	
활동 자료 2-②				

✍ 나와 짝이 된 집단원이 나에게 골라 준 긍정의 형용사를 들으며 ✓ 표시하고, 선택된 긍정의 형용사 가운데 내가 예상하지 못했던 긍정의 형용사에 ○를 덧붙여 봅시다.

따뜻한	섬세한	유쾌한	재빠른	멋진
개성 있는	당당한	감수성이 풍부한	힘이 센	건강한
합리적인	이성적인	다정다감한	배려 깊은	웃음이 많은
꼼꼼한	담대한	터프한	상냥한	카리스마 있는
자신감 있는	수줍은	사근사근한	시원시원한	자존감이 높은
깔끔한	책임감이 강한	대범한	용기 있는	배려하는
준비성이 철저한	습관이 바른	창의적인	진취적인	사랑스러운
이해심이 넓은	사려 깊은	인정이 많은	소신 있는	친절한
끈기 있는	믿을 수 있는	한결 같은	정직한	협동적인
예의 바른	진실한	신뢰성 있는	센스 있는	정의로운
열정적인	활발한	침착한	판단이 빠른	판단이 바른
침착한	느긋한	손재주가 좋은	운동 신경이 좋은	상상력이 풍부한
성실한	잘 표현하는	사교적인	집중력이 높은	꾸준한

✍ 내가 보는 나와 상대방이 보는 나 사이의 차이점에 대해 생각해 보고, 느낀 점을 써 봅시다.

3회기	경이로운 공감		
하위 영역	정서적 지지 및 조언		
활동 목표	동료 교사나 관리자가 우울해 할 때 그들을 격려하거나 위로할 수 있는 말과 행동을 할 수 있다.		
준비물	PPT 자료, 활동 자료, 참고 자료, 경험보고서, 필기구	시간 (분)	90분
단계	활동 내용	시간 (분)	집단 구성
도입	◆ 마음 열기: 달라진 점 찾기 - 2명씩 짝을 이룬 다음, 순서를 정해서 짝의 겉모습을 30초 동안 자세히 관찰하기 - 겉모습을 바꾸는 시간을 가진 후, 1분 동안 상대방의 원래 모습에서 변화시킨 부분을 세 군데 찾기 - 상대방이 나의 변화된 모습을 찾지 못했을 때 어떤 느낌이었는지, 나에게 관심을 가지고 있을 때 어떤 느낌이었는지 이야기 나누기 ◆ 긍정적 경험 나누기 - 일상생활에서 경험한 긍정적인 변화에 대해 이야기 나누기	10	전체
전개	◆ 공감이 되었던 말 대 공감이 되지 않았던 말 - 우울하거나 저조한 감정을 느낄 때 타인에게 공감을 받은 경험과 공감을 받지 못한 경험 나누기 - 공감을 방해하는 태도 알아보기 〈참고 자료 3-①〉	30	전체
전개	◆ 감정과 욕구 반영하기 〈활동 자료 3-①〉 - 상대방의 감정과 욕구를 알아차리고, 이를 반영하는 연습하기 - 2명씩 짝을 이루어 차례로 상대방의 감정과 욕구를 반영하며 공감하는 역할극 하기	40	조별
정리	◆ 집단상담 소감 나누기 〈활동 자료 1-④〉 - 오늘의 집단상담 경험에 대한 소감 나누기 - 경험보고서 작성하기 ◆ 다음 회기 설명 - 다음 회기에 대한 전반적인 설명하기	10	전체
유의 사항	- 공감을 받는 사람의 역할을 할 때 편하게 자신의 이야기를 할 수 있도록 수용적인 분위기를 조성한다. - 좋았던 공감 반응을 이야기할 수 있는 시간을 충분히 가진다. - 공감 경험 나누기를 할 때 '내가 공감해 줬던 경험'에 중점을 두고 자신의 긍정적인 자원을 찾을 수 있도록 한다. 성공 경험을 떠올리기 어려워하는 경우에는 예외 질문을 활용한다.		

3회기	공감을 방해하는 태도
참고 자료 3-①	

1. 충고, 조언, 교육하기
    – "우울한 마음이 들 때는 좀 움직이고, 활기차게 생활해 봐."
    – "그 나이 때는 한 번쯤 다 그런 생각을 하는 거야."

2. 분석, 진단, 설명하기
    – "아마도 네가 부모님과 사이가 안 좋은 것 때문에 우울한 것 같은데."
    – "그건 네가 ISTP라서 그래."

3. 바로잡기
    – "낙오자라니, 무슨 소리야! 네가 해 놓은 게 얼마나 많은데."
    – "그건 네가 잘못 생각하는 거야."

4. 위로하기
    – "힘들었겠다."
    – "이게 다 세상이 그래서 그런 거야."

5. 내 얘기 들려주기, 맞장구치기
    – "나도 그래. 어쩜 그렇게 나랑 똑같니!"
    – "나도 그런 일이 있었어. 내가 무슨 일이 있었냐면……."

6. 감정의 흐름을 중지 및 전환시키기
    – "그렇게 풀 죽어 있지마. 좀 웃어 봐!"
    – "네가 뭐 잘한 게 있다고 슬퍼해."

7. 동정, 애처로워하기
    – "쯧쯧, 안됐네!"
    – "큰일 났다. 너 이제 어떻게 사니!"

8. 조사하기, 심문하기
    – "언제부터 그렇게 느끼기 시작했어?"
    – "그래서 왜 그렇게 됐는데?"

9. 평가하기, 빈정대기
    – "내 말 안 듣더니 그렇게 될 줄 알았어."
    – "네가 아직 세상을 덜 살아 봐서 그래. 세상에 힘든 일이 얼마나 많은데."

10. 단번에 딱 자르기
    – "됐어, 시끄러워! 그만 좀 해."

3회기	감정과 욕구 반영하기	별칭
활동 자료 3-①		

✎ 사례를 통해 말하는 사람이 어떤 감정을 느끼고 있는지, 어떤 욕구(바람)가 있는지 찾고, 이를 듣는 사람이 되돌려 주는 말로 표현해 봅시다.

> **＊ 공감 반응의 기본 형식:**
> "당신은 ……(사건, 상황, 사람, 생각) 때문에 ……(기분, 느낌, 감정)을 느끼시는군요.
> 당신은 ……하기를 원하는데."

◆ 사례1

A: "어제는 정말 최악의 하루였어요. 정말 열심히 공개수업을 준비했는데, PPT가 갑자기 말썽을 부리면서 모든 게 다 틀어져 버렸어요. 제가 너무 한심하게 느껴져요."

1) 감정: ＿＿＿＿＿＿＿＿＿＿＿＿＿＿＿＿＿＿＿＿＿＿＿＿＿＿＿＿＿＿＿＿＿＿＿

＿＿＿＿＿＿＿＿＿＿＿＿＿＿＿＿＿＿＿＿＿＿＿＿＿＿＿＿＿＿＿＿＿＿＿＿＿＿

2) 욕구: ＿＿＿＿＿＿＿＿＿＿＿＿＿＿＿＿＿＿＿＿＿＿＿＿＿＿＿＿＿＿＿＿＿＿＿

＿＿＿＿＿＿＿＿＿＿＿＿＿＿＿＿＿＿＿＿＿＿＿＿＿＿＿＿＿＿＿＿＿＿＿＿＿＿

3) 공감 반응: ＿＿＿＿＿＿＿＿＿＿＿＿＿＿＿＿＿＿＿＿＿＿＿＿＿＿＿＿＿＿＿＿＿

＿＿＿＿＿＿＿＿＿＿＿＿＿＿＿＿＿＿＿＿＿＿＿＿＿＿＿＿＿＿＿＿＿＿＿＿＿＿

◆ 사례2

B: "이번에도 승진에 떨어져 버렸어. 나름 열심히 한다고 했는데, 뭐가 부족한지 잘 모르겠네. 승진을 하게 된다면 나의 교육 가치관을 학교 운영에 적용해 볼 수 있을 텐데 말이야."

1) 감정: ＿＿＿＿＿＿＿＿＿＿＿＿＿＿＿＿＿＿＿＿＿＿＿＿＿＿＿＿＿＿＿＿＿＿＿

＿＿＿＿＿＿＿＿＿＿＿＿＿＿＿＿＿＿＿＿＿＿＿＿＿＿＿＿＿＿＿＿＿＿＿＿＿＿

2) 욕구: ＿＿＿＿＿＿＿＿＿＿＿＿＿＿＿＿＿＿＿＿＿＿＿＿＿＿＿＿＿＿＿＿＿＿＿

＿＿＿＿＿＿＿＿＿＿＿＿＿＿＿＿＿＿＿＿＿＿＿＿＿＿＿＿＿＿＿＿＿＿＿＿＿＿

3) 공감 반응: ＿＿＿＿＿＿＿＿＿＿＿＿＿＿＿＿＿＿＿＿＿＿＿＿＿＿＿＿＿＿＿＿＿

＿＿＿＿＿＿＿＿＿＿＿＿＿＿＿＿＿＿＿＿＿＿＿＿＿＿＿＿＿＿＿＿＿＿＿＿＿＿

4회기	소화가 잘되는 조언		
하위 영역	정서적 지지 및 조언		
활동 목표	동료 교사나 관리자에게 도움과 지지가 필요할 때 그들이 받아들일 수 있는 방식으로 조언할 수 있다.		
준비물	PPT 자료, 활동 자료, 경험보고서, 필기구	시간 (분)	90분

단계	활동 내용	시간 (분)	집단 구성
도입	◆ 마음 열기: 꼰대력 테스트 〈활동 자료 4-①〉 - 꼰대 자가 진단 테스트를 실시하여 나의 꼰대력을 알아보고, 결과에 대한 생각 나누기 ◆ 긍정적 경험 나누기 - 일상생활에서 경험한 긍정적인 변화에 대해 이야기 나누기	10	전체
전개	◆ 도움이 되지 않는 조언 〈활동 자료 4-②〉 - 교직 생활을 하면서 도움이 되지 않는 조언 혹은 불필요한 조언을 했던 상대방을 떠올려 보고, 특징과 함께 별칭 짓기 - 도움이 되지 않는 조언을 했던 상대방의 태도에 대해 의견 나누기	30	전체
	◆ 나의 조언의 태도 돌아보기 〈활동 자료 4-③〉 - 조언을 방해하는 태도를 알아보고, 그러한 태도가 나에게도 있었는지 되돌아보기 - 현재 나에게 조언이 필요한 영역을 떠올려 보고, 소집단에서 각자의 어려움에 조언해 주기	40	조별
정리	◆ 집단상담 소감 나누기 〈활동 자료 1-④〉 - 오늘의 집단상담 경험에 대한 소감 나누기 - 경험보고서 작성하기 ◆ 다음 회기 설명 - 다음 회기에 대한 전반적인 설명하기	10	전체
유의 사항	- 조언을 할 때는 무엇보다도 상대방의 감정을 먼저 헤아리고, 위로와 공감이 선행되어야 한다는 점을 강조한다. - 도움이 되지 않는 조언을 했던 인물을 설명할 때 신상정보를 공개하지 않도록 안내한다. - 꼰대 자가 진단 테스트는 타당도가 확보된 표준화된 검사는 아님을 설명하고, 최대한 솔직하게 테스트에 임하도록 안내한다.		

4회기		별칭
활동 자료 4-①	**꼰대력 테스트**	

🖊 **문항을 읽고, 평소 나의 모습이나 생각과 비슷한 경우에 해당하는 문항에 체크해 주세요.**

문항	☑ 체크
1. 후배들이 내 말을 들을 때 어느새 사라졌거나 대충 대답하는 것 같은 느낌을 받은 적이 있다.	☐
2. 나보다 늦게 출근하는 후배가 거슬린다.	☐
3. 학교에서 나보다 열정적으로 근무하는 사람은 없는 것 같다.	☐
4. 대화할 때 '그런데' '그러나' '아니' 라는 말을 습관적으로 붙인다.	☐
5. 누군가 일을 답답하게 하고 있으면 제대로 된 방법을 알려 줘야 직성이 풀린다.	☐
6. 처음 사람을 만나면 나이를 확인하고, 나보다 어린 사람에게 쉽게 말을 놓는다.	☐
7. '나 때는 말이야' 라며 과거 이야기를 종종 한다.	☐
8. 후배나 동료 교사의 옷차림이 너무 개방적이거나 튀면 마음에 거슬린다.	☐
9. 주변 사람에게 '나는 쿨하다'라고 어필한다.	☐
10. 후배가 나를 편하게 대하면 '버릇없네!' 라는 생각이 속으로 드는 때가 있다.	☐
11. 요즘 근무 환경은 예전에 비하면 훨씬 나아진 수준이라는 생각이 든다.	☐
12. 내 제안을 누군가 반대하면 못마땅하다.	☐

◆ 8개 이상 체크한 경우, 강한 꼰대일 수 있습니다.

4회기	도움이 되지 않는 조언	별칭
활동 자료 4-②		

✎ 교직 생활을 하면서 도움이 되지 않는 조언 혹은 불필요한 조언을 했던 사람을 떠올려 보고, 특징을 간단히 그리고 별칭을 지어 봅시다.

◆ 별칭

◆ 별칭을 앞과 같이 지은 이유는 무엇인가요?

◆ 앞의 인물은 대화할 때 어떤 특징이 있나요?

◆ 앞의 인물은 타인을 대하는 태도가 어떤가요?

4회기	나의 조언 태도	별칭
활동 자료 4-③		

🖉 문장을 읽고, 내가 다른 사람에게 조언할 때 어떠했는지 솔직하게 되돌아 보고 빈칸에 ✓ 해 봅시다.

1. 상대방의 감정을 먼저 헤아렸나요?

　예) "지금 굉장히 난처한 상황에 있구나. 마음이 복잡할 것 같아."

YES ☐ / NO ☐

2. 조언을 전하기 전에 상대방의 허락을 구했나요?

　예) "내가 내 의견(생각, 감정)을 이야기해 줘도 될까?"

YES ☐ / NO ☐

3. 판단이나 비난을 하지는 않았나요?

　예) "내 생각에는 이번 일은 네가 잘못 생각하고 있는 것 같은데."

YES ☐ / NO ☐

4. 나의 방식을 강요하지는 않았나요?

　예) "내가 경험해 봐서 아는데……."

YES ☐ / NO ☐

5. 조언을 전한 뒤 상대방의 의견을 물었나요?

　예) "……한 방식이 나에게는 도움이 되었던 것 같아. 너의 생각은 어때?"

YES ☐ / NO ☐

◆ YES가 0~1개: 조언하는 태도를 바꿀 필요가 있어요.

◆ YES가 2~3개: 조언하는 태도를 조금 되돌아볼 필요가 있어요.

◆ YES가 4~4개: 조언하는 태도가 바람직합니다.

5회기	나를 개방해요		
하위 영역	자기 노출		
활동 목표	동료 교사나 관리자에게 내가 걱정하는 것과 두려워하는 것을 말할 수 있다.		
준비물	PPT 자료, 활동 자료, 경험보고서, 필기구	시간 (분)	90분
단계	활동 내용	시간 (분)	집단 구성
도입	◆ 마음 열기: 생각 억제 실험하기 - 핑크 코끼리 사진을 보고, 30초 동안 핑크 코끼리와 관련된 이미지, 단어 등을 떠올리지 않는 실험하기 - 생각을 억제하는 것의 어려움에 관한 경험을 나누고, 자기 개방의 유용성에 대한 생각 나누기 ◆ 긍정적 경험 나누기 - 일상생활에서 경험한 긍정적인 변화에 대해 이야기 나누기	10	전체
전개	◆ 자기 개방에 대한 두려움 〈활동 자료 5-①〉 - 자기 개방을 어렵게 하는 자동적 사고 탐색하기 - 자동적 사고와 연관된 감정과 신체감각을 탐색하고, 자동적 사고가 형성된 경험에 관해 이야기 나누기 - 소크라테스 대화법으로 자동적 사고를 믿는 것의 유용성 검토하기	30	전체
전개	◆ 나의 걱정과 두려움 〈활동 자료 5-②〉 - 내가 걱정하고 있거나 두려워하는 일이 무엇인지 적어 보고, 이를 소집단 안에서 개방하기 - 집단원의 발표를 듣고 지지와 격려를 해 주거나 비슷한 경험이 있는 경우에는 자신의 경험을 개방하기	40	조별
정리	◆ 집단상담 소감 나누기 〈활동 자료 1-④〉 - 오늘의 집단상담 경험에 대한 소감 나누기 - 경험보고서 작성하기 ◆ 다음 회기 설명 - 다음 회기에 대한 전반적인 설명하기	10	전체
유의 사항	- 자신의 두려움과 걱정에 대해 개방할 때 집단에 주어지는 비밀보장의 한계를 충분히 안내하고, 감당할 수 있는 수준에서 자기 개방을 할 수 있도록 한다. - 집단원의 자기 개방을 듣고 피상적인 조언이나 해결책을 제시하기보다는 지지와 격려를 해 주고, 자신의 경험을 개방할 수 있도록 구조화를 한다. - 자기 개방을 힘들어하는 경우에는 감정에 공감해 주고, 자기 개방이 힘든 이유를 탐색할 수 있도록 조력한다.		

5회기	자기 개방에 대한 두려움	별칭
활동 자료 5-①		

✎ 내가 걱정하는 것과 두려워하는 것을 개방한다고 할 때 어떤 생각이 자동적으로 떠오르는지, 그러한 생각이 타당한 것인지 검토해 봅시다.

자동적 사고	

↓

◆ 자동적 사고가 사실이라면 일어날 수 있는 최악의 결과는 무엇인가요?

◆ 자동적 사고가 사실이라는 증거는 무엇인가요?

◆ 자동적 사고를 믿는 것이 어떤 이득이 있나요?

◆ 다른 사람이 그렇게 믿고 있다면 어떻게 말해 주고 싶나요?

5회기	나의 걱정과 두려움	별칭
활동 자료 5-②		

✎ 내가 걱정하거나 두려워하는 것이 무엇인지 적어 보고, 이를 소집단에서 개방해 봅시다(모든 영역을 채우지 않아도 괜찮습니다).

관계에 대해 걱정하거나 두려워하는 것	일(직업)에 대해 걱정하거나 두려워하는 것
나 자신에 대해 걱정하거나 두려워하는 것	가족에 대해 걱정하거나 두려워하는 것
미래에 대해 걱정하거나 두려워하는 것	이 외에 내가 걱정하거나 두려워하는 것

6회기	당당한 권리 주장		
하위 영역	타인에 대한 불쾌감 주장		
활동 목표	동료 교사나 관리자가 나를 무시하거나 배려하지 않을 때 나의 권리를 지킬 수 있다.		
준비물	PPT 자료, 참고 자료, 활동 자료, 경험보고서, 필기구	시간 (분)	90분
단계	활동 내용	시간 (분)	집단 구성
도입	◆ 마음 열기: 이완 호흡하기 〈참고 자료 6-①〉 - 집단의 리더의 지시문에 따라 깊고 규칙적인 복식호흡을 하고 몸이 이완 되는 느낌을 충분히 경험하기 ◆ 긍정적 경험 나누기 - 일상생활에서 경험한 긍정적인 변화에 대해 이야기 나누기	10	전체
전개	◆ 주장 행동과 비주장 행동 구별하기 〈참고 자료 6-②〉 - 자기 주장 행동, 소극적 행동, 공격적 행동의 의미 이해하기 - 교직 생활에서 자주 겪게 되는 장면에 대한 반응을 예시로 주장 행동과 비 주장 행동을 구분하고, 퀴즈로 각 상황에 따른 반응이 무엇일지 맞히기	30	전체

	◆ 주장 행동 연습하기 〈활동 자료 6-①〉
	- 실제로 학교에서 겪었던 부당한 일을 떠올리며 당시 나의 반응은 어떤 행
	  동에 속했는지 생각해 보고, 소극적 행동 혹은 공격적 행동에 속했을 경우
	  에는 자기 주장 행동으로 바꿔보기
	- 자기 주장 행동으로 바꾼 내용을 바탕으로 소집단에서 역할극을 통해
	  자기 주장 행동 실연하기
		40	조별

정리	◆ 집단상담 소감 나누기 〈활동 자료 1-④〉 - 오늘의 집단상담 경험에 대한 소감 나누기 - 경험보고서 작성하기 ◆ 다음 회기 설명 - 다음 회기에 대한 전반적인 설명하기	10	전체

유의 사항	- 주장 행동과 비주장 행동을 구별할 때 지도자가 금방 답을 제시하기보다는 집단원의 충분한
	  토론을 통해 합의에 의한 답을 도출할 수 있도록 한다.
	- 주장 행동을 실연할 때 관찰자 역할을 맡은 집단원은 주장 행동이 공격적 행동이거나 소극적
	  행동은 아닌지 주의 깊게 살펴보고, 이를 피드백해 줄 수 있도록 한다.		

6회기	이완 호흡하기
참고 자료 6-①	

✎ 이완 호흡법 지시문

호흡은 우리가 거의 아무런 생각 없이도 지속적이고 자연스럽게 그리고 일상적으로 하는 일입니다. 당신이 기꺼이 하고자 한다면 눈을 감고 제가 당신에게 말하는 동안에 제 목소리를 따르기 바랍니다. 먼저 편안한 자세로 앉도록 잠시 자세를 바로잡아 보세요. 등은 의자 등받이에서 약간 떨어지게 하고, 발은 바닥에 평평하게 놓으세요. 다리는 꼬지 말고, 팔과 손은 의자 손잡이 위에 놓아도 좋습니다. 잠시 시간을 가지면서 의자와 접촉하고 있는 몸의 부분을 알아차려 보세요. 엉덩이와 다리가 의자를 누르는 것이 느껴지는 곳과 팔과 손이 의자에 닿는 곳, 그리고 발이 바닥에 닿는 곳을 알아차려 보세요. 당신 몸속으로 들어갈 수 있으며, 크레파스로 의자와 마루에 접촉하고 있는 몸의 부분을 칠한다고 상상해 보세요. [1분 멈춤]

이제 주의를 호흡으로 기울이고 이를 자각해 보세요. 편안하게 호흡을 하면서 콧구멍으로 들어오는 것을 알아차려 보세요. 호흡이 당신의 콧구멍으로 들어오는 순간에 알아차릴 수 있는지 보세요. [멈춤] 호흡이 안으로 들어오면서 가슴과 복부에서 일어나는 감각의 변화를 알아차리세요. 호흡이 몸으로 들어오면서 가슴이 어떻게 위아래로 움직이는지에 주의를 기울이세요. [멈춤]

몸속으로 호흡이 들어오는 내내 이를 따라갈 수 있는지 보세요. [멈춤] 호흡이 멈추는 지점을 알아차려 보세요. 호흡이 멈추고 나서 몸 바깥으로 나오는 과정이 시작되는 정확한 지점에 자각을 모으세요. 호흡을 내쉬면서 그 지점부터 콧구멍을 떠나는 바로 그 순간까지 호흡을 따라갈 수 있는지 보세요. [멈춤] (가슴이 다음 호흡을 기다리기 위해 편안한 휴식의 지점으로 부드럽게 되돌아올 때) 호흡을 내쉬면서 가슴과 복부에서 변화되는 감각에 자각을 집중하세요. 호흡을 내쉬고 들이마시는 매 호흡 사이의 시간을 알아차릴 수 있는지 보세요. 그 끝점(다음 호흡을 들이마시기 직전의 그 순간)에 주의를 기울이세요.

당신의 마음이 어느 지점에서 방황을 한다면 이를 알아차릴 수 있는지 보고, 당신의 주의를 호흡으로 부드럽게 가져오세요.

6회기
참고 자료 6-②

주장 행동의 의미

✏ 자기 주장 행동의 의미

◆ 자기 주장 행동

: 주장 행동이란 상대방의 권리를 침해하거나 상대방을 불쾌하게 하지 않는 범위 내에서 자신의 권리, 욕구, 의견, 생각, 느낌 등 자신이 나타내고자 하는 바를 있는 그대로 솔직하게 상대방에게 직접 나타내는 행동을 의미합니다.

◆ 소극적 행동

: 소극적 행동이란 자기 주장 행동을 하고 싶으면서도 눈치나 체면 때문에 용기가 없어서 자기의 권리를 포기하는 행동을 말합니다. 즉, 자기 자신을 속이면서 아무 말도 하지 않거나 상대방의 기분을 맞추기 위해 전혀 마음에도 없는 말과 행동을 하는 것입니다.

◆ 공격적 행동

: 공격적 행동이란 다른 사람의 권리를 무시하거나 심지어 상대방의 권리를 침해하면서까지 자기의 권리만을 내세워 상대방을 불쾌하게 하는 행동을 말합니다. 자신의 권리만 내세우는 행동에는 자신도 모르게 상대방을 얕보고 창피를 주거나, 상대방을 자기 마음대로 휘두르려는 의도가 담겨 있기 때문에 상대방의 기분을 고려하지 않게 되어 본의 아니게 공격적 행동이 되어 버리는 경우도 있습니다.

상황	반응	소·주·공
교감 선생님이 다른 선생님들이 보는 앞에서 나에게 일을 똑바로 하라며 언성을 높인다.	"그게……." 더 이상 말을 못하고 얼굴이 붉어진 채 고개를 숙인다.	소극적 행동
해야 할 일이 많은데, 옆 반 선생님이 와서 오랜 시간 동안 하소연을 한다.	"그런 일이 있었군요. 더 들어드리고 싶은데, 제가 해야 할 일이 좀 많네요. 다음에 또 이야기해도 괜찮으시죠?"	자기 주장 행동
회의나 모임이 있을 때마다 거짓말로 빠지는 동료 교사가 오늘도 회의에 못 가겠다고 대신 사정을 전해 달라고 나에게 부탁을 한다.	"그런 건 좀 이제 알아서 하세요! 제가 무슨 선생님 하녀라도 되는 줄 아세요?"	공격적 행동

6회기	주장 행동 연습하기	별칭
활동 자료 6-①		

✎ 실제로 내가 학교에서 겪었던 부당한 일과 그에 자기 주장 행동으로 대처하지 못했던 경험을 떠올려보고, 적절한 자기 주장 행동으로 변화시켜 봅시다.

구체적인 상황	

↓

당시 나의 반응	

◆ 당시 나의 감정은 어떠했나요?

자기 주장 행동	당시 나의 반응이 소극적 행동 혹은 공격적 행동에 속하였다면 이를 자기 주장 행동으로 바꿔 봅시다.

7회기	거절해도 괜찮아		
하위 영역	타인에 대한 불쾌감 주장		
활동 목표	동료 교사나 관리자가 합리적이지 않은 요구를 할 때 거절할 수 있다.		
준비물	PPT 자료, 활동 자료, 경험보고서, 필기구	시간 (분)	90분
단계	활동 내용	시간 (분)	집단 구성
도입	◆ 마음 열기: 오리 꽥 놀이 - 일렬횡대로 나란히 서서 첫 순서의 사람부터 왼쪽 혹은 오른쪽으로 "꽥!"이라고 외치면 다음 순서를 이어받은 사람도 왼쪽 혹은 오른쪽으로 "꽥!"이라고 외치기 - 타이밍을 놓치거나 웃는 사람은 탈락하며, 최후 2인이 남았을 때는 '싫어요'의 한 음절씩을 번갈아 가며 소리 내어 박자를 놓친 사람이 탈락하는 것으로 승자를 가리기 ◆ 긍정적 경험 나누기 - 일상생활에서 경험한 긍정적인 변화에 대해 이야기 나누기	10	전체
전개	◆ 하향 화살표 기법으로 중간 신념 찾기 〈활동 자료 7-①〉 - 동료 교사나 관리자의 부당한 요구에 대해 거절을 해야 했지만 거절하기 어려웠던 경험 나누기 - 하향 화살표 기법을 이용해서 거절을 어렵게 만드는 중간 신념 탐색하기 ◆ 거절하기 역할극 〈활동 자료 7-②〉 - 학교 현장에서 자주 만나게 되는 거절이 필요한 상황을 골라 역할극 대본을 작성하고, 소집단에서 이를 역할극으로 실연하기 - 거절을 당하는 역할이 되었을 때 어떤 느낌이었는지, 거절을 해 보았을 때 어떤 느낌이었는지 의견 공유하기	30 40	전체 조별
정리	◆ 집단상담 소감 나누기 〈활동 자료 1-④〉 - 오늘의 집단상담 경험에 대한 소감 나누기 - 경험보고서 작성하기 ◆ 다음 회기 설명 - 다음 회기에 대한 전반적인 설명하기	10	전체
유의 사항	- 짧은 시간 안에 중간신념을 탐색하는 데 따르는 어려움을 설명하고, 자기대화를 통해 중간신념을 찾을 수 있도록 활동 자료에 쓰인 응답을 속으로 소리 내어 읽도록 안내한다. - 거절하기 역할극에서 대본을 작성하는 데 주안점을 두도록 하고, 시간적 여유가 충분치 않을 경우에는 상황을 고려하여 소집단 내에서 하나의 대본을 선택해 역할극을 할 수 있도록 안내한다.		

7회기	중간 신념 찾기	별칭
활동 자료 7-①		

✏️ 하향 화살표 기법은 표면적인 생각에 대해 "만일 그것이 사실이라면 그것은 무엇을 의미합니까?"와 같은 질문을 계속 던짐으로써 중간 신념을 찾아내는 방법을 의미합니다. 예시는 다음과 같습니다.

◆ 사건: 후배가 날 모른 척하고 지나감.

자동적 사고

저 친구가 날 무시하는구나.

↓

(만약 이것이 사실이라면 나에 대해 무엇을 말해 주는가?)

이것의 의미는

저 친구 눈에 내가 중요한 사람으로 보이지 않는다.

↓

(만약 이것이 사실이라면 나에 대해 무엇을 말해 주는가?)

이것의 의미는

나는 다른 사람들에게 도움을 줄 만한 것을 가지고 있지 않다.

↓

(만약 이것이 사실이라면 나에 대해 무엇을 말해 주는가?)

이것의 의미는

나는 사람들에게 있으나마나 한 존재이다.

↓

(만약 이것이 사실이라면 나에 대해 무엇을 말해 주는가?)

이것의 의미는

만약 내가 누군가에게 도움을 주지 못한다면 나는 무능한 존재이다.

✎ 동료 교사나 관리자가 내가 하고 싶지 않은 것을 과도하게 요청할 때 명확히 거절을 하지 못하는 데에는 어떤 생각이 자리 잡고 있는지 하향 화살표 기법을 통해 확인해 봅시다.

◆ 사건: _____

자동적 사고

↓

(만약 이것이 사실이라면 나에 대해 무엇을 말해 주는가?)

이것의 의미는

↓

(만약 이것이 사실이라면 나에 대해 무엇을 말해 주는가?)

이것의 의미는

↓

(만약 이것이 사실이라면 나에 대해 무엇을 말해 주는가?)

이것의 의미는

↓

(만약 이것이 사실이라면 나에 대해 무엇을 말해 주는가?)

이것의 의미는

7회기	거절하기 역할극	별칭
활동 자료 7-②		

✎ **거절이 필요한 상황을 생각해 보고, 거절하는 상황의 역할극을 해 봅시다.**

◆ 거절이 필요한 상황

> **〈예시 상황〉**
> * 다른 상황을 생각해 내거나 다음의 상황을 그대로 사용해도 됩니다.
>
> 1) 관리자가 학생들을 지도해서 대회에 나가라고 할 때
> 2) 업무 분장에서 다른 사람들이 기피하는 업무를 나에게 배정하려고 할 때
> 3) 동료 교사가 나에게 자신의 업무를 대신 해 달라고 부탁할 때
> 4) 관리자가 나에게 보직교사 자리를 제안할 때
> 5) 선호하는 학년 대신에 기피하는 학년을 배정하려고 할 때

◆ 거절이 필요한 상황의 역할극 대본을 써 보세요.

> • 상대방:
>
> • 나:
>
> • 상대방:
>
> • 나:
>
> • 상대방:
>
> • 나:
>
> • 상대방:
>
> • 나:
>
> • 상대방:

8회기	내 마음이 들리니			
하위 영역	타인에 대한 불쾌감 주장			
활동 목표	동료 교사나 관리자에게 나의 감정을 상하게 하는 행동을 했다고 말할 수 있다.			
준비물	PPT 자료, 참고 자료, 활동 자료, 경험보고서, 필기구	시간 (분)	90분	
단계	활동 내용		시간 (분)	집단 구성
도입	◆ 마음 열기: 감정 맞히기 놀이 〈활동 자료 8-①〉 - 감정 카드의 감정을 얼굴 표정이나 몸짓 등으로 묘사할 역할을 한 명 뽑고, 다른 집단원은 얼굴 표정이나 몸짓을 보고 어떤 감정을 나타내는지 정답 맞히기 ◆ 긍정적 경험 나누기 - 일상생활에서 경험한 긍정적인 변화에 대해 이야기 나누기		10	전체
전개	◆ 감정에 관한 오해 풀기 〈활동 자료 8-②〉 - 감정과 관련된 문항을 읽고 자신의 생각과 일치하면 '동의함' 칸에 체크하고, 일치하지 않으면 '동의하지 않음' 칸에 체크하기 - 감정에 관해 어떻게 생각하고 있었는지, 그렇게 생각하게 된 이유를 집단원과 의견을 나눈 뒤 감정에 대한 과학적 사실 확인하기 〈참고 자료 8-①〉		20	전체
	◆ 감정에 이름 붙이기 〈활동 자료 8-①〉 - 오늘 하루를 돌아보며 어떤 감정들을 느꼈는지 감정 단어에서 찾아 이름 붙이기 - 나의 하루를 감정 단어와 함께 소집단 안에서 소개하기		20	조별
	◆ 감정 표현을 억제하는 이유 탐색하기 〈활동 자료 8-②〉 - 나의 감정을 솔직하게 표현할 경우에 상대방이 나에 대해 어떤 생각을 할 것 같은지 의견 나누기 - 척도 질문을 통해 내가 타인에게 어떻게 보이고 싶은지, 그렇게 보이고자 어떤 노력을 하고 있는지 탐색하기		30	전체
정리	◆ 집단상담 소감 나누기 〈활동 자료 1-④〉 - 오늘의 집단상담 경험에 대한 소감 나누기 - 경험보고서 작성하기 ◆ 다음 회기 설명 - 다음 회기에 대한 전반적인 설명하기		10	전체
유의 사항	- 오늘 하루를 돌아보며 느꼈던 감정에 이름을 붙일 때 가능한 한 다양하고, 정확하게 이름을 붙일 수 있도록 격려한다. - 감정 표현에 관해서 타인의 반응에 예민하게 신경을 쓸 수밖에 없었던 이유를 집단원 개인의 역사에 따른 적응 전략으로 이해하고 충분히 타당화한다.			

8회기	감정 단어			별칭
활동 자료 8-①				

감동적이다	감사하다	기쁘다	든든하다	만족스럽다
반갑다	사랑스럽다	설레다	신나다	자랑스럽다
자신 있다	재미있다	편안하다	행복하다	홀가분하다
활기차다	걱정하다	긴장하다	깜짝 놀라다	당황하다
두렵다	무섭다	불안하다	혼란스럽다	답답하다
밉다	분하다	억울하다	원망스럽다	지긋지긋하다
짜증 나다	곤란하다	귀찮다	부끄럽다	부담스럽다
부럽다	불편하다	어색하다	지루하다	피곤하다
황당하다	괴롭다	그리워하다	막막하다	미안하다
서럽다	서운하다	속상하다	슬프다	실망하다
안타깝다	외롭다	우울하다	허전하다	후회하다

8회기	나의 감정 표현	별칭
활동 자료 8-②		

✏ 다음의 문항을 읽고 내 생각과 일치하면 동의함 칸에 체크, 일치하지 않으면 동의하지 않음 칸에 체크해 봅시다.

문항	동의함	동의하지 않음
• 감정은 그 즉시 표현해야 해소된다.	☐	☐
• 감정은 그 감정을 유발한 사람에게 표현해야 해소된다.	☐	☐
• 감정의 역할은 생존과 적응에 필요한 정보를 주는 것이다.	☐	☐
• 동일한 대상에게 두 가지의 상반된 감정이 동시에 일어날 수는 없다.	☐	☐
• 감정은 거의 항상 신체감각을 수반한다.	☐	☐
• 부정적인 감정을 긍정적인 감정으로 해소할 수 있다.	☐	☐
• '감정에 이름 붙이기'는 감정 억제에 효과적이다.	☐	☐

✏ 나의 감정을 솔직하게 표현할 경우에 상대방이 나에 대해 어떤 생각을 할 것 같은지 적어 봅시다.

✏ 척도 질문에 내가 생각하는 점수에 체크하고, 나의 노력에 대해 떠올려 봅시다.

◆ 당신을 있는 그대로 드러낸다면 사람들이 몇 점을 줄 것 같나요?

1점	2점	3점	4점	5점	6점	7점	8점	9점	10점

◆ 당신은 사람들에게 몇 점으로 보이고 싶나요?

1점	2점	3점	4점	5점	6점	7점	8점	9점	10점

◆ (   )점으로 보이기 위해 당신은 어떤 노력을 했나요?

8회기	감정에 관한 과학적 사실
참고 자료 8-①	

◆ 감정 조절에는 충동 조절도 포함된다.

: 감정은 꼭 즉시 표현해야 해소되는 것은 아니다. 예컨대, 상대방에게 부정적이거나 공격적인 말을 들었을 때 이에 대해 무조건적이고 반사적으로 반응하는 것은 감정 조절이 잘 이루어지지 못한 경우라고 볼 수 있다. 자극에 대해 즉각적으로 반응하기보다는 잠시 반응을 선택할 시간을 의식적으로 가진 뒤 행동으로 실행하는 것이 적절한 감정 조절 방법이다(노형철, 2022).

◆ 감정은 다양한 방법으로 해소할 수 있다.

: 상대방이나 주변 사람들에게 감정을 해소하려고 잘못 표현했다가 오해와 갈등이 더욱 깊어지곤 하거나 부정적인 감정이 해소되지 않고 오히려 증폭되기도 한다. 예컨대, 분노와 같은 감정은 얼마나 적절히 표현되느냐에 따라 우울 수준이 결정되는 것으로 나타났다(고은영, 1997). 따라서 감정은 꼭 상대방이 대상이 아니더라도 마음챙김 명상, 글쓰기, 운동하기 등 개인에게 적절한 방법이 적용될 때 효과적으로 해소된다고 할 수 있다.

◆ 감정의 역할은 생존과 적응에 필요한 정보를 주는 것이다.

: 감정은 생존을 위해 고안된 생물학적 장치로서 생존과 적응에 필요한 정보를 준다(Brackett, 2020). 감정은 개인에게 닥친 상황이 생존에 유리한지 불리한지 알아차리고, 어떻게 대처해야 하는지 신호를 보낸다. 예를 들어, 생존에 불리하면 긴장, 두려움, 불안을 유발하고, 유리하면 안도감, 평온, 기쁨, 즐거움 등을 유발한다.

◆ 동일한 대상에게 두 가지의 상반된 감정이 일어날 수 있다.

: 하나의 대상에 대해 서로 완전히 정반대인 감정을 동시에 느끼는 것을 양가감정이라고 한다. 양가감정은 지속적으로 관리하고 협상하면서 조절해 나가는 것이 중요하므로(문정희, 안정신, 2019) 양가감정의 존재를 인정하고 이를 통합하는 것이 필요하다.

◆ 감정은 거의 항상 신체감각을 수반한다.

: 신경과학의 발달에 따라 감정과 신체가 밀접한 관련이 있다는 사실이 점차 공고해지고 있다(김윤정, 이승호, 2022). 예컨대, 불안은 가슴 뜀, 호흡 곤란, 흉통 등의 신체감각을 동반하고, 분노는 심박동수 증가, 얼굴의 열감, 땀 흘림 등의 신체감각을 동반한다.

◆ 감정은 있는 그대로 인정하고, 허용해 주는 것이 필요하다.

: 부정적인 감정을 회피하거나 긍정적인 감정으로 가라앉히려는 시도는 오히려 역효과를 낼 뿐이다. 마음챙김의 자세로 감정을 인정하고 허용해 줄 때 감정은 적응적인 기능을 한다(이선영, 안창일, 2012). 즉, 긍정적인 감정으로 부정적인 감정을 해소하는 것은 단기적으로 효과가 있을 뿐 장기적으로 보았을 때는 오히려 감정을 억압하는 기능을 한다.

◆ '감정에 이름 붙이기'는 감정 조절에 효과적이다.

: 감정을 인식하고 명명하는 것만으로도 감정을 조절하는 힘이 커진다(나옥희, 오오현, 이미나, 2019). 감정에 이름을 붙일 때 메타인지가 활성화되어 상황을 객관화하여 바라볼 수 있다.

9회기	감정 표현도 현명하게		
하위 영역	대인 갈등 다루기		
활동 목표	동료 교사나 관리자와 갈등을 피하기 위해 부정적인 감정을 잘 표현할 수 있다.		
준비물	PPT 자료, 활동 자료, 경험보고서, 필기구	시간 (분)	90분
단계	활동 내용	시간 (분)	집단 구성
도입	◆ 마음 열기: 소리 내지 않고 퀴즈를 내어 맞히기 - 짝을 지어 1분 동안 소리를 내지 않고 입 모양과 행동으로만 퀴즈를 내고 정답 맞히기 - 표현하지 못할 때 답답했던 마음과 감정 표현을 하지 못할 때 느꼈던 답답한 마음을 연결하기 ◆ 긍정적 경험 나누기 - 일상생활에서 경험한 긍정적인 변화에 대해 이야기 나누기	10	전체
전개	◆ 감정에 머무르기 〈활동 자료 9-①〉 - 최근에 학교 현장에서 동료 교사나 관리자로 인해 내가 겪었던 감정을 감정카드에서 3개 고르기 - 감정을 중심으로 내가 동료 교사나 관리자와 겪은 갈등에 대해 소개하기 - 세 가지 감정 중 가장 강렬한 감정을 유발했던 장면을 심상으로 떠올리고, 신체감각과 함께 감정을 느끼고 머무르기	30	전체
	◆ 보내지 않는 편지 쓰기 〈활동 자료 9-②〉 - 동료 교사나 관리자와의 갈등으로 어떤 감정을 느꼈는지, 당시에 상대방에게 바랐던 점, 현재 상대방에게 바라는 점 등을 편지로 쓰기 - 편지를 손으로 잘게 찢어 쓰레기통에 버린 후 척도 질문을 통해 감정의 해소 정도에 대한 소감 나누기	40	전체
정리	◆ 집단상담 소감 나누기 〈활동 자료 1-④〉 - 오늘의 집단상담 경험에 대한 소감 나누기 - 경험보고서 작성하기 ◆ 다음 회기 설명 - 다음 회기에 대한 전반적인 설명하기	10	전체
유의 사항	- 부정적인 감정을 유발했던 장면을 떠올릴 때 감정 혹은 신체감각이 뚜렷하게 느껴지지 않더라도 그럴 수 있음을 인정해 준다. - 보내지 않는 편지를 작성할 때는 종이 재질의 매체에 쓸 수 있도록 하고, 누구에게도 보여 주지 않을 것을 강조하여 안전감을 확보하도록 한다.		

9회기	감정 단어			별칭
활동 자료 9-①				

감동적이다	감사하다	기쁘다	든든하다	만족스럽다
반갑다	사랑스럽다	설레다	신나다	자랑스럽다
자신 있다	재미있다	편안하다	행복하다	홀가분하다
활기차다	걱정하다	긴장하다	깜짝 놀라다	당황하다
두렵다	무섭다	불안하다	혼란스럽다	답답하다
밉다	분하다	억울하다	원망스럽다	지긋지긋하다
짜증 나다	곤란하다	귀찮다	부끄럽다	부담스럽다
부럽다	불편하다	어색하다	지루하다	피곤하다
황당하다	괴롭다	그리워하다	막막하다	미안하다
서럽다	서운하다	속상하다	슬프다	실망하다
안타깝다	외롭다	우울하다	허전하다	후회하다

9회기	보내지 않는 편지 쓰기	별칭
활동 자료 9-②		

✎ 동료 교사 혹은 관리자와 갈등이 생긴 장면을 떠올리며 당시에 내가 어떤 감정을 느꼈는지, 현재는 어떤 감정을 느끼는지, 당시에 상대방에게 바랐던 점, 현재 상대방에게 바라는 점을 편지 형식으로 작성해 봅시다.

_____

_____

_____

_____

_____

_____

_____

_____

_____

_____

_____

_____

_____

_____

_____

10회기	의사소통 점수를 높이자		
하위 영역	대인 갈등 다루기		
활동 목표	동료 교사나 관리자와 갈등을 최소화할 수 있는 의사소통을 할 수 있다.		
준비물	PPT 자료, 활동 자료, 경험보고서, 필기구	시간 (분)	90분
단계	활동 내용	시간 (분)	집단 구성
도입	◆ 마음 열기: 몬스터 그리기 - 짝이 된 집단원이 이야기해 주는 특성들을 바탕으로 몬스터를 그리고, 짝이 기존에 그렸던 몬스터와 비교하기 - 그림 간의 차이를 보며 경청의 중요성에 대해 이야기 나누기 ◆ 긍정적 경험 나누기 - 일상생활에서 경험한 긍정적인 변화에 대해 이야기 나누기	10	전체
전개	◆ 나의 의사소통 되돌아보기 〈활동 자료 10-①〉 - 최근에 동료 교사나 관리자와 의사소통으로 인해 갈등을 겪었던 경험을 떠올려 보고, 상대방과 어떤 대화를 나눴는지 대본으로 쓰기 - 소집단을 구성하여 대본에서 나는 상대방의 역할을 맡고, 짝이 된 집단원은 나의 역할을 맡아서 대화를 재연하고, 보는 사람은 이를 관찰하기 - 각자 대화를 하면서 어떤 느낌을 받았는지, 의도가 제대로 전달되었는지 등을 피드백하기	40	조별
	◆ 의사소통 개선을 위한 방법 탐색하기 〈활동 자료 10-②〉 - 현재 나의 의사소통 방식에 점수 매기기 - 의사소통 점수를 올리기 위해 노력해야 하는 구체적인 방법이 무엇인지 탐색하기	30	전체
정리	◆ 집단상담 소감 나누기 〈활동 자료 1-④〉 - 오늘의 집단상담 경험에 대한 소감 나누기 - 경험보고서 작성하기 ◆ 다음 회기 설명 - 다음 회기에 대한 전반적인 설명하기	10	전체
유의 사항	- 갈등을 겪었던 경험을 떠올리고, 이를 역할극 대본으로 작성할 때 최대한 구체적이며 사실적인 대화로 구성되도록 안내한다. - 의사소통 방법을 개선하기 위한 방법을 떠올릴 때 브레인스토밍 방법을 적용하여 많은 아이디어가 산출될 수 있도록 한다.		

10회기	**나의 의사소통 되돌아보기**	별칭
활동 자료 10-①		

✏️ 최근에 동료 교사나 관리자와 의사소통으로 인해 갈등을 겪었던 경험을 떠올려 보고, 상대방과 어떤 대화를 나눴는지 구체적으로 써 봅시다.

구체적인 상황	

↓

• 상대방:

• 나:

• 상대방:

• 나:

• 상대방:

• 나:

• 상대방:

• 나:

• 상대방:

• 나:

• 상대방:

10회기	의사소통방식 업그레이드	별칭
활동 자료 10-②		

✏️ **나의 의사소통 방식에 점수를 주고, 이를 개선하기 위한 방법을 찾아봅시다.**

◆ 나의 의사소통 방식에 점수를 준다면 1~10점 중에 몇 점인가요? 1점은 내가 바람직하다고 생각하는 모습과 가장 거리가 먼 것을, 10점은 가장 가까운 것을 의미합니다. 해당하는 점수에 체크해 봅시다.

1점	2점	3점	4점	5점	6점	7점	8점	9점	10점

◆ 10점에 해당하는 모습은 구체적으로 어떠한가요?

◆ 현재 (   )점을 유지할 수 있었던 점은 무엇인가요? 어떤 점이 긍정적인가요?

◆ 1점을 올리기 위해서는 구체적으로 어떤 노력이 필요할까요?

11회기	갈등 해결의 희망을 찾다		
하위 영역	대인 갈등 다루기		
활동 목표	동료 교사나 관리자와 갈등이 생겼을 때 해결 방안을 함께 논의할 수 있다.		
준비물	PPT 자료, 활동 자료, 경험보고서, 필기구	시간 (분)	90분
단계	활동 내용	시간 (분)	집단 구성
도입	◈ 마음 열기: 갈등에 관한 속담 - 갈등과 관련된 속담의 초성을 보고, 어떤 속담인지 정확하게 정답 맞히기 - 갈등과 관련한 속담이 현재 나의 일상생활에서도 비슷하게 적용되는지 의견 나누기 ◈ 긍정적 경험 나누기 - 일상생활에서 경험한 긍정적인 변화에 대해 이야기 나누기	10	전체
전개	◈ 나의 갈등 관리 유형 알아보기 〈활동 자료 11-①〉 - 다섯 가지 갈등 관리 유형을 알아보고, 최근의 갈등 상황에서 개인의 욕구와 타인의 욕구를 각각 어느 정도로 고려하여 갈등을 대했는지 생각해 보기 - 경험을 떠올리며 최근에 내가 주로 속했던 갈등 관리 유형의 장점과 단점에 대한 목록 만들기	35	전체
	◈ 갈등 속 욕구 탐색하기 〈활동 자료 11-②〉 - 갈등을 잘 해결하기 위해서는 나와 상대방의 욕구를 확인해서 이를 충족하는 방향으로 해결 방법을 찾아야 한다는 것을 이해하기 - 동료 교사나 관리자와 갈등이 있었던 사례를 떠올려 보고, 갈등에서 나와 상대방의 표면적인 주장은 무엇이었고, 이면에는 어떤 욕구가 있었는지 탐색하기	35	전체
정리	◈ 집단상담 소감 나누기 〈활동 자료 1-④〉 - 오늘의 집단상담 경험에 대한 소감 나누기 - 경험보고서 작성하기 ◈ 다음 회기 설명 - 다음 회기에 대한 전반적인 설명하기	10	전체
유의 사항	- 갈등 관리 유형별로 장점과 단점을 찾을 때 집단원 사이의 상호작용을 촉진하여 충분한 논의가 이루어질 수 있도록 한다. - 갈등 상황에서의 행동은 다섯 가지의 갈등 관리 유형 중 특정 유형에 배타적으로 국한되지 않으며, 상황에 따라 갈등을 해결하는 행동 유형이 다르게 나타날 수 있음을 안내한다.		

11회기	갈등 관리 유형	별칭
활동 자료 11-①		

✎ 최근의 갈등 상황을 떠올려 보고, 갈등 상황에서 나는 다섯 가지의 유형 중 어떤 유형의 행동을 주로 했는지 선택하여 동그라미에 색칠해 봅시다.

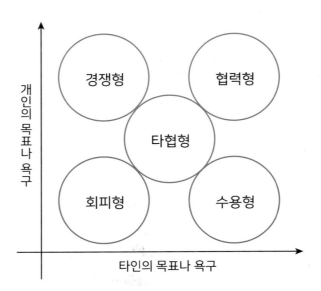

◆ 수용형("모든 걸 네 뜻에 따를게.")
수용형은 남과 대립하는 것이 불편하여 갈등 상황에서 자신의 의견을 드러내지 않고 상대방의 의견에 동조하는 행동을 보입니다.

◆ 회피형("나는 싸우는 게 싫어.")
회피형은 갈등 상황 자체에 불편함을 느끼고, 갈등 해결을 위한 어떠한 행동도 취하려고 하지 않습니다.

◆ 경쟁형("내가 이겨야 해.")
경쟁형은 나의 욕구나 목표를 위해 갈등 상황에서 자신의 입장을 고수하고, 양보할 여지가 없을 때 확실한 경쟁 전략을 취합니다.

◆ 협력형("모두가 좋은 방향을 찾아보자.")
협력형은 나와 상대방의 욕구나 목표를 모두 충족하기 위한 결과를 얻기 위해 여러 방안을 신중하게 비교하고 최선의 방법을 찾으려고 합니다.

◆ 타협형("서로 조금씩 양보하자.")
타협형은 갈등을 빠르게 해결하기 위해 나와 상대방의 목표나 욕구를 일부 포기하며 서로 수용할 수 있는 해결 방법을 찾으려고 노력합니다.

11회기	욕구 탐색하기	별칭
활동 자료 11-②		

✎ 최근에 갈등이 있었던 상황을 떠올려 보고, 나와 상대방의 표면적인 주장은 무엇이었는지, 이면에 있었던 욕구는 무엇이었는지 생각해 봅시다.

[욕구]

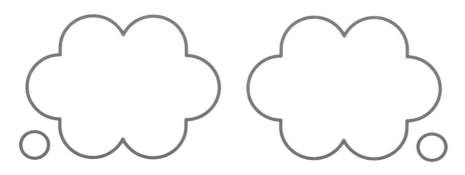

[표면적인 주장]

나   상대방

12회기	변화된 나		
하위 영역	마무리		
활동 목표	프로그램을 정리하며 자신의 변화된 모습을 평가할 수 있다.		
준비물	PPT 자료, 활동 자료, 경험보고서, 필기구	시간 (분)	90분
단계	활동 내용	시간 (분)	집단 구성
도입	◆ 마음 열기: 마음의 선물하기 - 집단원에게 선물을 준다면 어떤 선물을 주고 싶은지 가상의 선물을 정해서 이유와 함께 전달하기 ◆ 긍정적 경험 나누기 - 일상생활에서 경험한 긍정적인 변화에 대해 이야기 나누기	10	전체
전개	◆ 변화된 모습 탐색하기 〈활동 자료 12-①〉 - 눈을 감고 조용한 음악을 들으며 '집단상담 참여 전의 내 모습'과 '현재 나의 모습' 떠올리기 - 변화된 나의 모습과 그러한 변화를 가능하게 한 나의 강점 및 자원이 무엇인지 찾고, 이러한 변화로 자신감이 붙은 부분에 대해 정리하기 ◆ 미래의 나에게 편지 쓰기 〈활동 자료 12-②〉 - 미래의 나를 떠올리며 현재 나의 변화를 유지하기 위해 노력해야 할 점과 미래의 희망적인 모습에 관해 편지 쓰기 - 편지를 소리 내어 읽고, 다른 집단원의 다짐에 지지와 격려의 말을 해 주기	35 35	전체 전체
정리	◆ 집단상담 소감 나누기 〈활동 자료 1-④〉 - 오늘의 집단상담 경험에 대한 소감 나누기 - 경험보고서 작성하기	10	전체
유의 사항	- 집단의 리더는 집단원이 집단상담에서 무엇이 좋았는지, 무엇을 배웠는지 등 전체 프로그램에 대한 소감을 자유롭게 나눌 수 있도록 돕는다. - 집단원이 집단상담에 참여하면서 기록했던 활동 자료와 참고 자료 등을 모아 둔 파일을 보관하였다가 집단원에게 잘 돌려 줄 수 있도록 한다.		

12회기	변화된 나	별칭
활동 자료 12-①		

✎ 집단상담을 통해 변화된 나의 모습을 적어 봅시다.

집단상담 참여 전	현재

→

◆ 나의 변화에 가장 도움이 되었던 요소는 무엇인가요? 변화를 가능하게 한 나의 강점과 이로 인해 자신감이 붙은 부분을 적어 봅시다.

나의 강점	
가장 자신감이 붙은 부분	

12회기	미래의 나에게	별칭
활동 자료 12-②		

✎ 미래의 나를 떠올리며 현재 나의 변화를 유지하기 위해 노력해야 할 점과 미래의 희망적인 모습에 대해 편지를 써 봅시다.

To. 미래의 (   )에게

_____

_____

_____

_____

_____

_____

_____

_____

_____

_____

_____

_____

_____

제10장

생활지도 역량 향상 프로그램

1. 프로그램 개발 절차

　본 프로그램은 생활지도에 어려움을 겪으며 심리적으로 소진된 초등교사를 대상으로 생활지도 역량 향상을 지원하기 위하여 개발된 것으로, 초등교사가 생활지도 상황에서 겪을 수 있는 어려움을 덜어 궁극적으로 교사의 효능감을 높이고 심리적 소진의 회복과 예방에 기여할 수 있는 방향으로 구성하였다.

　구체적인 내용은 프로그램 개발 절차에 따라 효과적인 생활지도를 위해 초등교사에게 요구되는 지식, 기술, 태도의 전문성을 높이고 현장에서 학생들에게 활용할 수 있는 방법을 제시하였다.

　본 프로그램의 개발 과정은 기존의 학교상담 프로그램과 교사 대상의 집단상담 프로그램의 개발 절차를 분석한 후에 각 절차에서 강조하는 요소를 포함하여 다음과 같이 구성하였다. 다만 이 프로그램의 개발단계에 효과를 검증하는 평가단계는 포함되지 않았다.

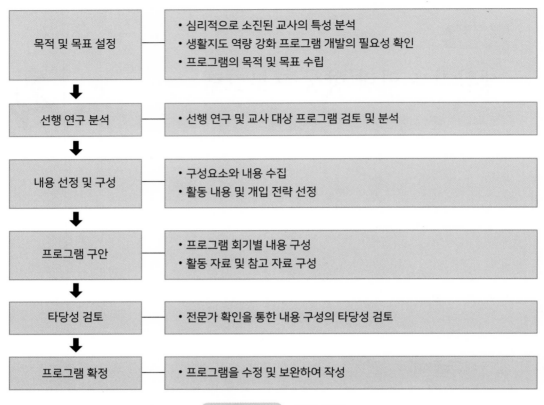

목적 및 목표 설정
- 심리적으로 소진된 교사의 특성 분석
- 생활지도 역량 강화 프로그램 개발의 필요성 확인
- 프로그램의 목적 및 목표 수립

선행 연구 분석
- 선행 연구 및 교사 대상 프로그램 검토 및 분석

내용 선정 및 구성
- 구성요소와 내용 수집
- 활동 내용 및 개입 전략 선정

프로그램 구안
- 프로그램 회기별 내용 구성
- 활동 자료 및 참고 자료 구성

타당성 검토
- 전문가 확인을 통한 내용 구성의 타당성 검토

프로그램 확정
- 프로그램을 수정 및 보완하여 작성

그림 10-1 연구 절차

2. 프로그램의 목표

프로그램의 목적
심리적으로 소진된 초등교사의 생활지도 역량 향상

프로그램의 하위 영역별 목표
첫째, 학생의 발달에 따른 문제행동 및 태도에 대해 수용하는 방법을 알 수 있다. 둘째, 학생과 원활한 소통을 위한 상담 기술을 익히고 적용할 수 있다. 셋째, 학생의 행동에 대한 대처 방안을 찾아 현장에서 효과적으로 지도할 수 있다. 넷째, 학생의 발달 수준에 맞게 공감하는 방법을 알고 적용할 수 있다.

하위 영역	회기	회기별 목표
프로그램 소개	1	집단상담의 목적과 참여 동기를 확인하고, 참여자 간의 어색함을 해소할 수 있다.
학생 이해 역량	2	자신의 경험 안에서 긍정적인 감정, 부정적인 감정을 느끼고 표현할 수 있다. 실패한 경험에 대한 높은 수준의 원인 분석을 통해 긍정적인 이야기를 만들 수 있다.
	3	학생의 심리적 특성과 행동을 이해할 수 있다. 학생의 내적 갈등을 드러내는 전형적인 징조를 발견할 수 있다.
	4	초등학생의 생활지도에서 활용할 수 있는 심리검사 방법을 익히고 현장에 적용할 수 있다.
학생 상담 역량	5	교사와 학생 간의 관계를 증진시킬 수 있는 활동을 체험하고 적용할 수 있다.
	6	생활지도의 기본이 되는 의사소통 유형을 파악한다. 교실에서 효과적인 의사소통 방법을 찾아 실습을 통해 익힌다.
	7	생활지도와 상담의 기본이 되는 상담 기술의 개념을 이해하고 적용할 수 있다.
학생 지도 역량	8	생활지도를 하면서 다루기 힘든 학생의 행동을 분석하고 효과적인 방법을 찾아 적용할 수 있다.
	9	생활지도의 구체적인 사례를 제시하고, 브레인스토밍으로 대안을 찾아보는 활동을 통해 현장에서의 대처 능력을 증진한다.
학생 공감 역량	10	학생상담의 기본이 되는 경청의 의미를 이해하고 체험하여 실제 교실에 적용할 수 있다.
	11	학생을 이해하는 마음을 표현하는 방법을 단계적으로 연습하고, 자신에게 익숙한 방식으로 변형하여 실제 적용할 수 있다.
평가 및 종료	12	프로그램을 통해 변화된 감정과 생각을 생활지도에 적용할 수 있다.

🔲 그림 10-2　**프로그램의 목적과 하위 영역별 · 회기별 목표**

3. 최종 프로그램

🍃 표 10-1 **최종 프로그램**

영역	회기	프로그램 제목	회기별 목표	활동 내용
프로 그램 소개	1	시작하기	• 집단상담의 목적과 참여 동기를 확인하고, 참여자 간에 어색함을 해소할 수 있다.	• 별칭 짓기 • 규칙 정하기 • 나 소개하기 • 생활지도 역량에 대한 경험 나누기
학생 이해 역량	2	나의 감정을 건강하게 돌보기	• 자신의 경험 안에서 긍정적인 감정, 부정적인 감정을 느끼고 표현할 수 있다. • 실패한 경험에 대한 높은 수준의 원인 분석을 통해 긍정적인 이야기를 만들 수 있다.	• 심리적으로 힘이 되는 대처 방안 찾기 • 좋은 생각 습관 만들기 • 긍정적 피드백하기 • 감정 돌보는 연습하기
	3	아이들의 마음 들여다보기	• 학생의 심리적 특성과 행동을 이해할 수 있다. • 학생의 내적 갈등을 드러내는 전형적인 징조를 발견할 수 있다.	• 학생들의 특성 떠올리기 • 초등학생의 심리 발달 특성 이해하기 • 내적 갈등을 드러내는 전형적인 징조 발견하기 • 학생의 이해 다시 쓰기
	4	아이들의 마음 읽기	• 초등학생의 생활지도에서 활용할 수 있는 심리검사 방법을 익히고 현장에 적용할 수 있다.	• 문장완성검사 실습하기 • 물고기 가족화 실습하기
학생 상담 역량	5	학생들에게 다가가기	• 교사와 학생 간의 관계를 증진시킬 수 있는 활동을 체험하고 적용할 수 있다.	• 사슬 풀기 놀이 • 그림으로 대화하기 • 새로운 이야기
	6	나의 의사소통을 알아보자	• 생활지도의 기본이 되는 의사소통 유형을 파악한다. • 교실에서 효과적인 의사소통 방법을 찾아 실습을 통해 익힌다.	• 의사소통 유형 검사 • 의사소통 연습
	7	상담 기술 익히기	• 생활지도와 상담의 기본이 되는 상담 기술의 개념을 이해하고 적용할 수 있다.	• 마음을 열어 주는 주의집중 하기 • 언어적 상담의 기술 이해하기 • 역할극으로 상담의 기술 연습하기
학생 지도 역량	8	생활지도에서 성공 경험 만들기	• 생활지도를 하면서 다루기 힘든 학생의 행동을 분석하고 효과적인 방법을 찾아 적용할 수 있다.	• 실패와 성공 경험 나누기 • 행동분석 방법 ABC 이해하기 • 구체적인 방법 찾기
	9	문제행동 마주하기	• 생활지도의 구체적인 사례를 제시하고, 브레인스토밍으로 대안을 찾아보는 활동을 통해 현장에서의 대처 능력을 증진한다.	• 문제가 되는 부적응 행동과 관련하여 실제 경험 나누기 • 문제해결 연습 • 브레인스토밍 • 자신의 생활지도 방법 구성하기
학생 공감 역량	10	효과적인 경청	• 학생상담의 기본이 되는 경청의 의미를 이해하고 체험하여 실제 교실에 적용할 수 있다.	• 경청하기 역할 연습하기 • 경청의 개념과 요소 이해하기 • 경청 반응 연습하기 • 경청 실습하기
	11	학생의 발달 수준에 맞게 공감하기	• 학생을 이해하는 마음을 표현하는 방법을 단계적으로 연습하고, 자신에게 익숙한 방식으로 변형하여 실제 적용할 수 있다.	• 공감 이해하기 • 감정과 정서 지각하기 • 이해하고 표현하기 • 공감 연습하기
마무리	12	다짐하기	• 프로그램을 통해 변화된 감정과 생각을 생활지도에 적용할 수 있다. • 나와의 약속을 앞으로도 지속적으로 지키도록 노력할 수 있다.	• 회기별 의미 되새기기 • 생활지도 계획 작성하기 • 격려하기

4. 프로그램의 실제

1회기	시작하기		
하위 영역	프로그램 안내 및 자기소개		
활동 목표	집단상담의 목적과 참여 동기를 확인하고 참여자 간의 어색함을 해소할 수 있다.		
준비물	활동 자료, 전지, 접착식 메모지, 필기구	시간 (분)	90분
단계	활동 내용	시간 (분)	집단 구성
도입	◆ 프로그램 안내 - 집단상담을 진행할 상담자에 대한 소개 - 집단원 간에 간단한 인사 나누기 - 프로그램의 목적과 진행 과정에 대한 설명	10	전체
전개	◆ 별칭 짓기 - 프로그램을 진행 동안에 집단에서 불리고 싶은 긍정적인 별칭 짓기	10	전체
	◆ 집단원이 함께 지켜야 할 규칙 정하기 〈활동 자료 1-①〉 - 집단상담 프로그램 진행 과정에서 지켜야 할 약속(비밀보장, 서로에 대한 존중, 적극적인 참여 등)을 제시하기 - 참여자들이 서로 의논하여 추가할 규칙을 정하여 완성하기	10	전체
	◆ 나 소개하기 - 자신의 별칭과 그 별칭에 대한 이유 발표하기 - 프로그램에 대한 기대, 변하고 싶은 것에 대해 이야기 나누기	25	전체
	◆ 생활지도 역량에 대한 경험 나누기 - 생활지도 경험을 떠올려 보고, 학생의 어떤 행동에 대해 어떻게 생활지도와 상담을 하였는지 생각해 보기 - 학생들을 지도하면서 어렵다고 느낀 것과 자신 있다고 생각하는 것을 각각 메모지에 적어 집단원 모두 전지한 장에 붙이기 - 공통적으로 작성한 의견에 대한 이야기 나누기 ＊수집된 생활지도의 내용은 추후 회기 운영에 사례로 반영	25	전체
정리	◆ 집단상담 소감 나누기 〈활동 자료 1-④〉 - 오늘의 집단상담 경험에 대한 소감 나누기 ◆ 다음 회기 설명 - 다음 회기에 대한 전반적인 설명하기	10	전체
유의 사항	- 자연스럽고 허용적인 분위기가 조성되도록 한다. - 집단원이 안전하고 지지 받는 공간이라고 인식할 수 있도록 한다. - 프로그램에 참여하는 의미에 대하여 자신에게 닥친 심리적 소진의 어려움에 맞서 회복하고 도약하고자 하는 용기를 보인 것임을 인식하게 한다.		

1회기	약속하기	별칭
활동 자료 1-①		

서약서

나는 이 집단상담 프로그램에 참여하면서 다음의 내용을 약속합니다.

1. 집단상담 프로그램에 성실히 참여하겠습니다.

2. 집단상담에서 나눈 이야기에 대하여 비밀을 꼭 지키겠습니다.

3. 다른 사람의 이야기를 경청하고 존중하겠습니다.

4. [   ]

5. [   ]

나는 이 프로그램에 적극적으로 참여하여
나의 [생활지도 역량] 향상을 위해 노력할 것을 약속합니다.

20   년   월   일

이름: (서명)

2회기	나의 감정을 건강하게 돌보기			
하위 영역	학생 이해 역량			
활동 목표	1. 자신의 경험 안에서 긍정적인 감정, 부정적인 감정을 느끼고 표현할 수 있다. 2. 실패한 경험에 대한 높은 수준의 원인 분석을 통해 긍정적인 이야기를 만들 수 있다.			
준비물	감정카드, 활동 자료, 참고 자료, 명상 음악	시간 (분)	90분	
단계	활동 내용	시간 (분)	집단 구성	
도입	◈ 오늘의 기분과 지난 한 주 동안에 느낀 감정 나누기 - 집단원 간에 별칭을 불러 주면서 인사를 나누고, 지난 회기 이후에 있었던 이야기로 부드러운 분위기를 만들기 ◈ 활동 안내 - 이번 회기의 활동에 대한 전반적인 내용 안내	10	전체	
전개	◈ 요즘 많이 느끼는 긍정적인 감정 - 감정카드를 활용하여 요즘 많이 느끼는 감정과 사건에 대해 이야기 나누기	10	전체	
	◈ 심리적으로 힘이 되는 대처 방안 찾기 〈활동 자료 2-①〉 - 학생 생활지도 경험 나누기 - 그 경험에 대한 감정과 자신에게 심리적으로 도움이 되는 방법을 구체적으로 찾아보기	20	전체	
	◈ 좋은 생각 습관 만들기 〈활동 자료 2-②〉 - 긍정적인 자기평가를 위해 주목해야 할 3가지 내용 이해하기 - 나쁜 일의 의미를 축소하고 좋은 일에 대해서는 일반화해서 받아들이는 연습하기	15	전체	
	◈ 긍정적 피드백하기 - 발표내용에 대해 서로 장점을 발견하고, 칭찬해 주고 싶은 부분 등을 서로 칭찬과 격려하기 - 자기 자신에게 스스로 격려하는 연습하기	15	전체	
	◈ 감정 돌보는 연습하기 - 이완 훈련 체험하기 〈참고 자료 2-①〉	10	전체	
정리	◈ 집단상담 소감 나누기 〈활동 자료 1-④〉 - 오늘의 집단상담 경험에 대한 소감 나누기 ◈ 다음 회기 설명 - 다음 회기에 대한 전반적인 설명하기	10	전체	
유의 사항	- 회복탄력성이 낮은 사람은 자신에게 닥친 크고 작은 불행한 사건에 대해 지나치게 개인적이고, 영속적이며, 보편적인 것으로 해석하는 경향이 있다. 긍정적인 이야기 만들기를 통해 자신을 부정적으로 생각하지 않는 연습을 할 수 있도록 격려한다. - 서로의 경험을 이해하고 인정한다. - 남의 생각, 성격 등의 차이를 발견하고 수용하면서 친밀감을 갖도록 한다.			

2회기	나의 경험 나누기	별칭
활동 자료 2-①		

※ 학생들을 지도하면서 갈등이 있었거나 어려웠던 경험, 긍정적인 결과를 가져왔던 경험을 떠올려 봅시다.

◆ 나를 위축되게 만든 경험

• 어떤 일이 있었나요?
• 그때 어떻게 대처하였나요?
• 그때의 경험을 떠올리면 지금의 마음은 어떠한가요?
• 지금 그 일을 다시 경험한다면 어떻게 대처하고 싶나요?   (심리적으로 힘들 때 도움이 되는 방법)

◆ 긍정적인 결과를 가져왔던 경험

• 어떤 일이 있었나요?
• 그때 어떻게 대처하였나요?
• 그때의 경험을 떠올리면 지금의 마음은 어떠한가요?
• 어떤 점이 긍정적인 결과로 이어졌다고 생각하나요? (나에게 도움이 된 점)

2회기	좋은 생각 습관 만들기	별칭
활동 자료 2-②		

- 실패는 누구에게나 일어날 수 있는 것이다. 나쁜 일은 나에게만 일어나고, 좋은 일은 어쩌다 우연히 일어난다고 의미를 축소하지 말자.
- 나만 실패하는 것이 아니라 실패한 사람들은 수두룩하다. 학생을 지도하면서 겪게 되는 어려움도 나에게만 생기는 것이 아니다. 비록 어떤 경우에는 실패할 수도 있지만 그렇다고 해서 내 인생의 모든 면이 다 실패한 것은 아니다.

※ 나쁜 일의 의미는 축소하고 좋은 일에 대해서는 더 크게 일반화하여 받아들이는 습관을 만들어 봅시다.

◆ 주목해야 할 세 가지 차원

개인성 대 비개인성	**나에게만** 일어난 일인가, 아니면 나를 포함하여 **누구에게나** 일어날 수 있는 일인가?
영속성 대 일시성	항상 그런 것인가, 아니면 **이번에만** 어쩌다 그런 것인가?
보편성 대 특수성	**모든 것, 모든 면에서** 다 그런 것인가, 아니면 **그것만** 그런 것인가?

[예시]

[상황] 열심히 준비한 학급 프로그램을 망쳤다.	
왜 나만 실패할까?	나만 실패하는 것이 아니다. 실패는 누구나 할 수 있다.
왜 나만 항상 실패할까?	이번에 어쩌다 실패한 것일 뿐이다.
왜 내가 하는 일들은 다 이 모양일까?	난 이 프로그램만 실패했을 뿐 다른 일들은 잘하고 있다.

◆ 연습

[상황] 주차한 차를 누군가 긁고 가 버렸다.

[상황] 우리 학급 학생들이 예상보다 훨씬 더 좋은 성적을 거두었다.

2회기	이완 훈련
참고 자료 2-①	

※ 각 간격마다 약 20초의 여유를 둡니다.

긴장은 풀되 깨어 있을 수 있는 편안한 자세를 취합니다.
눈을 살짝 감거나 눈을 뜨고 부드럽게 응시하세요.
자, 이제 눈을 감고 당신의 호흡에 집중해 보세요. 천천히 부드럽게 호흡하세요.
배로 호흡을 들이쉬고 내쉬세요. 호흡을 들이마실 때 아랫배를 부드럽게 당겨 보고, 호흡을 내쉴 때는 배를 내밀어 보세요. 넷을 세는 동안 호흡을 들이마시고, 다시 넷을 세는 동안에 호흡을 참고 있다가, 여덟을 세는 동안에 천천히 호흡을 내쉬어 보세요.
…몇 번을 반복해서 해 보시기 바랍니다.
…넷을 세는 동안에 호흡을 들이마시고, 다시 넷을 세는 동안에 호흡을 멈추고, 여덟을 세는 동안에 호흡을 내쉬고… 안전하고 행복한 느낌을 들이마시세요.

삶에서 감사하는 것들과 감사하는 사람들을 가만히 떠올려 봅니다.
온몸으로 감사를 음미하세요.
사람들이 당신에게 다정했던 순간들, 당신이 다른 사람에게 다정했던 순간들을 떠올려 보세요.
그 느낌을 온몸으로 음미하세요. 누군가에게 소중히 여겨지고 사랑을 받는다고 느낀 순간을 떠올려 보세요.

이제 당신이 누군가를 소중히 여기고 사랑한 순간을 떠올리고 그 느낌을 음미하세요.
당신을 무조건 사랑하는 사람, 함께 있으면 편안한 사람을 떠올려 보세요.
스승이나 절친한 친구, 연인, 배우자, 당신의 자녀일 수도 있고, 강아지나 고양이일 수도 있습니다.
누군가가 당신을 있는 그대로 인정하고 사랑해 준 과거 어느 때의 기억을 떠올려도 좋습니다.
그 사람이 열린 마음과 애정, 기쁨, 온정을 가지고 당신을 바라보고 있는 모습을 떠올려 봅니다.
당신을 향한 그의 애정과 인정을 받아들이고 있는 자신을 느껴 보세요.
이제 당신이 그 사람이 되어 그의 눈으로 당신 자신을 보고 있다고 상상합니다.
당신에게 흘러드는 그의 애정과 열린 마음을 느껴 보세요.
그 사람이 당신에게서 본 선한 본성과 고귀한 인간성을 자신에게서 느껴 보세요.
당신의 선한 마음에 집중해 봅니다.
편안하고 평화로운 느낌을 자각하면서 느긋하게 그 평화로운 공간으로 들어가세요.
모든 것을 자각하고 수용하는 이 드넓은 공간에서 오래된 반응 양식을 당신이 원하는 방향으로 얼마든지 바꿀 수 있습니다.

3회기	아이들의 마음 들여다보기		
하위 영역	학생 이해 역량		
활동 목표	1. 학생의 심리적 특성과 행동을 이해할 수 있다. 2. 학생의 내적 갈등을 드러내는 전형적인 징조를 발견할 수 있다.		
준비물	활동 자료, 참고 자료, 필기구	시간 (분)	90분
단계	활동 내용	시간 (분)	집단 구성
도입	◆ 활동 안내 - 이번 회기의 활동에 대한 전반적인 내용 안내 ◆ 집단에 참여하는 기분 및 기대 표현하기 - 집단에 참여하는 기분 및 기대를 형용사로 표현하기	15	전체
전개	◆ 학생들의 특성 떠올리기 〈활동 자료 3-①〉 - 지금 만나고 있는 학생들의 특성과 그 학생들을 만나는 자신의 상태에 대해 적어 보기 - 생활지도에 어려움을 느끼게 되는 학생들의 태도와 특성에 대해 이야기 나누기	20	조별
	◆ 초등학생의 심리 발달 특성 이해하기 〈참고 자료 3-①〉 - 참고 자료를 중심으로 간략한 강의 제공하기	15	전체
	◆ 학생들의 내적 갈등을 드러내는 전형적인 징조 발견하기 〈활동 자료 3-②〉 - 활동 자료의 내용에 자신이 〈활동 자료 3-①〉에서 기록한 특성을 찾아 표시하기 - 학생들의 내적 갈등에 대해 새롭게 알게 된 점과 이해한 부분을 집단원과 공유하기	20	조별
	◆ 학생의 이해 다시 쓰기 - 지금 만나고 있는 학생을 떠올려 보고, 학생의 발달 특성과 내적 갈등을 반영하여 글로 정리하기	10	개별
정리	◆ 집단상담 소감 나누기 〈활동 자료 1-④〉 - 오늘의 집단상담 경험에 대한 소감 나누기 ◆ 다음 회기 설명 - 다음 회기에 대한 전반적인 설명하기	10	전체
유의 사항	- 학생의 부적응 행동이 학교생활을 방해하기 위한 고의가 아니라 자신의 필요를 충족시킬 방법을 알지 못하기 때문이라는 측면에서 학생들의 행동을 이해할 수 있도록 한다. - 단, 그럼에도 불구하고 부적응 행동을 보이는 학생을 지도하면서 교사가 겪은 심리적 어려움에 대해 공감하며 지지한다.		

3회기	초등학생의 심리 발달 특성
참고 자료 3-①	

- 인간의 발달은 일생에 거쳐 진행되며 여러 가지 요인에 의해 영향을 받는데, 유전적 요인, 성향 등과 같은 생물학적 부분과 가족 구성, 경제적 조건과 같은 환경적인 부분으로 나눌 수 있다.
- 초등학생의 발달을 이해하기 위해 어느 한 부분만 분석하거나 관찰하는 것이 아니라 신체적·인지적·정서적·사회적 측면의 상호작용을 고려하여야 한다.

◆ 대표적인 발달 이론

이론	발달 단계	내용
Freud 심리 성적 발달 이론	잠복기 (6~12세)	• 가족 중심에서 친구를 포함한 인간관계로 확장 • 동성 중심의 또래관계 형성
Erikson 심리 사회적 발달 이론	근면성 대 열등감 (7~12세)	• 기초적인 인지 기술과 사회기술 습득 • 학교생활을 하면서 주의집중과 근면성 발달 • 또래들과 어울려 놀며 배우는 시기 • 인정과 격려를 통해 성취감을 기르는 시기
Piaget 인지발달이론	구체적 조작기 (7~11세)	• 구체적이고 실제적인 대상에 대한 논리적 사고 발달 • 보존 개념 획득 • 자기중심성에서 탈피하여 타인의 견해가 자신과 다를 수 있음을 인식하는 시기 • 규칙을 이해, 동의에 의해 변화 가능하다는 것을 인식 • 관계에 따라 순서를 이해하는 서열화, 사물 분류 개념 형성

◆ Kohlberg의 도덕성 발달 이론

1단계 처벌 피하기
• 처벌을 피하기 위해서는 규칙을 따라야 한다.

아동기의 특징

2단계 보상 또는 개인적 이득
• 개인적인 이득을 위해서 규칙을 따라야 한다.

3단계 '착한 아이' 지향
• 인정, 칭찬을 받기 위해 규칙을 따라야 한다.

4단계 사회적 질서유지
• 사회적 질서유지를 위해서 규칙을 따라야 한다.

5단계 타인 존중, 인권의 도덕성
• 규칙이 공정하다면 따라야 한다.
• 자신의 행동이 타인, 공공에 미치는 영향을 고려한다.

3회기	다시 아이들을 둘러보다	별칭
활동 자료 3-①		

- 지금 만나고 있는 학생들의 모습과 나의 모습을 적어 봅니다. 왼쪽에는 지금 내가 만나고 있는 학생들의 상태에 대한 느낌과 진단을, 오른쪽에는 그런 학생들을 보고 있는 자신에 대한 느낌과 진단을 세 가지씩 적어 봅시다.
- 이러한 활동은 학생들과 나 사이에 어떤 일이 일어나고 있는지 파악하는 데 도움이 됩니다.

[예시]

영역	요즘 아이들의 상태	아이들을 만나는 나의 상태
학습	• 책을 안 읽는다. • 학원 숙제에만 신경을 쓴다.	• 힘이 빠질 때가 있다. • 화가 날 때가 있다. 자책할 때가 있다. • 책 읽기를 강요하다가 속상해진다.
관계	• 편안하다. • 서로 챙겨 준다. • 약한 아이를 괴롭히기 좋아한다.	• 편안하다. 신기하고 즐겁다. • 감사하다. • 예의를 강조하느라 고리타분해진다.
정서 및 태도	• 정이 없다. • 이기적이고 개인적이다. • 무기력하고 불안하다. • 꿈이 없다.	• 정이 없어져 간다. • 아이들에게서 멀어진다. • 이기적이고 개인적으로 변해 간다. • 혼란스럽다. 공허하다. 답답하다.

영역	요즘 아이들의 상태	아이들을 만나는 나의 상태

3회기	학생 부적응 행동 이해하기	별칭
활동 자료 3-②		

- 학생들의 부적응 행동은 수업과 학교생활에 방해요인이 되고 받아들여지지 않지만, 부적응 행동은 학생의 내적 갈등을 표현한다는 점에서 학생들을 이해하기 위해 주목해야 한다.

- 학생들은 필요를 충족시키기 위한 잠재적인 시도로 내면의 갈등을 행동으로 드러내 보인다. 전형적인 통제 부족 행동은 공격성과 무례함, 약자를 괴롭히거나 지나치게 활동적인 태도 등으로 나타난다. 통제 부족의 징조는 타인에게 커다란 문제가 될 수 있으며, 학생이 정서적 장애를 겪고 있다는 분명한 징조이다.

- 학생들이 나타내는 정서적 갈등의 징조는 신체적 징조, 통제 부족 징조, 통제 과잉 징조의 세 갈래로 나누어 볼 수 있다(Humphreys, 2011).

- 앞의 〈활동 자료 3-①〉에서 기록한 내용을 중심으로 지금 만나고 있는 학생들에게서 나타나는 내용을 표시해 봅시다.

학생들의 내적 갈등을 드러내는 전형적인 징조		
구분(대상)		**내용**
신체적 징조		손톱 깨물기, 얼굴 찡그리기, 불안, 말더듬
		갑작스럽게 얼굴이 창백해지거나 붉어짐, 잦은 근육 경련
		신체적 협응 부족, 야뇨증, 빈번한 두통 호소
		복통 또는 기타 통증, 비만, 체중 감소, 식욕부진
		에너지가 부족해 보임
		갑작스런 소음에 펄쩍 뜀, 꾸며낸 행동을 하거나 잘난 척하는 태도
통제 부족	개인적인 징조	나이에 비해 지나치게 어리게 행동함
		지나친 활동성, 무책임한 행동, 충동적 행동, 말썽을 부림
		공부를 하고자 하는 노력의 부족, 단독 학습 불능, 공부를 혐오
		지나친 흥분, 웃음을 억제하지 못함, 주의산만
		도를 지나친 감정적 표현, 빈번한 악몽, 지나치게 빨리 말함
		학교 기물의 파괴, 책 손상, 욕설이나 음란한 언어
		벽에 음란한 낙서를 함, 거짓말, 커닝, 절도
		경험을 통해 교훈을 얻지 못함, 교실 밖의 활동을 선호함
		실수 및 실패에 대해 타인을 책망, 타인을 심하게 비난, 과시

〈뒷장에 계속〉

〈앞에서 이어짐〉

학생들의 내적 갈등을 드러내는 전형적인 징조			
구분(대상)			내용
통제 부족	대인 관계 징조	선생님	빈번하게 도움을 요청, 관심을 끌려고 함 선생님에 대해 일시적으로 과도한 집중 현상을 보임 선생님의 비위를 맞추려고 노력함 선생님과 따로 얘기를 나누기 위해 수업 시간 후에 남아 있음 교실에서 빈번한 파괴적 행동, 특별한 관심과 호의를 자주 요청 질문에 부적절한 답변, 교실에서의 거친 행동 과장되게 예의 바른 행동, 지속적인 허풍, 빈번한 자기합리화 비판을 받아들이지 못함, 선생님의 말을 오해함 선생님을 그릇되게 비난함, 무례하게 행동함 불공정한 대우에 대해 빈번하게 불평함 선생님의 동기에 대해 극단적으로 의심 요청을 받거나 행동을 수정하면 공격적인 분노를 폭발시킴 권위에 대해 분개, 규율에 대해 적대적 반응, 과시 독설이나 음란한 말, 동료 학생과 잦은 언어 및 신체적 다툼 다른 학생들이 자신을 좋아하지 않는다고 자주 불평
		다른 학생들	괴롭힘, 따돌림, 주제넘게 행동함, 웃기려고 애씀, 거칠게 행동함 어리거나 체구가 작은 학생들을 지배하고 통제함 음란한 이야기를 자주 함 성적인 문제에 대해 지나치게 관심을 쏟음
통제 과잉	개인 적인 징조	학생	극도의 수치심, 자신감 결여 또는 부재 혼자 있고자 하는 강한 성향, 학교 공포증, 심한 불안과 초조 소심함, 새로운 상황에 대한 두려움, 침묵 학교 행사에 참여하지 않음, 쉬는 시간에 홀로 지냄 학업에 지나치게 몰두, 빈번한 몽상, 과도한 걱정, 슬픈 표정 낮은 학습 동기, 다른 세계에 있는 것처럼 보임 강박적인 행동, 과도한 반응, 지나치게 소심함 성과에 대한 과도한 불안, 실수와 실패에 대한 과도한 고민 학업 결과에 몰입, 완벽하려고 함
	대인 관계 징조	선생님	인정과 칭찬에 시원하지 않은 반응 질문에 대해 부적절하게 대답, 말을 걸었을 때 반응하지 않음 교실에서의 자발적 참여 부재 또는 부족 한 선생님에게 지나치게 집착 선생님과의 접촉 부재 또는 부족, 도움을 요청하지 않음 비판에 대해 지나치게 예민한 반응을 보임, 쉽게 상처 받음 눈을 마주치지 않음, 질문에 답할 때 극도로 긴장 말하는 중간에 자주 말이 끊김
		다른 학생들	친구가 거의 없거나 전혀 없음, 동료 학생들이 공공연히 거부함 반대 성을 가진 학생을 회피, 학교 행사 불참, 팀 경기 회피 다른 학생들의 잦은 놀림감

4회기	아이들의 마음 읽기		
하위 영역	학생 이해 역량		
활동 목표	초등학생의 생활지도에서 활용할 수 있는 심리검사 방법을 익히고 현장에 적용할 수 있다.		
준비물	종이, 필기구, 문장완성검사지	시간 (분)	90분
단계	활동 내용	시간 (분)	집단 구성
도입	◆ 학생들과 긍정적인 상호작용을 돕는 놀이로 시작하기 - 이미지 게임: 프로그램을 함께하면서 관찰한 내용을 근거로 집단원 중 한 명의 긍정적인 면을 각자의 종이에 적어 보기 - 상담자가 읽어 주는 내용을 통해 누구에 대한 설명인지 맞히기 ◆ 활동 안내 - 이번 회기의 활동에 대한 전반적인 내용 안내 ◆ 집단에 참여하는 기분 및 기대 표현하기 - 집단에 참여하는 기분 및 기대를 형용사로 표현하기	15	전체
전개	◆ 문장완성검사 실습하기 〈활동 자료 4-①〉 - 검사 방법에 대해 설명하기 - 2명이 짝을 이루어 상대방의 검사를 바탕으로 평정기록지를 작성한 후에 결과에 대해 이야기 나누기 〈활동 자료 4-②〉 ◆ 물고기 가족화 실습하기 〈활동 자료 4-③〉 - 검사 방법에 대한 설명하기 〈참고 자료 4-②〉 - 상대방의 그림을 살펴보고, 해석 자료를 참고하여 자신의 느낌과 생각을 상대방에게 설명하기 〈참고 자료 4-③〉	35 30	조별 조별
정리	◆ 집단상담 소감 나누기 〈활동 자료 1-④〉 - 오늘의 집단상담 경험에 대한 소감 나누기 ◆ 다음 회기 설명 - 다음 회기에 대한 전반적인 설명하기	10	전체
유의 사항	- 물고기 가족화, 문장완성검사를 교사 자신이 직접 체험하도록 한다. - 검사 도구의 활용 방법을 익히기 위한 실습이므로 개인적인 내용을 노출하기 꺼려하는 집단원이 있다면 지도하는 학생 중 한 명을 대상으로 그 학생의 반응을 예상하여 반응하도록 한다. - 교사를 대상으로 하는 본 프로그램에서는 성인용 문장완성검사로 체험하고, 청소년용 문장완성검사 자료를 별도로 제공한다. 〈참고 자료 4-①〉		

4회기	문장완성검사	별칭
활동 자료 4-①		

문장완성검사 - 성인용

- 다음에 제시되어 있는 문장은 완성되지 않은 상태입니다.
- 문장을 읽으면서 가장 먼저 떠오르는 생각을 밑줄 친 부분에 기록하여 문장을 완성해 봅시다. 시간 제한은 없지만, 가급적 빨리 작성해 봅시다.
- 혹시 문장을 완성할 수 없는 경우에는 표시를 해 두었다가 나중에 완성해 봅시다.

1. 나에게 이상한 일이 생겼을 때 _____

2. 내 생각에 가끔 아버지는 _____

3. 우리 윗사람들은 _____

4. 나의 장래는 _____

5. 어리석게도 내가 두려워하는 것은 _____

6. 내 생각에 참다운 친구는 _____

7. 내가 어렸을 때는 _____

8. 남자에 대해 무엇보다 좋지 않게 생각하는 것은 _____

9. 내가 바라는 여인상은 _____

10. 남녀가 같이 있는 것을 볼 때 _____

11. 내가 늘 원하는 것은 _____

12. 다른 가정과 비교해서 우리 집안은 _____

13. 나의 어머니는 _____

14. 무슨 일을 해서라도 잊고 싶은 것은 _____

15. 내가 믿고 있는 나의 능력은 _____

16. 내가 정말 행복할 수 있으려면 _____

17. 어렸을 때 잘못했다고 느끼는 것은 _____

18. 내가 보는 나의 앞날은 _____

19. 대개 아버지들이란 _____

20. 내 생각에 남자들이란 _____

21. 다른 친구들이 모르는 나만의 두려움은 _____

문장완성검사 - 성인용

22. 내가 싫어하는 사람은 _____

23. 결혼생활에 대한 나의 생각은 _____

24. 우리 가족이 나에 대해 _____

25. 내 생각에 여자들이란 _____

26. 어머니와 나는 _____

27. 내가 저지른 가장 큰 잘못은 _____

28. 언젠가 나는 _____

29. 내가 바라기에 아버지는 _____

30. 나의 야망은 _____

31. 윗사람이 오는 것을 보면 나는 _____

32. 내가 제일 좋아하는 사람은 _____

33. 내가 다시 젊어진다면 _____

34. 나의 가장 큰 결점은 _____

35. 내가 아는 대부분의 집안은 _____

36. 나의 이상적인 남성상은 _____

37. 내가 성교를 했다면 _____

38. 행운이 나를 외면했을 때 _____

39. 대개 어머니들이란 _____

40. 내가 잊고 싶은 두려움은 _____

41. 내 평생 가장 하고 싶은 일은 _____

42. 내가 늙으면 _____

43. 때로 두려운 생각이 나를 엄습할 때 _____

44. 내가 없을 때 친구들은 _____

45. 생생한 어린 시절의 기억은 _____

46. 무엇보다도 좋지 않게 여기는 것은 _____

47. 나의 성생활은 _____

48. 내가 어렸을 때 우리 가족은 _____

49. 나는 어머니를 좋아했지만 _____

50. 아버지와 나는 _____

4회기	문장완성검사 평정기록지	별칭
활동 자료 4-②		

피검자명:　　　성별: 남 / 여　연령:　　세　날짜: 20　년　월　일　시간:　　～

• 부적절한 반응이나 발현된 갈등 등의 요소를 고려하고 **검사자의 판단에 근거하여** 해석적 요약을 작성합니다.

영 역	문항 번호	해석적 요약
어머니에 대한 태도	13, 26, 39, 49	
아버지에 대한 태도	2, 19, 29, 50	
가족에 대한 태도	12, 24, 35, 48	
여성에 대한 태도	9, 25	
남성에 대한 태도	8, 20, 36	
이성관계 및 결혼생활에 대한 태도	10, 23, 37, 47	
친구나 친지에 대한 태도	6, 22, 32, 44	
권위자에 대한 태도	3, 31	
두려움에 대한 태도	5, 21, 40, 43	
죄책감에 대한 태도	14, 17, 27, 46	
자신의 능력에 대한 태도	1, 15, 34, 38	
과거에 대한 태도	7, 33, 45	
미래에 대한 태도	4, 11, 16, 18, 28	
목표에 대한 태도	30, 41, 42	

출처: 강진령(2020).

4회기	문장완성검사
참고 자료 4-①	

문장완성검사 - 청소년용

- 다음에 제시되어 있는 문장은 완성되지 않은 상태입니다.
- 각 문장을 읽으면서 가장 먼저 떠오르는 생각을 밑줄 친 곳에 기록하여 문장을 완성해 봅시다. 시간 제한은 없지만, 가급적 빨리 작성해 봅시다.
- 혹시 문장을 완성할 수 없는 경우에는 표시를 해 두었다가 나중에 완성해 봅시다.

1. 내가 가장 좋아하는 사람은 _____

2. 내가 백만장자라면 _____

3. 이번 방학에 꼭 하고 싶은 것은 _____

4. 내가 신이라면 _____

5. 내가 앞으로 하고 싶은 일은 _____

6. 내 생애에서 가장 행복한 날은 _____

7. 만일 내가 지금 나이보다 열 살이 위라면 _____

8. 다른 사람들은 나를 _____

9. 내가 가장 우울한 때는 _____

10. 내가 가장 성취감을 느낄 때는 _____

11. 내가 가장 싫어하는 사람은 _____

12. 나를 가장 화나게 하는 사람은 _____

13. 담임선생님과 나는 _____

14. 아빠와 나는 _____

15. 엄마와 나는 _____

16. 친구들과 나는 _____

17. 내가 가장 두려워하는 것은 _____

18. 내가 가장 따뜻하게 느끼는 사람은 _____

19. 아무도 모르게 내가 원하는 것은 _____

20. 나는 공부는 _____

문장완성검사 – 청소년용

21. 내가 믿는 것은 _____

22. 집에 혼자 있을 때 나는 _____

23. 우리 엄마는 _____

24. 내가 가장 자신하는 것은 _____

25. 다른 사람이 내게 기대를 많이 하면 나는 _____

26. 언젠가 나는 _____

27. 우리 아빠는 _____

28. 우리 선생님은 _____

29. 내가 좀 더 어렸다면 _____

30. 요즘 나는 _____

31. 내게 제일 걱정되는 것은 _____

32. 나의 좋은 점은 _____

33. 나의 가장 나쁜 점은 _____

34. 내가 만약 외딴 곳에 혼자 살게 된다면 _____와 같이 살고 싶다.

35. 현재 나의 큰 즐거움은 _____

36. 나의 학교생활은 _____

37. 무엇보다도 좋지 않게 생각하는 것은 _____

38. 내 소원이 이루어진다면

　　첫째 소원은 _____

　　둘째 소원은 _____

　　셋째 소원은 _____

4회기	물고기 가족화
참고 자료 4-②	

◆ 물고기 가족화의 의미

• 학생들을 이해하고자 할 때 '나와 부모' '나와 형제', 그리고 '내가 느끼는 가족의 분위기'와 같은 역동성을 파악하는 것은 학생의 정서적 배경, 대인관계나 사회 적응도를 살펴볼 수 있다는 의미가 있습니다.
• 이는 가족관계나 또래관계를 이해하는 데 도움이 되며, 현재 심리적 갈등을 일으키는 존재를 파악하는 데에도 유용합니다.

• 그림은 심리검사에서 언어적 기능을 하는데, 말로 표현하기 어려운 감정, 심리적 압박 등을 저항 없이 나타낼 수 있습니다.
• 특히 어항 속의 물고기를 그리는 것은 그림에 자신이 없거나 사람 그리기를 어려워하는 경우, 표현력이 약한 초등학생들에게 부담을 주지 않으면서 활용하기에 적절합니다.
• 어항이라는 한정된 공간은 그들의 생활과 연관 지을 수 있으며, 물고기들의 여러 표현 방법을 통하여 가족 간의 역동성을 살펴볼 수 있습니다.

• 그림을 분석할 때, 같은 그림이라도 개인의 환경, 정서, 사물에 대한 인지도에 따라 다르게 해석될 수 있으므로 주의가 필요합니다.
• 자칫 그림을 기계적으로 해석할 경우에 성장기의 청소년들에게 결정적인 상처를 줄 수도 있습니다. 따라서 해석할 때는 반드시 내용에 대한 당사자의 설명을 먼저 들어 보고 학생이 처한 갈등과 억압의 상태 등을 이해하기 위해 사용해야 합니다.
• 그림의 전체적인 구조와 형태, 짜임새를 관찰하고 '내용에 의한 분석' '형태에 의한 분석' 등을 참고하면 학생을 다양한 측면으로 이해하는 데 도움이 됩니다.

◆ 물고기 가족화 그리기 개요
• 어항을 그려진 도식을 주고 그 안에 자신이 꾸미고 싶은 세계를 꾸며 보게 한다.
• 물고기와 물풀을 그려 넣어도 좋고, 물고기의 세계를 꾸며 넣어도 좋다.
• 단, 자신의 수족관이나 실물을 보고 그리지 않도록 한다.
• '나'를 포함한 물고기의 세계를 표현하는 것, 또는 자신의 가정에 대한 비유나 자신의 내면을 생각하면서 그리도록 안내해 주어도 괜찮다.

◆ 시행 방법

1. 세 가지 정도의 어항 형태의 그림을 미리 준비한 뒤 선호하는 모양을 선택하여 그릴 수 있도록 한다.

2. 가급적 연필과 12색의 색연필을 사용한다. 필압과 색채를 보기 위함이므로 크레파스, 사인펜, 볼펜 등은 피하는 것이 좋다.

3. 지시문

> "이 어항 속에 사는 물고기 가족을 그려 보세요. 반드시 물고기 가족이 무언가를 하고 있는 그림을 그려야 합니다. 그리고 색칠도 해 보세요. 자신이 꾸미고 싶은 대로 자유롭게 표현해 보세요."

4. 간혹 "다른 것을 그려도 괜찮나요?"라는 질문을 하면 "물고기들이 잘 살 수 있도록 그려 주세요" 혹은 "자기가 그리고 싶은 것이 있으면 마음대로 그려도 됩니다" 등으로 자유로운 분위기에서 그릴 수 있도록 한다.

5. 모두 그리고 난 후에 물고기가 가족 중 누구인지 쓰도록 한다. 그리고 그림의 뒷면에 누가 무엇을 하고 있는지 쓰도록 한다.

◆ 관찰 사항 및 주의 사항

• 그림을 그리는 데 방해가 되지 않도록 학생과 거리를 두고 관찰을 한다.
• 간혹 옆 사람과의 거리가 가까우면 보고 따라 그리는 경우가 있으므로 올바른 검사를 위하여 간격을 적당히 떨어뜨리는 것이 필요하다.
• 거의 완성될 즈음에 학생이 심경의 변화로 특정의 색채로 모두 덧칠해 버리는 경우가 발생할 수 있으므로 적당한 시기에 그림을 회수한다.
• 주위에 실제 어항이나 수족관이 있다면 보고 그릴 수 있으므로 주의해야 한다.

4회기	물고기 가족화	별칭
활동 자료 4-③		

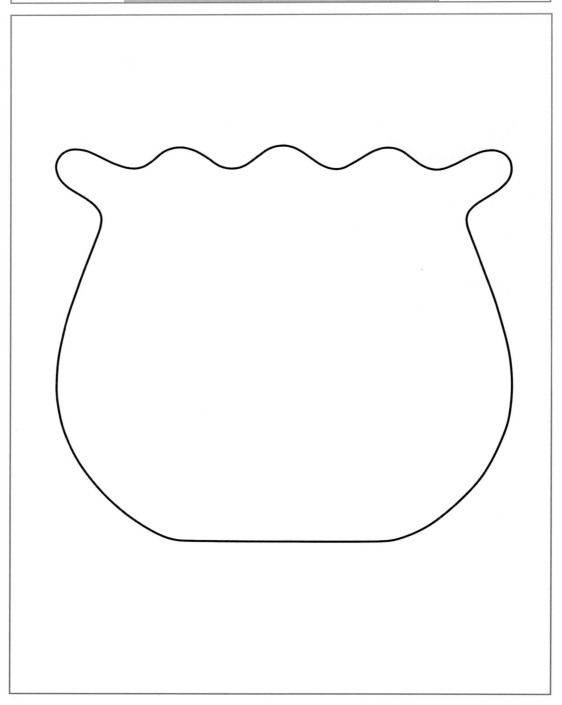

4회기	물고기 가족화 해석
참고 자료 4-③	

◆ 그리는 순서
- 그리는 물고기의 순서는 나와의 친밀도, 관심도, 혹은 가족 내의 중요도, 권위 정도로 해석될 수 있다.
- 가족 중에 그리지 않은 사람이 있는 것은 대상과의 불편한 관계를 나타낸다.
- 죽은 가족을 그리는 것은 잊을 수 없는 친밀한 관계를 나타낸다.

◆ 어항
- 어항의 물은 2/3 정도에서 어항을 넘지 않는 선까지 차지하고, 어항과 물고기가 조화롭고 동적이며, 공간이 여유롭고, 물풀 등 어항 속의 내용물들이 조화를 이룰 때 가장 안정적인 그림으로 해석할 수 있다.
- 어항 속의 물이 1/2 이하인 경우에는 정서적 결핍을 의심해 볼 수 있다.
- 주어진 어항 도식 외에 손잡이를 그린다거나 받침 등을 더하여 그리는 것은 불안 심리와 외부로부터 도움을 받기를 요청하는 안전에 대한 욕구로 해석된다.
- 어항을 꾸미지 않고 물고기만을 그리는 것은 또래관계에 대한 관심이나 복잡한 마음 등으로 보아야 하며, 반대로 어항을 꾸미는 것에 신경을 쓰면 가정보다는 밖에서의 생활에서 자신을 나타내고자 하는 욕구에 관심이 많다는 것으로 볼 수 있다.

◆ 물고기의 위치와 거리
- '나'를 중심으로 그렸을 때 '나' 위에 위치한 배열은 권위적·지배적인 상징이며, 수평적이거나 아래에 있으면 원만한 관계를 나타낸다. 극단적으로 하단에 위치한 경우는 그림을 그린 대상자가 힘이 없음을 상징한다.
- 처음 그린 물고기는 중요하거나 자신과 밀접한 관계가 있는 것으로 대개 중심에 부모가 크게 그려지는 경우가 많다(정상적인 표현).
- 자기 물고기를 먼저 그린 경우는 자아의식이 강한 경우로, 가족 내 자신의 위치와 역할을 인지하고 있는 경우를 나타낸다(정상적인 표현).
- 부모의 물고기를 비정상적으로 크게 그린 경우는 그 대상이 가정 내에서 양육의 주도권을 가지고 있거나 엄한 편이라고 볼 수 있다.
- 모든 물고기가 지나치게 크면 자기중심적이고, 외향적인 성격이며, 지나치게 작으면 자아가 약하고, 내성적인 성향을 나타낸다. 자신의 물고기를 지나치게 작게 그리는 것은 사랑을 받고 싶음, 퇴행(동생이 있는 경우), 의존적인 경우에도 나타난다.
- 물고기 간의 거리는 심리적 거리와 비례하여 가까이 그려진 물고기가 실제로도 가장 친숙한 관계로 해석하지만, 자신의 소망을 나타낸 것일 수 있음에 주의한다.
- 물고기들을 한 방향으로 그리거나 시선을 한 곳에 둔 채 모여 있는 그림 등이 이상적인 그림으로 해석할 수 있으며, 방향이 각기 다르게 흩어져 있는 경우는 가족 내 화목함이 상실되고 역동성이 부족함으로 해석할 수 있다.

◆ 물고기 특징
• 물고기의 몸에 모양을 넣어 화려하게 그리면 실제로 대상자가 화려함을 의미하지만, 전체의 표현이 지나치게 화려한 경우에는 실제로 그렇지 않은 것에 대한 보상 심리일 수 있음에 주의한다.
• 이빨을 드러낸 물고기는 공격적, 억압에 대한 불편한 감정을 나타내므로 그렇게 그려진 대상자와의 관계에 주목하도록 한다.
• 똥을 싸는 물고기는 욕구 불만이나 응어리를 어느 정도 분출하려는 상태이다.
• 아기 물고기나 임신한 엄마 물고기, 또는 새끼집을 그린 경우에는 유아기적 퇴행과 모성으로 귀의 욕구를 의미하는데, 현재의 상황을 파악하여 해석할 것에 주의한다.
• 고래나 새우 등은 자신의 가족과 다른 인물로서 폭력이나 위압을 나타낸다고 볼 수 있다. 특히 고래의 등에서 물을 뿜어내는 표현은 더욱 더 위압적이라고 할 수 있다.
• 물고기 먹이의 표현은 애정, 보살핌에 대한 욕구로 해석된다.
• TV 시청, 컴퓨터 게임, 공부 혹은 누워 잠자는 상황 등은 포위 양식에 해당되며, 대화의 단절과 무관심한 상태를 나타낸다(신문을 보거나 줄넘기, 그네를 타거나 등등).

◆ 물풀과 자갈
• 주요 과제인 물고기보다 다른 장식 표현을 먼저 그리는 경우는 요점에 집중하지 못하는 것으로 해석하는데, 이는 학습적인 부분과의 연관성이 많은 특징으로 학습에 있어서도 내용을 잘 이해하지 못하는 대상자인 경우가 많다.
• 지나친 물풀과 돌의 표현은 비사회화, 열등감의 경향성을 나타내며, 물고기 간의 분리 또는 포위를 위해 사용하는데 분리는 함께하고 싶지 않은 심리적 상태, 포위는 함께하고 싶은 심리적 상태를 의미한다.
• 물 위에 떠 있는 연잎이나 수련 잎을 크게 그리거나 어항 밖으로 무성하게 뻗은 수초를 그리면 나서고 싶지 않은 성격으로 대인관계의 어려움을 의미한다.

◆ 공기 방울
• 많은 기포는 대부분 스트레스로 해석된다. 즉, 마음의 답답함을 알아주었으면 하는 마음의 신호로 보인다.
• 방울을 크게 그린 것은 무딘 감정을 나타내며, 작으면서도 많이 그린 것은 타인에 대해 예민하게 반응하는 것으로, 원만하지 못한 또래관계를 의심해 볼 수 있다. 경우에 따라서는 건강 상태와 관련될 수 있다.
• 산소기는 의존적인 상태에 있을 때 강조하여 그리지만, 답답함을 호소할 때 등장하기도 한다.

출처: 유미, 정선화(2011).

5회기	학생들에게 다가가기			
하위 영역	학생 상담 역량			
활동 목표	교사와 학생 간의 관계를 증진시킬 수 있는 활동을 체험하고 적용할 수 있다.			
준비물	음악, 8절 도화지, 색연필	시간 (분)	90분	
단계	활동 내용	시간 (분)	집단 구성	
도입	◈ 활동 안내 - 이번 회기의 활동에 대한 전반적인 내용 안내 ◈ 집단에 참여하는 기분 및 기대 표현하기 - 집단에 참여하는 기분 및 기대를 형용사로 표현하기	10	전체	
전개	◈ 사슬 풀기 놀이 〈참고 자료 5-①〉 - 놀이에 대해 설명하고, 사슬 푸는 방법을 모둠원이 의논하여 발견하도록 하기 - 놀이 인원을 2명에서 시작하여 4명, 8명으로 확대해 나가기 - 조별 게임으로 진행하면 흥미를 유발할 수 있다. - 놀이 활동에 대한 소감 나누기 ※ 사슬 풀기 활동 시 혼자 비틀면서 풀려고 하면 안 되고 차례차례 풀어나 가야 한다는 것을 안내한다.	15	조별 전체	
	◈ 그림으로 대화하기 〈활동 자료 5-①〉 - 모둠원의 순서에 따라 자유롭게 그림을 그리며 완성해 나가기 - 모둠원끼리 의논하지 않고 자신의 마음이 움직이는 대로 작업에 참여하기	20	조별	
	◈ 새로운 이야기 - 모둠별로 완성된 그림을 보고 각자 떠오르는 대로 그림에 맞는 이야기를 만든 후 모둠 내에서 발표하기 - 모둠에서 가장 마음에 드는 이야기를 선정하여 전체 집단을 대상으로 발 표하기	30	조별 전체	
정리	◈ 집단상담 소감 나누기 〈활동 자료 1-④〉 - 오늘의 집단상담 경험에 대한 소감 나누기 ◈ 다음 회기 설명 - 다음 회기에 대한 전반적인 설명하기	15	전체	
유의 사항	- 교실에서 적용하기 전에 참여자들이 모든 활동을 충분히 체험하도록 하여 상담 활동 진행의 노하우나 진행 방법 등을 숙지할 수 있도록 한다. - 그림을 잘 그리는 것이 중요한 것이 아니므로 허용적인 분위기를 만들어 부담 없이 그리되, 학생들 사이에서도 서로 탓하거나 비난하지 않도록 주의한다.			

5회기	주요 활동 안내
참고 자료 5-①	

◆ 사슬 풀기 놀이
- 왼손은 손등이 보이도록, 오른손은 손바닥이 위로 보이게 한 다음에 엑스자로 교차시킨다.
- 왼팔이 위로, 오른팔이 아래로 가도록 두 명이 마주보고 손을 잡는다. 손을 떼지 않은 채 사슬을 푼다.
- 2명에서 시작하여 4명, 8명으로 확대해 나간다.

※ 사슬 풀기 활동 시 혼자 비틀면서 풀려고 하면 안 되고 차례차례 풀어 나가야 한다는 것을 안내한다.

◆ 그림으로 대화하기
- 8절 도화지를 모둠별로 배부한다.
- 그림 이어 그리는 활동은 어떤 사물 하나를 완성하는 것이 아니라 이야기가 있는 그림이 될 수 있도록 안내한다.
- 음악을 틀어 주고 모둠의 한 사람이 먼저 그리고 싶은 그림을 그린다.
- 음악은 10~30초가량으로 상황에 따라 조절한다.
- 음악이 멈추면 다음 사람에게 종이를 넘기고, 종이를 받은 사람은 음악이 흐르는 동안에 그림을 그린다.
- 모둠별로 모두가 그림을 그리면 그리기를 마친다.

5회기	그림 대화	별칭
활동 자료 5-①		

※ 짧은 음악이 들리는 동안에 한 사람씩 자유롭게 그림을 그립니다.

※ 음악이 끝나면 다음 사람이 그림을 이어 그립니다. 서로 의논하지 않고 진행합니다.

6회기	나의 의사소통 유형을 알아보자		
하위 영역	학생 상담 역량		
활동 목표	1. 생활지도의 기본이 되는 의사소통 유형을 파악한다. 2. 교실에서 효과적인 의사소통 방법을 찾아 실습을 통해 익힌다.		
준비물	의사소통 유형 검사지, 의사소통 유형 강의 자료	시간 (분)	90분
단계	활동 내용	시간 (분)	집단 구성
도입	◈ 활동 안내 - 이번 회기의 활동에 대한 전반적인 내용 안내 ◈ 집단에 참여하는 기분 및 기대 표현하기 - 집단에 참여하는 기분 및 기대를 형용사로 표현하기	10	전체
전개	◈ 의사소통에서 어려움을 겪었던 경험 나누기 - 자유롭게 자신의 경험을 이야기하기 - 다른 사람의 경험을 경청하고 지지적 반응하기	10	전체
	◈ 의사소통 유형 확인하기 〈활동 자료 6-①〉 - 의사소통의 방식이 제시된 표에서 자신의 경험에 비추어 자신과 유사한 문장에 표시하기 - 의사소통 유형과 관련한 진행자의 설명을 듣기 〈참고 자료 6-①〉 - 자신의 의사소통 유형에 대해 생각한 내용을 발표하기	25	개별 전체
	◈ 의사소통 연습 - 2명씩 짝을 이루어 자유로운 주제로 대화 연습하기(예: 가장 가 보고 싶은 곳, 기억에 남은 좋은 날) - 한 사람이 자신의 경험을 이야기하고, 다른 사람은 경청한 뒤 간단한 반응하기 - 대화를 하는 동안에 느꼈던 감정, 생각, 의사소통 유형과 방법의 개선을 도울 수 있는 방안에 대해 긍정적인 언어를 사용하여 피드백하기 - 〈참고 자료 6-②〉를 활용하여 문제해결 의사소통 연습하기	35	조별
정리	◈ 집단상담 소감 나누기 〈활동 자료 1-④〉 - 오늘의 집단상담 경험에 대한 소감 나누기 ◈ 다음 회기 설명 - 다음 회기에 대한 전반적인 설명하기	10	전체
유의 사항	- 상대방에게 피드백을 할 때 모호한 느낌보다는 구체적인 내용을 언급하는 편이 신뢰를 줄 수 있다. - 실제 교실 장면에서 경험하였거나 있을 법한 사례를 작성하여 실습 자료로 활용한다.		

6회기	나의 의사소통 유형	별칭
활동 자료 6-①		

◆ 나의 의사소통 경험 살펴보기

다음에 제시된 의사소통의 특징 중 갈등이 있거나 스트레스 상황에서 자신의 의사소통 모습을 생각해 보고 나와 유사하다고 생각하는 문장에 표시하세요.

구분	특징
A	• 자신의 감정은 무시하고 상대방의 기분을 맞추려고 애쓴다. • 상대방에게 반대하지 않으면서 언제나 비위를 맞추면서 말한다. • 자신의 욕구를 억압하며 자신은 별 게 아니라는 생각을 한다. • 자신은 편안하지 않더라도 다른 사람에게는 편안하게 대해 주려고 한다. • 중요한 타인을 통해서 자신의 의미를 찾으려 한다.
B	• 자기주장이 강하고 독선적이며 명령적이고 지시적이다. • 자신의 힘과 우월성을 과시하려는 욕구가 강하다. • 남의 잘못을 찾고 상대의 탓으로 돌리며 타인을 무시한다. • 다른 사람의 가치를 격하시키고 비난하며 자신과 상황에만 가치를 둔다. • 무조건 자신의 생각이 옳다는 식의 흑백논리가 강하다.
C	• 자신이나 다른 사람을 과소평가하는 경향을 갖는다. • 감정을 보이지 않고 기능적인 면에 강조점을 둔다. • 대부분 자료와 논리를 중요시하며 합리적 사고에 근거하여 따진다. • 다른 사람의 실수를 인정하지 않고 냉정하다. • 세상과 사람들을 신뢰하지 않고 권위적이며 경직되어 있다.
D	• 갈등이나 문제가 발생한 상황에서 아무런 문제가 없는 것처럼 장난을 치고 공연히 바쁜 듯 행동한다. • 생각 없이 책임 없는 말을 하거나 다른 사람 말과 맞지 않는 내용으로 의사소통을 하고 주의집중을 잘못한다. • 자신과 타인을 위한 모든 욕구들을 숨기고 상대방에게 웃음을 자아냄으로써 거부되지 않으려고 노력한다.
E	• 자기 자신이 중심이 되어 자신, 타인, 상황을 고려하여 반응한다. • 과거의 잘못을 들추지 않고 현재의 갈등 상황에 대해서만 말한다. • 다른 사람과 비교하면서 말하지 않는다. • 비아냥거리거나 잘못을 파헤치려 하지 않는다. • 나의 감정을 무시하지 않고 의견을 솔직하게 표현한다.

6회기	
참고 자료 6-①	의사소통 유형 설명

※ 활동 자료 6-①의 내용은 Satir의 이론에 근거한 의사소통 유형을 설명한 것으로 A 회유형, B 비난형, C 초이성형, D 산만형, E 일치형에 해당한다.

◆ 역기능적 의사소통 형태

	(A)회유형	(B)비난형	(C)초이성형	(D)산만형
언어적 표현	"제가 잘못했어요." "난 오로지 널 위해서 산다." "당신이 없으면 큰일이에요.	"모든 게 네 잘못이다." "넌 제대로 하는 게 없다." "문제가 뭐니?"	주어를 생략함 규칙과 옳은 것만 언급 추상적이고 긴 설명	초점이 없는 대화 주제가 바뀜 "내버려 두라."
정서 반응	구걸하는 느낌 자신없는 목소리와 자세	"내가 대장이다."	냉담한 마음, 조용하고 경직된 자세	혼란스러움, 마음은 콩밭에 있음
행동	사리, 변명, 양보, 우는 소리, 순교적, 모든 것 제공	공격적, 명령적, 약점 발견	권위적, 원칙주의, 의도적, 조작적	계속해서 움직이고 비스듬히 앉음, 주의 산만, 부산함, 공연히 끼어들어 주의를 끎
초점	자신을 무시 상황과 타인을 중시	다른 사람은 무시 자기와 상황은 중시	자기와 타인은 무시 상황만 중시	자기, 타인, 상황을 모두 무시
강점 (자원)	배려와 민감성	강한 자기주장	지적 능력과 논리성	낙천성, 창의력

◆ 일치형 의사소통(E)
• 역기능적 의사소통에 비하여 적응적이고 효율적인 의사소통 방식
• 언어적 · 비언어적으로 일치한 형태로 의사소통하여 말과 표정이 일치하여 표현한다.

◆ 의사소통 개선에 도움이 되는 방법

회유형	비난형
• 자기 지각하기, 자신의 욕구 감정 인식 • 책임의 인식 • 주장훈련 • 분노조절훈련	• 인지적 왜곡의 교정 • 자기 감정의 통찰과 감정 조절 • 정확한 규칙의 설정 • 경청훈련
초이성형	산만형
• 비언어적 표현에 대한 통찰력 • 신체이완훈련 • 공감훈련	• 감수성훈련-감정의 인식, 신체접촉 • 주의집중하기-명상 • 주장훈련

출처: 홍경자(2016).

6회기	문제해결을 위한 의사소통 연습
참고 자료 6-②	

1. 대화 요청하기
• 화자인 A가 경청자인 B와의 문제해결을 위해 대화를 요청하는 상황

2. 대화 환경 조성하기
• 방해받지 않고 대화에 집중할 수 있는 시간과 장소를 고른다.
• 둘이 마주보고 앉으면 A가 이야기할 주제를 한 문장으로 표현하고, B는 A가 말한 주제를 똑같이 반복한다.
• 대화할 때 지적하지도, 반박하지도, 저항하지도, 의심하지도 않는다. 경멸이나 비난, 비방을 철저히 금한다. 안전과 상호 존중을 최우선한다.

3. 말하고 경청하기
• A가 자신의 경험을 털어놓으면 B는 말이 끝날 때까지 존중하는 자세로 귀를 기울여야 한다.
• A는 그 경험에 영향을 미쳤을 자신의 주관적인 느낌이나 생각도 표현한다. B는 반박하거나 방어, 또는 자기 의견을 표현하거나 자신을 합리화하지 않는다. 또한 A는 그 사건의 사실 밑에 깔린 자신의 감정과 욕구에 초점을 맞추며 계속 말하되, 문제를 생각이 아닌 감정으로 표현하도록 한다.

4. 문제 요약하기
• B는 문제 전체를 간단히 요약한다. 문제를 명확하게 요약해서 진술하고 있다고 A가 인정할 때까지 B는 그 문제를 정확하게 설명한다.

5. 변화 요구하기
• A는 자신의 문제 밑에 깔린 정서적 욕구를 채워 줄 요구사항을 정확하게 표현한다. 이어서 정서적 욕구를 충족하기 위해 자신이 하려는 세 가지 행동을 말한다. 또한 B가 도와줄 수 있는 세 가지 행동을 언급한다.
• A와 B는 각자 그 세 가지 행동 중 하나를 골라서 일정 기간 동안에 실행한다. 각각의 요구는 성격이나 인격이 아니라 행동을 바꾸는 내용이어야 하며, 그 변화는 긍정적이어야 한다.
• 변화의 방향은 원치 않는 행동의 금지가 아니라 원하는 행동을 하도록 한다. 구체적이고 측정 가능한 기한을 정하여 행동의 변화가 언제 달성되었는지를 확인한다.

6. 끝까지 완수하기
• A는 변화 요구가 이행될 때 그것을 인정하고 감사를 표현할 책임이 있다.
• 상대방의 변화에도 정서적 욕구가 전혀 충족되지 않을 경우, A는 더 명확한 목표를 정해서 대화를 다시 시도할 수 있다.
• 그다음은 B의 차례가 되어 B는 동일한 규칙을 적용해서 대화 환경을 조성하고, 자신의 감정과 욕구를 전달하고, 여섯 가지의 행동 변화를 요구한다.

7회기	상담 기술 익히기		
하위 영역	학생 상담 역량		
활동 목표	생활지도와 상담의 기본이 되는 상담 기술의 개념을 이해하고 적용할 수 있다.		
준비물	활동 자료, 참고 자료, 필기구	**시간 (분)**	90분
단계	**활동 내용**	**시간 (분)**	**집단 구성**
도입	◈ 활동 안내 – 이번 회기의 활동에 대한 전반적인 내용 안내 ◈ 집단에 참여하는 기분 및 기대 표현하기 – 집단에 참여하는 기분 및 기대를 형용사로 표현하기	10	전체
전개	◈ 마음을 열어 주는 주의집중 하기 〈활동 자료 7-①〉 – 상대방에게 집중하며 의사소통하였던 경험 떠올리기 – 상대방의 이야기에 주의를 기울이며 신뢰감을 줄 수 있는 방법에 대한 이야기 나누기	20	조별
전개	◈ 언어적 상담의 기술 이해하기 〈참고 자료 7-①, ②〉 – 생각 반영해 주기: 재진술 – 감정 반영해 주기: 반영 – 나-전달법	20	전체
전개	◈ 역할극으로 상담의 기술 연습하기 〈활동 자료 7-②〉 – 2명씩 짝을 이루어 상황에 따른 상담의 기술을 연습하기 – 상황을 연습하면서 상대방의 기분은 어떨지, 나의 감정을 어떻게 표현하는 것이 좋을지 생각해 보기 – 역할극을 하면서 사용한 세 가지 기술의 진술문 작성하기 – 상담 기술을 사용하면서 느낀 점에 대해 이야기 나누기	30	조별
정리	◈ 집단상담 소감 나누기 〈활동 자료 1-④〉 – 오늘의 집단상담 경험에 대한 소감 나누기 ◈ 다음 회기 설명 – 다음 회기에 대한 전반적인 설명하기	10	전체
유의 사항	– 역할극을 진행할 때 제시된 상황 이외에 실제 경험한 사례도 다룰 수 있도록 안내한다. – 상담의 기술을 성공적으로 적용하기 위해 가장 중요한 것은 상대방에게 집중하여 경청하는 것임을 강조한다.		

7회기	마음을 열어 주는 상담의 기술	별칭
활동 자료 7-①		

※ 상대방에게 집중하며 의사소통하였던 경험을 떠올려 봅시다.
※ 주의집중 하며 이야기를 듣는 나의 태도는 상대방에게 신뢰감을 주고 자신의 마음을 열어 이야기를 하게 합니다.

◆ 주의집중 기술

• 상대방에게 관심을 기울이며 신뢰를 주는 주의집중 행동을 적어 봅시다.

구분	방법
얼굴 표정	
시선	
자세, 몸의 움직임	
거리, 공간	
억양, 어조	
이야기하는 속도	

7회기	공감하는 상담의 기술
참고 자료 7-①	

◆ 재진술

정 의	• 상대방의 말의 내용이나 의미를 반복 혹은 부연하는 것 • 상대방의 말과 유사한 단어로 더 구체적이고 명확하게 표현하기
사용 목적	• 명확히 하기, 초점 맞추기, 지지하기, 격려하기
방 법	• 제가 당신의 말을 들으니……. • 그건 마치 …처럼 들리는 군요. • 전 …인지 아닌지 궁금하네요. • 당신은 …라고 말하고 있군요. • 그래서 …….
예 시	• "요즘 친구들과 사이가 나빠졌다는 이야기로 들리는구나. " • "글쓰기 과제를 잘하고 싶었구나."
Tip	• 상대방의 말이 끝나면 재진술하기 전에 잠시 멈추기 • 느리고 지지적으로 재진술하기 • 다른 사람보다 지금 대화하고 있는 상대방에게 초점 두기 • 재진술할 때 다양한 형태로 하기

◆ 감정 반영

정 의	• 상대방의 감정을 명확하게 파악하는 것을 포함하여 상대방의 진술을 반복하여 말하고 재표현하는 것 • 비언어적 행동이나 상대방의 메시지 내용에서 추론하기도 함
사용 목적	• 감정을 파악하고 명확히 하기, 희망 심어 주기, 격려하기
방 법	• 나는 당신이 …을 느끼고 있는지 궁금합니다. • 당신은 …하게 들립니다(같습니다). • 그것은 당신이 …을 느끼는 것처럼 들립니다. • 당신은 …합니다. • 속상하지요(또는 적합한 감정 단어를 사용).
예 시	• "네가 열심히 노력했는데 알아주지 않아서 화가 났구나." • "친구들이 너를 놀릴까 봐 불안한 마음이 들었는지 궁금해."
Tip	• 기본적인 감정을 알기 위해 경청하기 • 가장 눈에 띄는 감정 포착하기 • 한 번에 한 개의 감정만을 반영하기 • 반영을 짧고 간단하게 하기

출처: Hill, C. E. (2013).

7회기	나-전달법
참고 자료 7-②	

◆ 나-전달법(I-message)이란
• 일의 상황이나 상태를 나의 감정 변화에 초점을 맞추어 이야기하는 방법
• 자신의 의사를 표현할 때 상대방을 비판하지 않고 다만 자신의 느낌과 요구사항을 담담하게 표현하는 것

◆ 나-전달법의 세 가지 구성 요소
• 수용 없는 행동에 대한 비난이나 비평 없는 서술(상대방의 행동)
• 그 행동이 나에게 미치는 영향
• 나의 감정이나 느낌, 나의 바람

◆ 나-전달법의 방법

단계	예시
① 상황을 객관적으로 묘사한다.	"네가 매번 지각을 하고 숙제를 해 오지 않으면 ……."
② 나의 감정을 표현한다.	"나는 몹시 짜증이 나고 화가 난다."
③ 그 이유를 설명한다.	"왜냐하면 나는 네가 성실하고 책임감 있는 학생이기를 바라기 때문이야. 그리고 나의 말을 조금이나마 존중해 주기를 바라기 때문이야."
④ 좀 더 구체적으로 요구하는 바를 말한다.	"그러니 앞으로는 수업 시간 5분 전까지 등교해 주겠니? 또 숙제를 일주일에 적어도 세 번은 해 오겠니? 그리고 이런 약속을 이행하기 힘들 때는 그 사정을 미리 나에게 이야기해 주기 바란다. 내가 너를 도와주고 싶거든. 알겠지?"

※ 주의 사항: '나-전달법'을 화가 난 어조로 사용하게 되면 역효과를 가져온다.

◆ 나-전달법의 효과
• 느낌의 책임을 말하는 사람 자신에게 돌림
• 말을 듣는 상대방에 대한 부정적 평가를 하지 않음
• 듣는 사람에게 방어가 일어날 가능성이 적음
• 말을 듣는 상대방으로 하여금 변화하려는 의지를 높일 가능성이 있음

출처: 홍경자(2016).

7회기	상담의 기술 연습	별칭
활동 자료 7-②		

※ 2명씩 짝을 이루어 다음에 제시된 상황에 대해 역할극을 해 봅시다.

※ 역할극을 하면서 세 가지 상담 기술을 어떻게 사용하였는지 적어 봅시다.

◆ 상황 1

> 학생: 공부하기가 너무 힘들어요. 학교 끝나고 바로 학원도 여러 곳을 다녀야 하는데, 맨날 왔다갔다만 하고 재미가 없어요. 학원 안 다니고 집에서 아무 생각없이 게임이나 하고 싶어요.

상담 기술	표현한 내용
재진술	
감정 반영	
나-전달법	

◆ 상황 2

> 학생: 저는 공부할 때 음악을 틀어 놓는 게 좋거든요. 그런데 엄마는 음악을 틀어 놓고 무슨 공부가 되겠냐며 자꾸 뭐라고 하세요. 제가 딴짓을 하는 것도 아니고 공부를 하는 건데 음악을 틀어 놨다고 문제가 되냐고요. 그럴 때마다 짜증이 나서 엄마하고 싸우게 된다니까요.

상담 기술	표현한 내용
재진술	
감정 반영	
나-전달법	

◆ 상황 3

> ※ 자유롭게 구성해 봅시다.

상담 기술	표현한 내용
재진술	
감정 반영	
나-전달법	

8회기	생활지도에서 성공 경험 만들기		
하위 영역	학생 지도 역량		
활동 목표	생활지도를 하면서 다루기 힘든 학생의 행동을 분석하고 효과적인 방법을 찾아 적용할 수 있다.		
준비물	활동 자료, 접착식 메모지, 필기구	시간 (분)	90분
단계	활동 내용	시간 (분)	집단 구성
도입	◆ 활동 안내 – 이번 회기의 활동에 대한 전반적인 내용 안내 ◆ 집단에 참여하는 기분 및 기대 표현하기 – 집단에 참여하는 기분 및 기대를 형용사로 표현하기	10	전체
전개	◆ 실패와 성공 경험 나누기 〈활동 자료 8-①〉 – 지금까지의 교직생활 중 다루기 힘들었던 상황과 대처 경험에 대해 이야기 나누기 – 앞의 상황 대처에 실패 또는 성공한 경험과 이를 극복한 경험을 자유롭게 다루면서 긍정적 요소와 부정적 요소를 발견하여 접착식 메모지에 적어 보기 – 생활지도를 시도하고 성공한 방법이 구체적으로 어떤 면에서 도움이 되었는지 이야기 나누기	20	전체
	◆ 행동분석 방법 ABC 이해하기, 강의 〈참고 자료 8-①〉〈활동 자료 8-②〉 – 다루기 힘든 학생을 떠올리고 부적응 행동을 분석하는 데 유용하게 사용되는 방식인 ABC 시스템에 의해 분석하기	20	전체
	◆ 구체적인 방법 찾기 – 현장에서의 경험을 이야기 나누면서 다른 집단원이 메모지에 작성한 내용을 보고 활동 자료에 자신이 적용해 보고 싶은 방법을 적어 보기 – 자신의 입장과 환경을 고려하여 현장에서 적용할 수 있는 방법으로 구체화하여 적어 보기	30	개별
정리	◆ 집단상담 소감 나누기 〈활동 자료 1-④〉 – 오늘의 집단상담 경험에 대한 소감 나누기 ◆ 다음 회기 설명 – 다음 회기에 대한 전반적인 설명하기	10	전체
유의 사항	– 사소한 일이라고 생각하는 내용이라도 생활지도를 위해 노력했던 경험을 떠올려서 이야기 나눌 수 있도록 격려한다. – 다른 집단원의 경험 중 자신이 잘할 수 있는 방법을 찾아 자신에게 맞추어 구체적인 방법을 작성하도록 돕는다.		

8회기	실패와 성공 경험 나누기	별칭
활동 자료 8-①		

※ 학교에서 생활지도를 하면서 시도하였던 방법을 떠올려 봅시다.

1. 그때의 상황과 시도하였던 방법은 어떠했나요?

2. 그 방법의 결과는 어떠했나요? (긍정적인 부분, 부정적인 부분 등)

3. 그 방법 중 특히 어떤 점이 긍정적인 결과에 도움이 되었는지 구체적으로 적어 봅시다.

※ 다른 사람들의 생활지도 방법을 보고 **자신에게 적용해 보고 싶거나 잘할 수 있을 것 같은 방법**을 적어 봅시다.

※ 자신의 상황을 고려하여 어떻게 바꾸어 적용할지 적어 봅시다.

8회기	ABC 분석
참고 자료 8-①	

◆ A(선행사건, Antecedent)
- 선행사건은 선생님과 학생 사이, 학생과 동료 학생 사이이든 부적응 행동이 시작되기 이전에 있었던 일이나 학생이 교실이나 학교에 들어오기 전에 있었던 사건을 뜻한다.
- 이 외에도 공격적인 생각이나 억압된 분노에 선행사건이 감춰져 있을 가능성도 있다. 학생의 부적응 행동을 부추기는 것은 이런 외적이나 내적인 사건인 경우가 많다.
- 이런 선행사건을 식별해 내면 부적응 행동을 보다 분명하게 이해할 수 있다. 예를 들어, 선생님은 자신이 사용하는 부정적인 언어 때문에 학생의 감정이 상했다는 사실을 깨달을 수도 있고, 학생은 자신이 해결되지 않은 상처를 마음속에 품고 있었기 때문에 감정적으로 폭발했다는 사실을 깨달을 수도 있다.
- 부적응 행동을 유발하는 자극을 사회적 상호작용에서 제거하려면 교정 조치가 이뤄져야 한다. 때로는 교실 환경의 일부가 부적응 행동을 유발하는 경우도 있다.
- 그 예로는 교실이 지나치게 덥거나, 괴롭히거나 왕따를 시키는 학생 옆에 앉았거나, 부과된 프로젝트를 수행하기에 장비가 부적절한 경우 등을 들 수 있다.

◆ B(행동, Behavior)
- 행동은 학생이 정확하게 한 일을 뜻한다. 상스러운 언어를 사용하거나, 숙제를 거부하거나, 수업 시간에 주의를 기울이지 않는 것 등이 포함된다.
- 행동을 보다 분명하게 정의하는 작업이 필요하다. 그래야 갈등 해결을 위해 학생에게 부과할 책임을 보다 수월하게 정의할 수 있기 때문이다.
- 앞에서 제시한 예에서 분명한 책임이라면 자신의 필요에 대한 적절한 의사소통과 숙제의 수용, 교실에서의 학습에의 몰두 등이 있을 수 있다.

◆ C(결과, Consequence)
- 결과는 행동에 따라 나타나는 것이다. 예를 들어, 학생의 학업상의 노력, 공손한 태도, 타인의 소유물에 대한 존중과 같은 책임 있는 행동은 선생님의 눈에 띄지 않는 경우가 많아서 무시되는 경향이 있다.
- 대부분의 가정과 교실은 학생의 책임 있는 행동을 충분히, 자주 강화하지 못한다. 학생의 책임 있는 행동을 강화하는 방법에는 사회적 강화, 유형의 강화, 상품 강화 등 여러 유형이 있는데, 책임감을 가지고 행동하려는 노력에 이런 강화 방법을 덧붙인다면 학생의 책임 있는 행동을 증가시키게 된다.
- 여러 유형의 강화 방법 가운데 사회적 강화(칭찬, 어깨 두드리기, 격려, 미소 등)가 가장 강력하다. 상품 강화에는 포인트, 크레디트, 별, 돈 등을 사용하는데, 사탕이나 장난감, 책, 극장표, 시내 외출 등과 같은 유형의 강화로 교환할 수 있다.
- 학생의 공격성에 대해 선생님의 공격성으로 반응하면 학생의 부적응 행동을 증가시키지만, 학생의 공격성에 전혀 관심을 기울이지 않으면 부적응 행동이 사라지거나 줄어드는 경우가 많다.

8회기	ABC 분석 연습	별칭
활동 자료 8-②		

◆ A(선행사건, Antecedent)

◆ B(행동, Behavior)

◆ C(결과, Consequence)

◆ 개선 방안

9회기	문제행동 마주하기		
하위 영역	학생 지도 역량		
활동 목표	생활지도의 구체적인 사례를 제시하고, 브레인스토밍으로 대안을 찾아보는 활동을 통해 현장에서의 대처 능력을 증진한다.		
준비물	활동 자료, 필기구	시간 (분)	90분
단계	활동 내용	시간 (분)	집단 구성
도입	◈ 활동 안내 - 이번 회기의 활동에 대한 전반적인 내용 안내 ◈ 집단에 참여하는 기분 및 기대 표현하기 - 집단에 참여하는 기분 및 기대를 형용사로 표현하기	10	전체
전개	◈ 교실에서 문제가 되는 부적응 행동과 관련하여 실제 경험 나누기 - 자신이 지도한 사례와 지도의 경험 나누기 - 경험을 떠올렸을 때 지금 알아차린 감정과 그 이유 표현하기	20	전체
	◈ 문제해결 연습 〈활동 자료 9-①〉 - 참여자 중 교사 역할을 할 사람과 학생 역할을 할 사람을 자원 받기 - 가상의 문제 상황을 제시하고 15분 정도의 시간 동안에 지원한 참여자는 교사가 되어 학생에게 생활지도와 상담을 적용하기 - 문제를 해결하는 과정에서 교사가 힘들어 하면 참여자 중 누구라도 대신하여 교사 역할을 할 수 있도록 하기	20	전체
	◈ 브레인스토밍 - 사례에 대해 집단원은 이야기 나누기를 통해 문제가 왜 발생했는지 이해하고, 구체적으로 어떻게 개입할 것인지 브레인스토밍하여 컨설팅해 보기	10	전체
	◈ 자신의 생활지도 방법 구성하기 - 해결하고 싶은 학생의 문제행동 적어 보기 - 다른 집단원과 함께 논의하여 해결 방법을 찾아보고 결과를 예측하여 적어 보기 - 구체적인 실천 계획 세우기 - 자신에게 맞는 방법을 생각해 보고, 현장에서 유용하게 적용될 수 있도록 작성해 보기	20	조별
정리	◈ 집단상담 소감 나누기 〈활동 자료 1-④〉 - 오늘의 집단상담 경험에 대한 소감 나누기 ◈ 다음 회기 설명 - 다음 회기에 대한 전반적인 설명하기	10	전체
유의 사항	- 구체적인 내용에 대해 비밀보장을 강조한다. - 문제해결 방안을 논의할 때 이전 회기에서 시도했던 방법을 고려하여 성공 경험과 자원을 활용할 수 있도록 돕는다.		

9회기	문제해결 역할극	별칭
활동 자료 9-①		

※ 교직생활에서 겪었던 갈등 상황 또는 문제 상황을 떠올리고 역할극을 해 봅시다.

◆ 상황

◆ 등장인물(※ 서로에 대한 생각, 감정, 태도를 함께 작성해 봅시다)

◆ 역할극의 결말, 그 이유는?

◆ 문제해결 방안 개선을 위한 브레인스토밍

10회기	효과적인 경청		
하위 영역	학생 공감 역량		
활동 목표	학생상담의 기본이 되는 경청의 의미를 이해하고 체험하여 실제 교실에 적용할 수 있다.		
준비물	활동 자료, 참고 자료, 필기구	시간 (분)	90분
단계	활동 내용	시간 (분)	집단 구성
도입	◆ 활동 안내 – 이번 회기의 활동에 대한 전반적인 내용 안내 ◆ 집단에 참여하는 기분 및 기대 표현하기 – 집단에 참여하는 기분 및 기대를 형용사로 표현하기	10	전체
전개	◆ 경청하기 대 딴청하기 역할 연습하기 〈활동 자료 10-①〉 – 3명씩 짝을 지어 상담자, 내담자, 관찰자의 역할을 하면서 경청하기와 딴청하기 역할을 연습하기 – 서로가 역할을 바꾸어 경험하기 – 역할을 하면서 배우게 된 점, 느낀 점에 대해 소감 나누기	30	조별
	◆ 경청의 개념과 요소 이해하기 〈참고 자료 10-①〉 – 경청의 정의, 경청을 위한 자세, 경청의 기술 – 경청에 방해가 되는 요인	10	전체
	◆ 경청 반응 연습하기 〈활동 자료 10-②〉 – 대화의 단절 요소가 되는 걸림돌 알아보기 – 나의 일상용어 중 Be 언어를 적어 보고, 상대방의 느낌 짐작하기	10	개별
	◆ 경청 실습하기 – 비판이나 판단, 평가 없이 상대방의 마음을 들어 주는 반영적인 경청 실습하기 – 평소 자신의 말하기와 듣기 태도를 생각해 보고, 실습을 통해 느낀 점과 생각 표현하기	20	조별
정리	◆ 집단상담 소감 나누기 〈활동 자료 1-④〉 – 오늘의 집단상담 경험에 대한 소감 나누기 ◆ 다음 회기 설명 – 다음 회기에 대한 전반적인 설명하기	10	전체
유의 사항	– 실제 교실 장면에서 있을 수 있는 사례를 실습 자료로 활용한다. – 실습한 내용에 대해 집단원 간에 피드백을 충분히 제공하여 구체적인 실천으로 이어지도록 격려한다.		

10회기	경청하기 대 딴청하기	별칭
활동 자료 10-①		

◆ 딴청하기 역할 연습

• 말하는 사람이 매우 중요하다고 생각되는 이야기를 임의로 만들어 열심히 한다.

• 이야기를 듣는 사람은 가능하면 과장된 행동으로 딴청을 부린다.

• 예: 시계 보기, 다른 사람과 이야기하기, 책 읽기

※ 딴청하기 역할 연습을 경험하면서 드는 생각과 느낌을 적어 봅시다.

◆ 경청하기 역할 연습

• 말하는 사람이 자신에게만 의미 있는 이야기를 상대방에게 들려 준다.

• 이야기를 듣는 사람은 경청하는 반응을 보이도록 노력한다.

• 예: 시선 마주치기, 고개를 끄덕이거나 '그래요'와 같은 반응 보이기

※ 경청하기 역할 연습을 경험하면서 드는 생각과 느낌을 적어 봅시다.

10회기
참고 자료 10-①

경청하기

◆ **경청이란**
- 경청한다는 것은 상대방의 대화에 귀를 기울여 듣는 것 이상을 의미
- 언어적이고 명확한 내용을 파악하는 것은 물론이고, 상대방의 몸짓, 얼굴 표정, 그리고 음성의 변화를 섬세하게 알아차리고 언어로 표현되지 않은 메시지를 적극적으로 감지하는 것

◆ **경청을 위한 자세**
- 거부감을 주지 않을 정도로 가까이 다가가 앉기
- 말하는 중간에 가로채지 않고 끝까지 듣기
- 온화하고 부드러운 시선으로 신뢰감 표현하기
- 잘 듣고 있다는 표시로 고개를 끄덕이거나 간단한 언어 반응하기('아' '그래' '그렇구나' 등)

◆ **경청의 기술**

단계	내용
주의 기울이기(attend)	• 상대방을 바라보면서 진지하게 귀 기울이기 • 상대방의 비언어적인 것에도 주의를 기울여 그 의미를 파악하기
인정하기(acknowledge)	• 끄덕이기, '아~하'와 같은 반응하기 • 말로 표현하지 않은 감정이나 소망에 대해 언급하기 • 상대방의 반응이 정확한지 관찰하기
정보 요청하기(invite)	• 부드러운 지시, 진술 • 질문을 유도하면서 좀 더 이야기를 하도록 격려하기
요약하기(summarize)	• 자신의 말로 요점을 반복하기 • 정확성을 위해 상대방의 반응에 주시하기
개방질문하기 (open question)	• 빠진 질문 보충하기, 정확한 해석을 위해 확인하기 • 일관성 없는 메시지를 명확히 하기 • '왜'라는 질문 피하기

◆ **경청에 방해가 되는 요인**
- 다른 사람이 하는 말의 내용을 진정으로 듣고자 하는 의사가 없는 것
- 상대방에게 전적으로 주의를 기울이는 대신에 자기가 다음에 하고 싶은 말을 생각하고 있는 것
- 자신의 역할, 또는 자기가 상대방에게 어떻게 보이는지에 대하여 지나치게 신경을 쓰는 것
- 공감적인 태도 없이 상대방을 판단하고 평가하는 것

10회기	경청 반응 연습	별칭
활동 자료 10-②		

◆ 자신 또는 가까운 사람이 자주 사용하는 일상 용어 중 Be 언어를 3가지 적어 봅시다.
• 그 말을 듣는 사람은 어떤 느낌이나 생각을 갖게 될지 짐작해 보고 내용을 적어 봅시다.

> ※ **Be 언어:**
> • 상대방의 행동을 전반적인 성격 특성이나 인격으로 확대시켜서 표현하는 말로, 하나의 행동을 전반적인 특성으로 일반화하는 경향이 있음.
> • 상대방은 자신의 인격이 평가된 듯한 느낌을 받게 되어 감정이 손상될 우려가 있음.

일상 용어	상대방의 느낌
예: 너는 도대체 몇 번을 말해야 되니?	스스로 하지 못하는 사람이 된 것 같은 생각이 들고, 무시당하는 것 같은 감정을 느낌
1.	
2.	
3.	

◆ 일상 용어 바꾸기
• 눈 마주치기, 고개 끄덕이기, 적절한 맞장구치기 등과 같이 경청하고 있다는 신호를 보내는 것과 함께 무심코 가볍게 사용하는 말을 바꾸어 적절한 경청 반응을 적어 봅시다.

잠재적 의미	상처 주는 말	바꾸어 말하기
열등감을 부추기는 말	너는 왜 이것 밖에 못하니?	
비꼬는 말	네가 하는 일이 다 그렇지 뭐. 네가 퍽이나 잘하겠다.	
부정적인 예언, 포기를 암시하는 말	어디 며칠이나 가는지 두고 보자.	

11회기	학생의 발달 수준에 맞게 공감하기		
하위 영역	학생 공감 역량		
활동 목표	학생을 이해하는 마음을 표현하는 방법을 단계적으로 연습하고, 자신에게 익숙한 방식으로 변형하여 실제 적용할 수 있다.		
준비물	활동 자료, 참고 자료, 필기구	시간 (분)	90분

단계	활동 내용	시간 (분)	집단 구성
도입	◈ 활동 안내 - 이번 회기의 활동에 대한 전반적인 내용 안내 ◈ 집단에 참여하는 기분 및 기대 표현하기 - 집단에 참여하는 기분 및 기대를 형용사로 표현하기	10	전체
전개	◈ 공감 이해하기 〈참고 자료 11-①〉	10	전체
	◈ 감정과 정서 지각하기 - 글을 읽고 상대방의 기분 알아차리기 연습하기 〈활동 자료 11-①〉 - 상대방의 말 속에 담긴 감정을 찾는 방법 　① 느낌의 일반적인 범주를 찾는다(예: 긍정적이다, 부정적이다). 　② 느낌의 상세한 종류를 찾는다(예: 불안하다, 들떠 있다). 　③ 느낌의 강도를 서술한다(예: 꽤, 아주, 약간, 상당히). 　④ 상대방의 말에서 느낌을 표현하기 위해 사용한 단어와 같은 의미의 감정 단어를 찾는다. 　⑤ 상대방이 사용하는 어휘의 범위 내에 있는 단어를 사용하여 느낌을 표현한다.	25	조별
	◈ 이해하고 표현하기 〈활동 자료 11-②〉 - 상대방의 기분과 느낌을 알아차리고 그가 표현한 느낌과 감정을 반영하기 - 공식적인 형태에 맞추어 '반응하기'를 연습하고 자신의 방식대로 '나의 말로 표현하기'로 자연스럽게 바꾸어 보기	25	조별
	◈ 공감 연습하기 〈참고 자료 11-①〉 -3명씩 짝을 지어 자신의 경험을 나누고, 듣는 사람은 경험에 대한 공감적 이해를 바탕으로 피드백을 한다.	10	조별
정리	◈ 집단상담 소감 나누기 〈활동 자료 1-④〉 - 오늘의 집단상담 경험에 대한 소감 나누기 ◈ 다음 회기 설명 - 다음 회기에 대한 전반적인 설명하기	10	전체
유의 사항	- 상대방의 말을 평가하거나 비난하지 않으면서 상대방이 말한 의미를 이해하기 위해 집중한다. - 막연하게 느껴지는 공감을 구체적인 언어로 표현하는 연습을 하고, 자신의 방식대로 자연스럽게 표현할 수 있도록 연습한다.		

11회기	**공감**
참고 자료 11-①	

◆ 공감
- 자신이 직접 경험하지 않고도 다른 사람의 감정을 거의 같은 내용과 수준으로 이해하는 것
- 상대방의 입장에서 느끼려고 노력해야 하며, 아는 것에서 그치지 않고 전달하는 것이 중요

◆ 공감의 방법
- 상대방의 입장에서 → 그의 감정이 어떠할지 이해하고 → 직접 말로 전달한다.

◆ 감정적 공감 발달단계(Hoffman, 2000)
1. 흉내 내기(mimicking) 단계
2. 자신의 고통을 통해 타인의 고통을 경험하는 단계
3. 다른 사람의 고통을 통해 자신이 예전에 고통스러웠던 경험을 기억하여 동요하는 단계
4. 언어를 묘사하여 상대방을 위로하는 단계
5. 역할 수용의 인지적 과정을 정서적으로 공감하는 단계

◆ 인지적 영역의 공감 발달단계(Selman, 1980)
1. 자아중심적 관점의 공감
2. 타인이 자신과 다른 방식의 생각을 가지고 있음을 인식하는 단계
3. 다른 사람의 행동과 의도를 그 사람의 상황에서 인식하는 단계
4. 자신이 아닌 다른 사람의 관점이 존재함을 인식하는 단계
5. 사람마다 복잡한 자기체제(self system)가 있음을 이해하는 단계

[예시] "친구와 말다툼해서 서로 말도 안 하고 지내요. 화해하고 싶은데 그게 잘 안 돼요."

NO 👎	1수준	"너 성격이 까다롭구나? 그러니 친구가 있겠어?"
	2수준	"그 친구랑 사이가 안 좋아졌구나. 친구 문제는 네가 알아서 잘해야지."
YES 👍	3수준	"친구와 말다툼을 하고 나서 마음이 편치 않은 모양이구나."
	4수준	"사소한 일로 말을 안 하고 지내려니 마음이 편치 않고, 말을 걸고 싶은데 그게 잘 안 되나보구나."
	5수준	"말다툼을 했지만 지나고 보니 후회도 되고 그 친구와 그전처럼 친하게 지내고 싶은 생각도 드는구나."

◆ 공감의 가치
- 상담자가 공감해 줄 때 내담자는 상담자가 자신의 말을 매우 관심 있게 경청하고 있으며, 자신을 이해해 주기를 갈망하는 마음을 충분히 납득하고 있다는 사실을 깨닫게 된다.

11회기	알아차리기 연습	별칭
활동 자료 11-①		

※ 다음의 사례에서 이 사람은 어떤 감정을 느끼고 있는지 적어 봅시다.

> 교사: "저는 어제 일로 저 자신에게 화가 나요. 몸도 피곤하고, 마음도 지치고, 괜히 짜증만 나는 날이었어요. 급기야 수업에 들어가서 학생들에게 화를 내고 야단을 쳤어요. 평소라면 그냥 넘어갔을 만한 일이라서 아이들도 당황스러워 하더라고요. 하지만 이미 화를 낸 뒤라 모두 학생 탓인 것으로 몰아붙이고 말았어요."

◆ 지금 이 사람의 기분과 느낌은 무엇인가요?

_____

◆ 그것을 어떻게 알 수 있나요?

_____

> 학생: "학교를 왜 다녀야 하는지 모르겠어요. 저는 하고 싶은 것도 없고, 잘하는 것도 없고…… 친구들도 저를 별로 좋아하지 않아요. 수업 시간에 제가 모둠에 들어가면 저한테는 아무것도 하지 말고 그냥 있으라고 하고."

◆ 지금 이 사람의 기분과 느낌은 무엇인가요?

_____

◆ 그것을 어떻게 알 수 있나요?

_____

> 학생: "집에 가면 거의 제 방에만 들어가 있어요. 엄마가 소리를 지르면서 말하는 것도 듣기 싫고, 어리다고 무시하는 것도 싫어요. 그런데 방에 들어가 있으면 뭐하냐고 또 노크도 없이 불쑥 들어오잖아요. 나가라고 그러면 소리친다고 뭐라고 하고……."

◆ 지금 이 사람의 기분과 느낌은 무엇인가요?

_____

◆ 그것을 어떻게 알 수 있나요?

_____

11회기		별칭
활동 자료 11-②	이해하고 표현하기	

※ 상대방에게 반응할 때 상대방이 말하는 내용을 잘 듣고 있을 뿐만 아니라 심층적인 느낌까지도 이해하고 노력한다는 사실을 표현합니다. 처음에는 다소 기계적인 것처럼 보일 수 있으나 이렇게 시작하여 점점 자연스럽게 자신의 표현으로 말할 수 있게 연습합니다.

〈보기〉

> 학부모: "우리 애가 아침마다 학교를 가지 않으려고 해요. 어떤 날엔 정말 몸이 아파서 학교를 못 가기도 합니다."

- 반응하기: 자녀가 학교 가기를 싫어하는 **것 때문에** 많이 걱정스럽**게 느끼는군요**.
- 나의 말로 표현하기: 아이가 학교를 가지 않으려고 해서 어머님이 많이 걱정되시겠어요.

> 학생: "학원 숙제까지 다해 놓고 온라인 게임을 좀 하고 있었는데, 엄마는 게임하는 모습만 보고 무작정 야단부터 치시는 거예요."

- 반응하기: ＿＿＿＿＿＿＿하기 때문에 ＿＿＿＿＿＿＿＿＿＿＿하게 느끼시는군요.
- 나의 말로 표현하기

＿＿＿＿＿＿＿＿＿＿＿＿＿＿＿＿＿＿＿＿＿＿＿＿＿＿＿＿＿＿

> 학생: "애들이 저를 별로 좋아하지 않아요. 저한테 먼저 말을 거는 애들도 없고, 저를 끼워 주지도 않아요."

- 반응하기: ＿＿＿＿＿＿＿하기 때문에 ＿＿＿＿＿＿＿＿＿＿＿하게 느끼시는군요.
- 나의 말로 표현하기

＿＿＿＿＿＿＿＿＿＿＿＿＿＿＿＿＿＿＿＿＿＿＿＿＿＿＿＿＿＿

> 학생: "공부가 지겨워요. 초등학교 다니는 내내 매일 공부하라고 하고. 학교 끝나면 학원 가고, 학원 숙제하다가 잠드는데 학원 숙제는 밀리고. 그러면 또 혼나고요. 이제는 공부가 지겨워서 저를 좀 내버려 두면 좋겠어요."

- 반응하기: ＿＿＿＿＿＿＿하기 때문에 ＿＿＿＿＿＿＿＿＿＿＿하게 느끼시는군요.
- 나의 말로 표현하기

＿＿＿＿＿＿＿＿＿＿＿＿＿＿＿＿＿＿＿＿＿＿＿＿＿＿＿＿＿＿

12회기	다짐하기		
하위 영역	마무리		
활동 목표	1. 프로그램을 통해 변화된 감정과 생각을 생활지도에 적용할 수 있다. 2. 나와의 약속을 앞으로도 지속적으로 지키도록 노력할 수 있다.		
준비물	활동 자료, 필기구	시간 (분)	90분
단계	활동 내용	시간 (분)	집단 구성
도입	◆ 활동 안내 – 이번 회기의 활동에 대한 전반적인 내용 안내 ◆ 집단에 참여하는 기분 및 기대 표현하기 – 집단에 참여하는 기분 및 기대를 형용사로 표현하기	10	전체
전개	◆ 회기별 의미 되새기기 – 주제를 다시 한 번 짚어 보고 의미 되새기기 – 프로그램에서 느낀 점, 변화된 나의 모습, 장점, 단점, 앞으로 바라고 싶은 이야기 나누기	20	전체
	◆ 생활지도 계획 작성하기 〈활동 자료 12-①〉 – 집단상담 프로그램에서 학습한 내용을 바탕으로 학생 생활지도에 적용할 계획을 작성한다.	20	개별
	◆ 격려하기: 한 가지씩 상대방의 의사를 존중하는 마음을 담아 구체적으로 집단원의 용기에 관련된 격려를 하고, 격려는 릴레이로 실시한다. – 격려 릴레이: 집단원끼리 서로 칭찬해 주고 싶은 부분은 칭찬과 격려를 하고, 칭찬과 격려를 통해 자신을 긍정적으로 평가하고 자신감을 갖도록 한다. – 나의 변화된 자신의 감정 보기: 내가 이제까지 어떤 변화를 가져왔으며, 나의 마음은 어떠하였는지 활동 자료를 통해 표현하고 기록하면서 돌아볼 수 있고 정리할 수 있는 기회를 갖는다.	30	전체
정리	◆ 집단상담 소감 나누기 〈활동 자료 1-④〉 – 오늘의 집단상담 경험에 대한 소감 나누기	10	전체
유의 사항	– 성실하게 프로그램에 참여한 것을 격려하고 성취감을 느끼도록 지지한다. – 집단상담을 통해 느낀 점과 어떤 점이 좋아졌는지 자유롭게 이야기할 수 있는 허용적인 분위기를 만든다. – 변화를 계획하고 유지할 수 있는 활동을 구체적으로 찾도록 돕는다.		

12회기	생활지도 계획 작성하기	별칭
활동 자료 12-①		

◆ 생활지도 영역(주제)

◆ 측정 가능한 목표 설정

◆ 목표 실행을 위한 내용과 활동

◆ 준비물

제11장

긍정심리자본 향상 프로그램

1. 프로그램 개발 절차

　본 연구는 박인우(1995)의 집단상담 프로그램 개발 모형을 바탕으로 조사, 분석, 설계, 구안, 적용의 과정을 거쳤다. 이 장에서 소개되는 프로그램은 다음 순서로 진행된다. 일련의 연구 절차를 도식화하면 [그림 11-1]과 같다.

1 시작하는 나와 만나기	**2** 상처받은 교사
3 강점 위에 설계하기	**4** 나만의 스트레스 관리 방법
5 넘어진 자리에서 일어서기	**6** 인적 그물망 탐색
7 한 줄 해결상자 책	**8** 나의 SWOT
9 나의 비합리적 신념 바꾸기	**10** 자기주장 훈련
11 나의 교직 인생 시	**12** 긍정심리 자본 지도

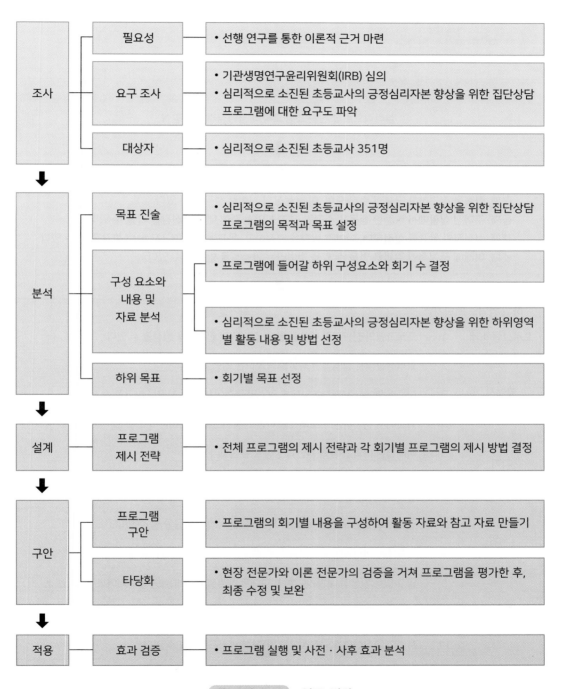

조사	필요성	• 선행 연구를 통한 이론적 근거 마련
	요구 조사	• 기관생명연구윤리위원회(IRB) 심의 • 심리적으로 소진된 초등교사의 긍정심리자본 향상을 위한 집단상담 프로그램에 대한 요구도 파악
	대상자	• 심리적으로 소진된 초등교사 351명
분석	목표 진술	• 심리적으로 소진된 초등교사의 긍정심리자본 향상을 위한 집단상담 프로그램의 목적과 목표 설정
	구성 요소와 내용 및 자료 분석	• 프로그램에 들어갈 하위 구성요소와 회기 수 결정 • 심리적으로 소진된 초등교사의 긍정심리자본 향상을 위한 하위영역별 활동 내용 및 방법 선정
	하위 목표	• 회기별 목표 선정
설계	프로그램 제시 전략	• 전체 프로그램의 제시 전략과 각 회기별 프로그램의 제시 방법 결정
구안	프로그램 구안	• 프로그램의 회기별 내용을 구성하여 활동 자료와 참고 자료 만들기
	타당화	• 현장 전문가와 이론 전문가의 검증을 거쳐 프로그램을 평가한 후, 최종 수정 및 보완
적용	효과 검증	• 프로그램 실행 및 사전 · 사후 효과 분석

그림 11-1   연구 절차

2. 프로그램의 목표

프로그램의 목표
심리적으로 소진된 초등교사의 긍정심리자본 향상

프로그램의 하위 영역별 목표
첫째, 좌절을 직면하고 극복할 수 있으며, 이를 성장의 기회로 생각할 수 있다. 둘째, 주어진 상황에서 특정한 행동을 수행할 때 자신의 능력에 대한 자신감을 가질 수 있다. 셋째, 실질적인 목표를 설정하며, 나아갈 방향을 결정하고, 목표에 도달하고자 하는 생각을 할 수 있다. 넷째, 미래에 긍정적인 결과를 얻을 수 있을 것이라는 가능성을 발견할 수 있다.

하위 영역	회기	회기별 목표
프로그램 소개	1	프로그램의 전반적인 내용을 알고, 집단원과 친밀감을 형성할 수 있다.
탄력성	2	교직생활에서 경험했던 좌절을 극복하는 경험을 할 수 있다.
	3	힘든 일에 잘 대처할 수 있도록 과거의 경험에서 나의 자원을 발견할 수 있다.
	4	학교에서 경험하는 스트레스를 나만의 방법으로 극복하는 방법을 알 수 있다.
자기 효능감	5	미해결된 나의 문제의 원인과 양상을 분석할 수 있다.
	6	직장에서의 어려움을 인정하고, 이를 해결하기 위해 다른 사람들에게 도움을 구하는 방법을 알 수 있다.
희망	7	경험하고 있는 모든 문제에는 다양한 해결 방법이 있음을 알 수 있다.
	8	학교에서 어려움에 부딪혔을 때 해결할 수 있는 다양한 방안을 알 수 있다.
낙관성	9	맡고 있는 일들이 내가 생각한 방향대로 해결될 것이라는 긍정적 기대를 할 수 있다.
	10	맡은 업무에 어려움이 생겼을 때 긍정적으로 해결될 수 있을 것이라는 믿음을 가질 수 있다.
	11	자신의 교직생활을 긍정적으로 바라보는 태도를 가질 수 있다.
마무리	12	향상된 긍정심리자본을 점검하며, 변화된 자신을 확인하고, 향상된 긍정심리자본을 적용하기 위한 구체적인 계획을 세울 수 있다.

그림 11-2 **프로그램의 목적과 하위 영역별 · 회기별 목표**

3. 최종 프로그램

📚 표 11-1 **최종 프로그램**

영역	회기	프로그램 제목	회기별 목표	활동 내용
프로그램 소개	1	시작하는 나와 만나기	프로그램의 전반적인 내용을 알고, 집단원과 친밀감을 형성할 수 있다.	• 프로그램 안내 • 집단 규칙 안내 및 프로그램에 대한 다짐 • 별칭 짓기 • 집단에 참여하는 기분 표현하기 • 심리적 소진에 대한 나의 마음 나누기 • 시에 대한 나의 마음 나누기
탄력성	2	상처받은 교사	교직생활에서 경험했던 좌절을 극복하는 경험을 할 수 있다.	• 활동 안내, 집단에 참여하는 기분 및 기대 표현하기 • 교직생활에서의 좌절 • 위 · 공 샤워(위로 · 공감 샤워) • 좌절 경험 극복하기
	3	강점 위에 설계하기	힘든 일에 잘 대처할 수 있도록 과거의 경험에서 나의 자원을 발견할 수 있다.	• 활동 안내, 집단에 참여하는 기분 및 기대 표현하기 • 교직 인생 곡선 그래프 • 장점 선물하기
	4	나만의 스트레스 관리 방법	학교에서 경험하는 스트레스를 나만의 방법으로 극복하는 방법을 알 수 있다.	• 활동 안내, 집단에 참여하는 기분 및 기대 표현하기 • 나의 스트레스 분석하기 • 스트레스 극복 방법 찾기 • 나만의 스트레스 관리 방법 찾기
자기 효능감	5	넘어진 자리에서 일어서기	미해결된 나의 문제의 원인과 양상을 분석할 수 있다.	• 활동 안내, 집단에 참여하는 기분 및 기대 표현하기 • 미해결된 나의 문제 떠올리기 • 미해결된 문제를 분석하고 계획 세우기
	6	인적 그물망 탐색	직장에서의 어려움을 인정하고, 이를 해결하기 위해 다른 사람들에게 도움을 구하는 방법을 알 수 있다.	• 활동 안내, 집단에 참여하는 기분 및 기대 표현하기 • 인적 그물망 탐색 • 도움 요청 • 심리적 어려움에 대한 마음 가이드라인
희망	7	한 줄 해결상자책	경험하고 있는 모든 문제에는 다양한 해결 방법이 있음을 알 수 있다.	• 활동 안내, 집단에 참여하는 기분 및 기대 표현하기 • 고민상담소 • 한 줄 해결상자책 만들기
	8	나의 SWOT	학교에서 어려움에 부딪혔을 때 해결할 수 있는 다양한 방안을 알 수 있다.	• 활동 안내, 집단에 참여하는 기분 및 기대 표현하기 • SWOT 분석하기 • 나의 SWOT • 생활기록부 선물하기
낙관성	9	나의 비합리적 신념 바꾸기	맡고 있는 일들이 내가 생각한 방향대로 해결될 것이라는 긍정적 기대를 할 수 있다.	• 활동 안내, 집단에 참여하는 기분 및 기대 표현하기 • 담임교사로서, 행정 업무 담당자로서 • 비합리적 신념 탐색 • ABCDE 기법 안내 및 연습하기
	10	자기주장 훈련	맡은 업무에 어려움이 생겼을 때 긍정적으로 해결될 수 있을 것이라는 믿음을 가질 수 있다.	• 활동 안내, 집단에 참여하는 기분 및 기대 표현하기 • 자기주장훈련 안내 • 자기주장훈련 연습하기
	11	나의 교직 인생 시	자신의 교직생활을 긍정적으로 바라보는 태도를 가질 수 있다.	• 활동 안내, 집단에 참여하는 기분 및 기대 표현하기 • 교직생활에 대한 시 • 행복한 교직생활을 위해 • 실천 의지 다지기
마무리	12	긍정심리자본 지도	향상된 긍정심리자본을 점검하면서 변화된 자신을 확인하고, 향상된 긍정심리자본을 적용하기 위한 구체적인 계획을 세울 수 있다.	• 활동 안내, 집단에 참여하는 기분 및 기대 표현하기 • 긍정심리자본 지도 • 긍정심리자본 지도를 집단원과 공유하기

4. 프로그램 효과 검증

이 프로그램의 효과 검증을 위하여 혼합분산분석(Mixed ANOVA)을 사용하였으며, 유의수준 .05에서 검증한 결과 유의한 효과가 있는 것으로 밝혀졌다($F=51.23$, $p<.001$).

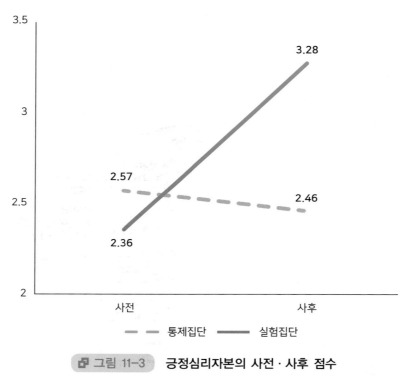

그림 11-3 긍정심리자본의 사전 · 사후 점수

출처: 홍지윤(2023).

다음으로 긍정심리자본의 변화를 하위 요인별로 검증하기 위해 혼합분산분석을 반복해서 사용한 결과, 긍정심리자본의 네 가지 하위 요인에서 유의한 변화가 있는 것으로 나타났다. 따라서 심리적으로 소진된 초등학교 교사의 긍정심리자본의 향상을 위한 집단상담 프로그램은 효과가 있는 것으로 검증되었다.

프로그램 개발 및 효과 검증에 관한 자세한 내용은 홍지윤(2023)의 논문「심리적으로 소진된 초등학교 교사의 긍정심리자본 향상을 위한 집단상담 프로그램 개발」에서 확인할 수 있다.

5. 프로그램의 실제

1회기	시작하는 나와 만나기			
하위 영역	프로그램 안내 및 자기 소개			
활동 목표	프로그램의 전반적인 내용을 알고, 집단원과 친밀감을 형성할 수 있다.			
준비물	PPT 자료, 활동 자료, 필기구	시간 (분)	90분	
단계	활동 내용	시간 (분)	집단 구성	
도입	◈ 프로그램 안내 – 긍정심리자본에 대한 개념 안내 〈활동 자료 1-①〉 – 프로그램 의미와 목적 소개 – 프로그램 일정 및 참여 시 유의 사항 안내 ◈ 집단 규칙 안내 및 프로그램에 대한 다짐 – '시작하는 나와의 만남' 작성하기 〈활동 자료 1-②〉	10	전체	
전개	◈ 별칭 짓기 – 다른 사람에게 불리고 싶은 나만의 별칭 짓고 소개하기	10	전체	
	◈ 집단에 참여하는 기분 표현하기 – 집단에 참여하는 기분을 형용사로 표현하기	10	전체	
	◈ 심리적 소진에 대한 나의 마음 나누기 〈활동 자료 1-③〉 – 현재 내가 느끼는 심리적 소진의 정도를 척도로 생각해 보기 – 소진의 원인에 대해 생각해 보기 – 집단에서 내가 이루고 싶은 작은 목표 세워 보기	25	조별	
	◈ 시에 대한 나의 마음 나누기 〈활동 자료 1-④〉 – 시를 읽고 집단원과 느낌 나누기	25	전체	
정리	◈ 집단상담 소감 나누기 – 오늘의 집단상담 경험에 대한 소감 나누기 ◈ 다음 회기 설명 – 다음 회기에 대한 전반적인 설명하기	10	전체	
유의 사항	– 상담자는 집단원이 집단에 대한 동기부여를 가질 수 있도록 집단원 간에 긍정적인 상호작용을 할 수 있도록 유도한다. – 상담자는 집단원이 편안하게 집단에 참여할 수 있도록 돕는다.			

1회기	긍정심리자본이란	별칭
활동 자료 1-①		

◆ 교사의 심리적 소진 예방을 위한 긍정심리자본 향상 집단상담의 목적

> 내담자가 가지고 있는 긍정심리자본의 하위 요소인 희망, 자기효능감, 탄력성, 낙관성 향상을 통해 심리적으로 소진된 교사들의 회복을 돕는 데 집단상담의 목적이 있다. 집단원 자신이 가지고 있는 희망, 자기효능감, 탄력성, 낙관성을 발견하고 향상시켜서 학교에서 활용할 수 있도록 한다.

◆ 긍정심리자본

> 긍정심리자본이란 '개인이 가지고 있는 심리적인 강점을 활용해서 목표를 이루고 성과를 증대시킬 수 있는 긍정적인 심리 상태'이다. 긍정심리자본은 '내가 누구인가'보다 좀 더 발전된 '나는 어떻게 변할 수 있느냐'에 관심을 기울이며, 직장 또는 조직 안에서 잠재력을 끌어올리는 중심 역할을 한다. 긍정심리자본의 하위 요소는 희망, 자기효능감, 탄력성, 낙관성으로 나뉜다.

◆ 프로그램의 구성

영역	회기	주제
프로그램 소개	1회기	시작하는 나와 만나기
탄력성	2회기	상처받은 교사
	3회기	강점 위에 설계하기
	4회기	나만의 스트레스 관리 방법
자기효능감	5회기	넘어진 자리에서 일어서기
	6회기	인적 그물망 탐색
희망	7회기	한 줄 해결상자책
	8회기	나의 SWOT
낙관성	9회기	나의 비합리적 신념 바꾸기
	10회기	자기주장훈련
	11회기	나의 교직 인생 시
마무리	12회기	긍정심리자본 지도

1회기	시작하는 나와의 만남	별칭
활동 자료 1-②		

시작하는 나와 약속하고 다짐합니다

함께하는 약속

1. 나는 프로그램에 적극적으로 참여한다.
2. 나는 나의 긍정심리자본을 향상시키기 위해 노력한다.
3. 나는 집단에서 나눈 이야기는 모두 비밀로 한다.
4. 나는 집단원의 이야기를 존중하고 비난하지 않는다.
5. 나는 시간을 엄수하고, 집단에 성실히 참여한다.

나의 다짐

나는 긍정심리자본을 높이기 위한 여정을 시작하면서 다음의 내용을 다짐합니다.
(자유롭게 작성해 봅시다)

나는 이 프로그램에 적극적으로 참여하여
나의 긍정심리자본을 향상을 위해 노력할 것을 약속합니다.

20　　년　　　월　　　일

이름:　　　　　　　(서명)

1회기	나의 심리적 소진	별칭
활동 자료 1-③		

✎ 나의 심리적 소진 정도를 10점 만점으로 점수를 준다면 몇 점을 줄 수 있을까요?

1점	2점	3점	4점	5점	6점	7점	8점	9점	10점

✎ 심리적으로 소진이 되었을 때 경험할 수 있는 대표적인 증상입니다. 현재 자신이 경험하고 있는 어려움에 체크해 보세요.

☐ 교권에 대한 위기감	• 교권에 대한 위기감은 교사로서의 권위 및 교권 침해의 피해와 관련하여 불안한 느낌을 갖는 것이다(정연홍, 2016). • 교권 침해는 초등학교에서도 비일비재하게 일어나고 있으며, 최근 발생하고 있는 교권 침해 사건들을 학교 차원에서 단순 교권 침해 사안으로 처리하기에는 학생이 정서 행동문제를 지니고 있는 경우가 많으며, 사안으로 처리하더라도 이후에 학생이 지닌 정서 행동문제는 쉽게 사라지지 않는다(이정표, 2018; 차영경, 2021).
☐ 무능감	• 무능감은 자신의 능력에 대한 효능감과 관련된 것으로, 교사 효능감은 자신의 수행 능력에 대한 믿음뿐 아니라 교육활동에 대한 확신을 갖게 하여 교육의 질을 좌우한다(정연홍, 2016). • 초등학교 교사는 학급의 교육 실현의 주체이다. 그렇다 보니 학교 현장에서는 아동의 정서 행동문제에 대해 정확한 교육적 진단 및 치료적 접근 없이 담임교사 차원의 문제로 생각하는 경우가 많다(이정표, 2018; 차영경, 2021).
☐ 좌절감	• 좌절감은 교사 스스로 가르치는 일에 긍지와 보람을 얻지 못하는 상태이다(정연홍, 2016). • 최근 아동은 과거에 비해서 다양하고 심각한 문제행동을 더욱 많이 보인다. 문제행동의 발생 범위도 학교 안에서만 일어나는 것이 아니라, 학교 밖의 문제행동으로 확장되어 넓어졌을 뿐만 아니라 학교 밖에서 일어나는 문제행동에 대한 담임교사의 책임이 더욱 가중되고 있다(이오연, 2015).
☐ 행정 업무 부담감	• 행정 업무 부담감은 수업 이외에 추가적으로 수행하게 되는 행정 업무에 대한 부담을 의미한다(정연홍, 2016). • 교사의 행정 업무는 근무 학교의 여건에 따라 다르게 부여받으며, 매년 다른 행정 업무를 수행하기 때문에 행정 업무에 능숙하지 않은 경우에 더 많은 시간과 노력을 투입할 수밖에 없다. 최근에는 초등학교의 돌봄 기능이 강화되면서 초등학교 교사에게 방과 후 학교, 돌봄 교실, 급식, 보건과 관련하여 책임이 늘어나고 있다(조복순, 2020).
☐ 교직 회의감	• 교직 회의감은 심리적 소진의 결과, 직무나 자기 자신에 대한 무기력뿐만 아니라 교직 전반에 대해 회의감을 경험하는 것이다(정연홍, 2016). • 초등학교 교사에 대한 사회적 기대치는 상당히 높으며, 사랑과 헌신으로 봉사하는 교직의 성직관적인 모습을 요구받는다. 이로 인해 초등학교 교사는 자신을 높은 도덕적 잣대에 맞추어야 한다는 지속적인 압박감을 경험한다(배서현, 2019).

1회기	희망	별칭
활동 자료 1-④		

희 망

정연복

바람에 지는 꽃잎을
서러워하지 말자

꽃잎이 떨어진 그 자리에
열매의 속살은 돋으리

서산마루를 넘는
석양을 바라보며
눈물 흘리지 말자

내일 아침이면
눈부시게 태양은
다시 떠오르리

칠흑 같은 어둠 속
폭풍우 앞에서도
두려움에 떨지 말자

이윽고 파란 하늘 저 편
찬란한 무지개가 피어나리

살아 있는 모든 것들은
희망의 씨앗을 품고 있다

◆ 이 시에서 마음에 와닿는 구절이나 느낌을 집단원과 이야기해 봅시다.

2회기	상처받은 교사		
하위 영역	탄력성		
활동 목표	교직생활에서 경험했던 좌절을 극복하는 경험을 할 수 있다.		
준비물	PPT 자료, 활동 자료, 필기구	시간 (분)	90분
단계	활동 내용	시간 (분)	집단 구성
도입	◆ 활동 안내 – 이번 회기의 활동에 대한 전반적인 내용 안내 ◆ 집단에 참여하는 기분 및 기대 표현하기 – 집단에 참여하는 기분 및 기대를 형용사로 표현하기	15	전체
전개	◆ 교직생활에서의 좌절 〈활동 자료 2-①〉 – 교직생활에서 좌절을 극복하지 못했던 경험 떠올려 보기 – 좌절 경험의 상황, 어려움 적어 보기 – 좌절 경험 속에서의 나의 감정 찾기	20	개별
	◆ 위·공 샤워 (위로·공감 샤워) 〈활동 자료 2-①〉 – 나의 좌절 경험 나누기 – 조원의 좌절 경험을 듣고 위로와 공감의 말 전해 주기	20	조별
	◆ 좌절 경험 극복하기 〈활동 자료 2-②〉 – 좌절 경험을 극복할 수 있는 해결 방법 찾아 보기 – 해결 방법에 따른 결과 예측하기 – 해결 방법 평가하기	20	조별
정리	◆ 집단상담 소감 나누기 – 오늘의 집단상담 경험에 대한 소감 나누기 ◆ 다음 회기 설명 – 다음 회기에 대한 전반적인 설명하기	15	전체
유의 사항	– 상담자는 '위·공 샤워' 활동을 진행할 때 공감의 중요성에 대해 이야기해 주고, 상대방의 이야기에 비난하지 않도록 안내한다. – 상담자는 조별 내에서 해결 방법을 찾을 수 있도록 내담자들의 적극적인 참여를 독려한다.		

2회기	좌절 경험	별칭
활동 자료 2-①		

✎ 교직생활에서 좌절을 극복하지 못했던 경험을 떠올려 보고, 좌절 경험의 상황과 어려움, 좌절 경험 속 나의 감정을 찾아봅시다.

상황	어려움

좌절 경험 속 나의 감정

✎ 조원과 나의 좌절 경험을 나누고, 조원의 이야기를 들으며 위로와 공감을 해 봅시다.

위 · 공 샤워(위로 · 공감 샤워) 방법

1. 조원 중 한 명(A)이 자신의 좌절 경험을 이야기합니다.
2. A의 이야기를 공감의 태도로 경청합니다.
3. A의 이야기를 들은 조원은 A에게 공감과 위로의 마음을 전해 줍니다.

"공감은 상대방의 신발을 신고 걸어 보는 것입니다."
상대방에게 위로와 공감의 마음을 전하면서
상대방의 든든한 마음의 지지자가 되어 주세요.

2회기	좌절 경험 극복하기	별칭
활동 자료 2-②		

✎ 좌절 경험으로 돌아간다면 어떤 해결 방법을 사용하여 극복할 수 있을지 조원과 이야기 나눠 보고, 그 해결 방법에 따른 결과를 예측해 봅시다.

해결 방법	결과

◆ 앞의 해결 방법은 5점 만점에 몇 점을 줄 수 있나요? 별 모양에 색칠해 봅시다.

☆ ☆ ☆ ☆ ☆

◆ 그 이유는 무엇인가요?

3회기	강점 위에 설계하기			
하위 영역	탄력성			
활동 목표	힘든 일에 잘 대처할 수 있도록 과거의 경험에서 나의 자원을 발견할 수 있다.			
준비물	PPT 자료, 활동 자료, 필기구	시간 (분)	90분	
단계	활동 내용		시간 (분)	집단 구성
도입	◆ 활동 안내 - 이번 회기의 활동에 대한 전반적인 내용 안내 ◆ 집단에 참여하는 기분 및 기대 표현하기 - 집단에 참여하는 기분 및 기대를 형용사로 표현하기		15	전체
전개	◆ 교직 인생 곡선 그래프 〈활동 자료 3-①〉 - 교직 인생 곡선 그래프 작성하기 - (+)로 향해 있는 사건에서 작용했던 나의 강점 찾기 - 과거에 심리적으로 소진된 경험 찾기 - (-)로 향해 있는 사건에서 발휘된 자신의 강점 찾기		35	전체
	◆ 장점 선물하기 〈활동 자료 3-②〉 - 장점 목록표를 참고하여 자신이 생각하는 자신의 장점 적어 보기 - 장점 목록표를 참고하여 집단원의 장점 적어 보기 - 집단원의 어떤 모습에서 해당 장점을 떠올리게 되었는지 이야기 나누기		30	전체
정리	◆ 집단상담 소감 나누기 - '나는 …한 강점을 가진 사람이다'라고 표현해 보기 - 오늘의 집단상담 경험에 대한 소감 나누기 ◆ 다음 회기 설명 - 다음 회기에 대한 전반적인 설명하기		10	전체
유의 사항	- '교직 인생 곡선 그래프' 활동에서 (-)로 향해 있는 사건 중에 해결되지 못한 사건이 있으면 표시해 두었다가 5회기에서 다뤄 볼 수 있도록 한다.			

3회기	교직 인생 곡선 그래프	별칭
활동 자료 3-①		

✎ 나의 교직 인생에서의 사건들을 떠올려 보고, 교직 인생 곡선 그래프를 작성해 봅시다.

+10

0

-10

✎ 다음의 질문에 대해 생각해 보고, 집단원과 이야기 나누어 보세요.

◆ (+)로 향해 있는 사건에서 작용했던 나의 강점은 무엇이 있나요?

◆ (-)로 향해 있는 사건 중에 심리적으로 소진을 경험한 적이 있나요?

◆ 심리적으로 소진된 경험을 극복하는 과정에서 발휘된 나의 강점은 무엇인가요?

3회기	장점 선물하기	별칭
활동 자료 3-②		

<장점 목록표>

따뜻함	현명함	유머러스함	쾌활	당당함
베풂	격려	밝은 미소	칭찬	공감
넉넉함	다재다능	편안함	힘	친절
재미	사랑스러움	의로움	협력	풍요
비전	능력	유쾌함	건강	용기

✎ 앞의 장점 목록표를 보고, 나와 집단원에게 어울리는 장점 5개를 적어 선물해 봅시다.

집단원	장점
나 ( )	

4회기	나만의 스트레스 관리 방법		
하위 영역	탄력성		
활동 목표	학교에서 경험하는 스트레스를 나만의 방법으로 극복하는 방법을 알 수 있다.		
준비물	PPT 자료, 활동 자료, 필기구	시간 (분)	90분
단계	활동 내용	시간 (분)	집단 구성
도입	◆ 활동 안내 - 이번 회기의 활동에 대한 전반적인 내용 안내 ◆ 집단에 참여하는 기분 및 기대 표현하기 - 집단에 참여하는 기분 및 기대를 형용사로 표현하기	15	전체
전개	◆ 나의 스트레스 분석하기 〈활동 자료 4-①〉 - 학교에서 경험한 세 가지 스트레스를 떠올려 보기 - 교사 직무 스트레스 분야(대인관계, 학생 지도, 업무 부담, 근무환경, 개인 내적 문제) 구분해 보기 - 스트레스의 종류(디스트레스, 유스트레스)를 구분해 보기	20	개별
	◆ 스트레스 극복 방법 찾기 〈활동 자료 4-②〉 - 집단원과 함께 다양한 스트레스 극복 방법을 찾기 - 자신이 사용한 스트레스 극복 방법 탐색하기	20	전체
	◆ 나만의 스트레스 관리 방법 찾기 〈활동 자료 4-③〉 - 자신이 사용해 본 스트레스 극복 방법을 찾아 대인관계 수준과 선호하는 스트레스 지각 양식으로 변별해 보기 - 자신만의 스트레스 극복 방법 소개하기	20	조별
정리	◆ 집단상담 소감 나누기 - '나만의 스트레스 관리 방법은 …입니다'로 한 줄 정리하기 - 오늘의 집단상담 경험에 대한 소감 나누기 ◆ 다음 회기 설명 - 다음 회기에 대한 전반적인 설명하기	15	전체
유의 사항	- 상담자는 집단원이 스트레스 상황을 떠올릴 수 있도록 진지한 분위기를 조성한다.		

4회기	나의 스트레스 분석하기	별칭
활동 자료 4-①		

◆ 교사 직무 스트레스 분야

직무 스트레스 분야	하위 요인	
대인관계	• 학부모와의 갈등 • 동료 교사와의 갈등	• 학교 관리자와의 갈등 • 행정 직원과의 갈등
학생 지도	• 생활지도의 어려움	• 학생의 불손한 행동, 욕설, 폭행
업무 부담	• 과도한 업무(수업 시수 과다, 행정 업무 과다, 기타 업무 과다) • 쉬는 시간 및 준비시간 부족 • 어려운 업무(감당하기 어려운 업무, 광범위한 능력을 요구하는 업무)	
근무환경	• 불공정한 인사 및 체제 • 비민주적이고, 강압적이며, 소통이 제한된 학교 분위기 • 보상, 인정, 승진, 표창 등의 부족 • 교직에 대한 부정적인 사회적 분위기 • 전문성 신장의 기회 부족	
개인 내적 문제	• 교직 동기 저하 • 교직관에 맞지 않음	• 전문성 부족

출처: 양은주(2022).

◆ 스트레스 종류

스트레스 종류	설명
디스트레스	스트레스 상황이 발생하였을 때 자신의 대처 능력을 넘어섰다고 느껴 위협적인 상황으로 받아들이는 부정적인 스트레스
유스트레스	스트레스 상황이 발생하였을 때 부담스럽고 어려움을 느끼지만 적절한 대응으로 극복할 수 있는 긍정적인 스트레스

✎ 학교에서 경험한 스트레스 세 가지를 적어 보고, 스트레스의 분야와 종류를 구분해 봅시다.

	학교에서 경험한 스트레스	분야	스트레스 종류
1			
2			
3			

4회기	스트레스 극복 방법 찾기	별칭
활동 자료 4-②		

✎ **집단원과 함께 스트레스를 극복할 수 있는 방안을 찾아봅시다.**

◆ V: 사용해 본 적이 있는 스트레스 극복 방법
◆ O: 자주 사용하는 스트레스 극복 방법

	스트레스 극복 방법	체크란
1		
2		
3		
4		
5		
6		
7		
8		
9		
10		
11		
12		
13		
14		
15		
16		
17		
18		
19		
20		

4회기	나만의 스트레스 관리 방법	별칭
활동 자료 4-③		

✎ 스트레스를 받았을 때 내가 사용해 본 스트레스 극복 방법을 대인관계 수준과 선호하는 스트레스 지각 양식(시각적, 청각적, 신체감각적)으로 나누어 봅시다.

		대인관계 수준	
		낮음	높음
선호하는 스트레스 지각 양식	시각적		
	청각적		
	신체감각적		

• 대인관계 수준: 스트레스를 받았을 때 나는 사람들과의 관계에서 스트레스를 극복하는 편인가요? 혼자만의 시간을 통해 스트레스를 극복하는 편인가요?
 (예: 낮음-독서, 요가 / 높음-수다, 배구 등)

• 선호하는 스트레스 지각 양식: 스트레스를 받았을 때 스트레스를 극복하기 위해 어떤 감각을 사용하는 것을 선호하나요?
 (예: 시각적-미술관 가기, 공연 보기 / 청각적-노래 듣기 / 신체감각적-운동하기)

✎ 교직생활에서 경험하는 스트레스에 대한 나만의 극복 방법을 조원에게 소개하고, 나만의 스트레스 극복 방법을 통해 느껴 보았던 효과 및 기대되는 효과를 이야기해 봅시다.

나는 스트레스를 경험할 때 주로 사람들과의 관계를 (늘리는 편 / 줄이는 편)이고, (시각적 / 청각적 / 신체감각적) 방식으로 스트레스를 해소하기 위해 노력합니다. 저만의 스트레스 극복 방법은

5회기	넘어진 자리에서 일어서기		
하위 영역	자기효능감		
활동 목표	미해결된 나의 문제의 원인과 양상을 분석할 수 있다.		
준비물	PPT 자료, 참고 자료, 활동 자료, 필기구	시간 (분)	90분
단계	활동 내용	시간 (분)	집단 구성
도입	◆ 활동 안내 - 이번 회기의 활동에 대한 전반적인 내용 안내 ◆ 집단에 참여하는 기분 및 기대 표현하기 - 집단에 참여하는 기분 및 기대를 형용사로 표현하기	15	전체
전개	◆ 미해결된 나의 문제 떠올리기 〈활동 자료 5-①〉 - 미해결된 자신의 문제를 떠올리기 - 미해결된 문제 상황을 조원과 공유하기	30	조별
	◆ 미해결된 문제를 분석하고 계획 세우기 〈참고 자료 5-①〉 〈활동 자료 5-②〉 - WDEP 기법에 대한 소개하기 - WDEP 기법 탐색하기	30	조별
정리	◆ 집단상담 소감 나누기 - 오늘의 집단상담 경험에 대한 소감 나누기 ◆ 다음 회기 설명 - 다음 회기에 대한 전반적인 설명하기	15	전체
유의 사항	- '미해결된 나의 문제 떠올리기' 활동 중에 미해결된 문제를 떠올리는 데 힘들어 하는 집단원이 있다면 3회기의 활동 중 '교직 인생 곡선 그래프' 활동 자료를 참고할 수 있도록 안내한다. - '미해결된 나의 문제 떠올리기' 활동에서 자신의 미해결된 문제의 키워드를 이야기하도록 하여 공통점이 있는 집단원이 같은 조가 될 수 있도록 한다.		

5회기		별칭
활동 자료 5-①	**미해결된 나의 문제**	

✎ **미해결된 문제를 떠올려 봅시다.**

미해결된 문제는 과거에 겪었던 사건에서 만족스럽게 해결되지 못했거나 종결되지 못한 어려움이 남아 있는 문제이다. 미해결된 문제는 현재 자신이 알아차리고 있는 경우도 있지만 알아차리지 못하고 있는 경우도 있다. 우리는 살아가면서 누구나 미해결된 문제를 가질 수 있다.

※ **다음의 질문에 대해 생각해 보면서 자신의 미해결된 문제를 떠올려 봅시다.**
• 나에게 상처가 되었던 말이 있나요?
• 가끔 문득 떠오르는 힘들었던 기억이 있나요?
• 떠올리기 싫고, 마주하기 싫은 순간이 있나요?
• 반복적으로 꾸는 악몽이 있나요?
• 시를 읽으면서 나의 삶에서 떠오르는 기억이 있나요?

나에게

하태완

잊을만 하면 떠오르는 그 기억들에
매번 손쓸 수 없이 무너지고는 한다.

이제는 그만 아파할 때도 된 것 같은데
이 상처들이 내게 있어서 여전히 거대하다.

출처: 〈#너에게〉 중에서

✎ **내가 가지고 있는 미해결된 문제를 적어 보고, 자신의 미해결된 문제를 조원과 함께 공유해 봅시다.**

5회기	**WDEP 기법**
참고 자료 5-①	

✎ 현실치료 – WDEP

현실치료는 현재의 시점을 중요시하며, 내담자의 생각과 행동의 변화에 따라 보다 나은 삶을 살 수 있도록 돕는 데 초점을 두는 상담 이론이다. 현실치료에서는 다섯 가지 욕구를 제시하며, 행동을 변화시키는 데 WDEP를 제시하였다.

W(want)는 자신이 원하는 바람, 욕구, 지각을 탐색하는 단계이며, D(doing)는 내담자의 전 행동을 탐색하여 내담자가 어디로 가고 있는지 찾도록 도와주는 단계이다. E(evaluation)는 내담자가 행동과 욕구의 관계를 알게 함으로써 자기평가를 할 수 있도록 이끄는 단계이며, P(plan)는 자신이 원하는 것을 얻기 위해 계획을 세우는 단계이다.

◆ 기본 욕구

사랑과 소속의 욕구	힘과 성취의 욕구	자유의 욕구	즐거움의 욕구	생존의 욕구

◆ W: 자신의 바람이나 욕구, 지각을 파악하는 단계

- 너는 무엇을 원하니?
- 네가 진정으로 원하는 것은 무엇이니?
- 받아들일 수 있는 것은 무엇이고, 속이 상하는 것은 무엇이니?

◆ D: 자신의 바람이나 욕구 충족을 위해 어떤 행동을 했는지 탐색하는 단계

- 너는 무엇을 하고 있니?
- 네가 원하는 것을 달성하기 위해서 너는 무엇을 하고 있니? / 해 보았니?
- 너는 어떤 방향으로 시도해 보았니?

◆ E: 자신의 행동을 스스로 평가하도록 하는 단계

- 너의 행동이 자신에게 도움이 되니, 아니면 해가 되니?
- 네가 원하는 것은 현실적이거나 실현 가능한 것이니?
- 네가 수립한 계획은 자신의 욕구나 바람을 충족시키는 데 도움이 되니?

◆ P: 생산적 행동을 하기 위한, 변화를 위한 계획 세우도록 하는 단계

- 너는 너의 욕구, 바람을 충족시키기 위해서 어떤 계획을 세울 수 있겠니?
- 너는 이 계획을 기꺼이 실천해 보겠니?
- 지금 네가 실행하기로 약속한 것을 다시 말해 주겠니?

5회기	미해결된 문제 풀어 나가기	별칭
활동 자료 5-②		

✎ **자신의 미해결된 문제를 집단원과 공유하고, 다음의 질문이 포함되도록 조원과 이야기 나눠 봅시다.**

- 네가 진정으로 원하는 것은 무엇이니?
- 네가 받아들일 수 있는 것은 무엇이고, 속이 상하는 것은 무엇이니?
- 네가 원하는 것을 달성하기 위해서 너는 무엇을 하고 있니? / 해 보았니?
- 너는 어떤 방향으로 시도해 보았니?
- 너의 행동이 자신에게 도움이 되니, 아니면 해가 되니?
- 네가 원하는 것은 현실적이거나 실현 가능한 것이니?
- 네가 수립한 계획은 자신의 욕구나 바람을 충족시키는 데 도움이 되니?
- 너는 너의 욕구, 바람을 충족시키기 위해 어떤 계획을 세울 수 있니?

◆ 미해결된 문제 상황에서 나타나는 나의 욕구에 색칠해 봅시다.

사랑과 소속의 욕구	힘과 성취의 욕구	자유의 욕구	즐거움의 욕구	생존의 욕구

◆ 미해결된 문제 상황의 어떤 부분에서 나의 욕구를 발견할 수 있었나요?

◆ 미해결된 문제 상황에서 나는 욕구 충족을 위해 어떤 행동을 하였나요?

◆ 미해결된 문제 상황에서 내가 욕구 충족을 위해 한 행동을 자유롭게 평가해 봅시다.

◆ 앞으로의 변화를 위해 나만의 계획을 세워 봅시다.

6회기	인적 그물망 탐색		
하위 영역	자기효능감		
활동 목표	직장에서의 어려움을 인정하고, 이를 해결하기 위해 다른 사람들에게 도움을 구하는 방법을 알 수 있다.		
준비물	PPT 자료, 활동 자료, 필기구	시간 (분)	90분
단계	활동 내용	시간 (분)	집단 구성
도입	◈ 활동 안내 - 이번 회기의 활동에 대한 전반적인 내용 안내 ◈ 집단에 참여하는 기분 및 기대 표현하기 - 집단에 참여하는 기분 및 기대를 형용사로 표현하기	15	전체
전개	◈ 인적 그물망 탐색 〈활동 자료 6-①〉 - 힘들 때 도움을 받을 수 있는 사람, 기관을 떠올려 보고 마인드맵으로 표현하기 - 교원치유지원센터 소개하기	20	개별
	◈ 도움 요청 〈활동 자료 6-②〉 - 인적 그물망에서 알게 된 대상에게 어떤 도움을 받을 수 있으며, 어떤 효과를 가질 수 있는지 생각해 보기 - 도움과 관련된 경험 공유하기 - 현재 자신의 인적 자원을 어떻게 활용할 수 있을지 생각해 보기	20	조별
	◈ 심리적 어려움에 대한 마음 가이드라인 〈활동 자료 6-③〉 - 심리적 어려움을 겪고 있음을 알 수 있는 신호 탐색하기 - 마음 가이드라인 만들기 - 집단원에게 자신의 마음 가이드라인 공유하기	25	전체
정리	◈ 집단상담 소감 나누기 - 오늘의 집단상담 경험에 대한 소감 나누기 ◈ 다음 회기 설명 - 다음 회기에 대한 전반적인 설명하기	10	전체
유의 사항	- 상담자는 집단원에게 '교원치유지원센터'에 대해 안내한다.		

6회기	인적 그물망 탐색	별칭
활동 자료 6-①		

✎ 내가 힘들 때 도움을 구할 수 있는 사람, 기관에 대해 떠오르는 대로 마인드맵으로 표현해 봅시다.

내가 힘들 때

꼭 알아 두세요! '교원치유지원센터'

- 교원치유지원센터는 17개 시·도 교육청에서 설립 근거와 목적에 따라 전문 인력(전문 상담사, 변호사 등) 및 시설을 확보하고 교권 보호와 교육활동 침해 예방을 위한 프로그램을 운영합니다.
- 교원치유지원센터 대표전화: 1899-9876
- 교원치유지원센터 홈페이지: https://forteacher.kedi.re.kr

6회기	도움 요청	별칭
활동 자료 6-②		

✎ 인적 그물망에서 알게 된 내가 도움을 구할 수 있는 대상에게 어떤 도움을 구할 수 있으며, 도움을 구했을 때 어떤 효과를 가질 수 있는지 생각해 봅시다.

도움을 구할 수 있는 대상	어떻게 도움을 구할 수 있나요?	도움을 구했을 때의 효과
교감 선생님	교감 선생님을 찾아뵙고 나의 상황을 설명한 후에 도움을 요청한다.	학교 차원에서 도와줄 수 있는 부분을 명확하게 알 수 있다.

조원과 함께 이야기 나눠 봅시다

• 심리적 어려움에 처했을 때 도움을 받았던 경험을 공유해 보세요.
• 심리적 어려움에 처했을 때 도움을 받지 못했던 경험이 있다면 왜 도움을 받지 못했는지 생각해 보세요.
• 도움을 받지 못했던 경험으로 돌아간다면 어떠한 인적 자원을 활용할 수 있는지 생각해 보고, 어떤 효과가 있을지 생각해 보세요.

6회기	마음 가이드라인	별칭
활동 자료 6-③		

✎ 자신이 심리적 어려움을 겪고 있음을 알 수 있는 신호를 떠올려 봅시다.

언어적 신호	
행동적 신호	
감정적 신호	
상황적 신호	

✎ 심리적 어려움을 위한 나만의 마음 가이드라인을 만들어 봅시다(가이드라인에 자신의 인적 그물망을 활용할 수 있는 내용을 포함하도록 합니다).

◆ 1~2: 예방 차원에서의 마음 가이드라인 만들기

　(예: 나는 퇴근하기 전 오늘 내가 잘한 점 1가지를 찾고 퇴근한다)

◆ 3~5: 대처 차원에서의 마음 가이드라인 만들기

　(예: 내가 힘들다고 느낄 때 동료 교사인 ○○○에게 나의 힘든 마음을 터놓는다)

◆ 6~7: 관리 차원에서의 마음 가이드라인 만들기

　(예: 나의 힘든 마음이 가라앉을 때까지 하루 한 시간 정도 나에게 집중하는 시간을 갖는다)

1.	
2.	
3.	
4.	
5.	
6.	
7.	

7회기	한 줄 해결상자책		
하위 영역	희망		
활동 목표	경험하고 있는 모든 문제에는 다양한 해결 방법이 있음을 알 수 있다.		
준비물	PPT 자료, 활동 자료, 경험보고서, 필기구	시간 (분)	90분
단계	활동 내용	시간 (분)	집단 구성
도입	◈ 활동 안내 – 이번 회기의 활동에 대한 전반적인 내용 안내 ◈ 집단에 참여하는 기분 및 기대 표현하기 – 집단에 참여하는 기분 및 기대를 형용사로 표현하기	20	전체
전개	◈ 고민상담소 〈활동 자료 7-①〉 – 학교에서 경험하고 있는, 경험했던 고민을 고민쪽지에 적기 – 고민쪽지의 사연을 들으면서 사연자의 입장에서 사연 바라보기 – 사연자에게 공감, 위로, 격려의 말 전하기	35	전체
	◈ 한 줄 해결상자책 만들기 〈활동 자료 7-②〉 – 사연에 대한 해결 방법을 한 문장으로 표현하기 – 집단에서 나온 해결 방법을 모아 해결상자책 만들어 보기 – 가장 마음에 드는 해결상자책 문구 소개하기	25	전체
정리	◈ 집단상담 소감 나누기 – 오늘의 집단상담 경험에 대한 소감 나누기 ◈ 다음 회기 설명 – 다음 회기에 대한 전반적인 설명하기	10	전체
유의 사항	– 상담자는 집단원이 현재 경험하고 있는 고민을 떠올릴 수 있도록 격려한다. – 상담자는 집단원이 현재 경험하고 있는 고민을 떠올리지 못한다면 과거에 경험한 고민을 적 을 수 있도록 안내한다.		

7회기	고민상담소	별칭
활동 자료 7-①		

✎ 학교에서 현재 경험하고 있는 고민 혹은 이전에 경험했던 고민을 적어 봅시다.

고민 제목:

✎ 다른 집단원의 고민을 듣고 전해 주고 싶은 공감, 위로, 격려의 말을 적어 봅시다.

집단원	전해 주고 싶은 공감, 위로, 격려의 말

7회기	한 줄 해결상자책	별칭
활동 자료 7-②		

✎ 고민을 듣고 사연에 대한 해결 방법을 적어 봅시다.

1번 고민 제목 :	2번 고민 제목 :
(* 고민에 대한 해결 방법을 적어 봅시다)	(* 고민에 대한 해결 방법을 적어 봅시다)
3번 고민 제목 :	4번 고민 제목 :
(* 고민에 대한 해결 방법을 적어 봅시다)	(* 고민에 대한 해결 방법을 적어 봅시다)
5번 고민 제목 :	6번 고민 제목 :
(* 고민에 대한 해결 방법을 적어 봅시다)	(* 고민에 대한 해결 방법을 적어 봅시다)

8회기	나의 SWOT		
하위 영역	희망		
활동 목표	학교에서 어려움에 부딪혔을 때 해결할 수 있는 다양한 방안을 알 수 있다.		
준비물	PPT 자료, 참고 자료, 활동 자료, 필기구	시간 (분)	90분
단계	활동 내용	시간 (분)	집단 구성
도입	◈ 활동 안내 - 이번 회기의 활동에 대한 전반적인 내용 안내 ◈ 집단에 참여하는 기분 및 기대 표현하기 - 집단에 참여하는 기분 및 기대를 형용사로 표현하기	15	전체
전개	◈ SWOT 분석하기 〈참고 자료 8-①〉 〈활동 자료 8-①〉 - SWOT를 분석하여 설명하기 - 예시에서의 강점(S), 약점(W), 기회(O), 위협(T) 파악하기 ◈ 나의 SWOT 〈활동 자료 8-①〉 - 자신의 강점(S), 약점(W), 기회(O), 위협(T) 파악하기 - 7회기에서 나눈 자신의 고민에 대해 자신의 강점(S), 약점(W), 기회(O), 위협(T)을 활용하여 다양한 전략 세우기	20	개별
	◈ 생활기록부 선물하기 〈활동 자료 8-②〉 - 분석한 SWOT에 대해 조원과 공유하기 - 조원의 SWOT 분석을 듣고, 조원의 생활기록부를 작성해 보기 - 작성한 생활기록부를 선물해 주기 - 선물 받은 생활기록부에서 가장 마음에 드는 문구 소개하기	40	조별
정리	◈ 집단상담 소감 나누기 - 오늘의 집단상담 경험에 대한 소감 나누기 ◈ 다음 회기 설명 - 다음 회기에 대한 전반적인 설명하기	15	전체
유의 사항	- 상담자는 집단원이 SWOT 분석법을 이해할 수 있도록 자세히 설명한다. - 7회기에서 나눈 자신의 고민 상황에 맞게 SWOT 분석법을 실시할 수 있도록 안내한다.		

8회기	SWOT 분석
참고 자료 8-①	

✎ **강점, 약점, 기회, 위협에 대한 안내**

강점(Strength)	약점(Weakness)
잘하는 것, 좋아하는 것 등을 포함하여 자신이 생각하는 자신의 장점	싫어하는 것, 극복하고 싶은 면 등을 포함하여 자신이 생각하는 자신의 약점
기회(Opportunity)	**위협(Threat)**
자신의 장점을 살릴 수 있거나 약점을 극복할 수 있는 기회	힘들었던 환경이나 실패한 경험 등 인생에서 마주한 위협 (+나의 인생에 어떤 계기나 영향을 미쳤는지 생각해 보기)

✎ **강점, 약점, 기회, 위협을 통한 다양한 전략 안내**

SO 전략: 강점을 살려 기회를 포착	ST 전략: 강점을 살려 위협을 회피
기회를 살리기 위해 강점을 이용하기 (적극 공세)	약점을 보완하여 기회를 살리기 (약점 강화)
WO 전략: 약점을 보완하여 기회를 포착	**WT 전략: 약점을 보완하여 위협을 회피**
강점을 이용해서 위협을 피하기 (차별화)	약점을 보완해서 위협을 극복하기 (방어, 철수)

8회기	SWOT 분석하기	별칭
활동 자료 8-①		

✎ **다음의 예시 상황을 읽고, 선생님의 강점, 약점, 기회, 위협을 찾아봅시다.**

저는 6학년 담임을 맡고 있고, 올해 학교폭력 업무를 담당하고 있습니다. 학교폭력 업무를 담당하기 전까지 저는 학생들의 갈등을 학교폭력으로 처리하는 것보다는 중재를 하려고 노력해 왔던 스타일입니다. 학부모 간의 갈등도 마찬가지로 제가 중재하여 해결하려고 많이 노력했습니다. 아이들이 교실에서 최대한 친구들과 잘 적응하는 것이 최고의 방법이라고 생각했거든요.

학교폭력 업무를 담당하면서 올해 참 많은 학교폭력 사안을 마주하였습니다. 사안이 많다 보니 중재보다는 매뉴얼대로 진행하려는 저의 모습에서도 많은 생각이 들었습니다. 이번에 맡은 사안을 처리하는 중에 서로를 가해자라고 주장하는 상황에서 학부모님들의 갈등이 심해졌습니다. 오늘 아침 저는 한 학부모님께 학교폭력 진행 절차를 안내드리려고 전화를 드렸는데, 학부모님께서는 저의 이야기를 듣기도 전에 자신의 입장을 제대로 반영해 주지 않는다며 화를 내셨습니다. 그러다 오후에는 교장실로 찾아와 저를 불러 '교사가 어디 감히' '뭐 이런 선생이 다 있습니까' '학폭을 은폐하려는 것이냐' 등 모욕적인 말을 너무 많이 들었습니다. 교감 · 교장 선생님께서 학부모님의 말에 너무 신경 쓰지 말라며 이야기해 주셨고, 동 학년 선생님들께서도 위로를 많이 해 주셨습니다. 하지만 오늘 참 많이 지치고 속이 상합니다. 교사 생활을 계속할 수 있을지 의문이 드네요.

강점(Strength)	약점(Weakness)

기회(Opportunity)	위협(Threat)

8회기	나의 SWOT 분석하기	별칭
활동 자료 8-①		

✎ 학교 상황에서 나의 강점, 약점, 기회, 위협을 찾아봅시다.

강점(Strength)	약점(Weakness)
(3회기 〈활동 자료 3-①〉을 참조하여 자신의 강점을 찾아봅시다)	(심리적으로 소진되었던 상황을 떠올려 보면서 자신의 약점을 찾아봅시다)
기회(Opportunity)	위협(Threat)

✎ 7회기에서 나눈 자신의 고민에 대해 나의 강점, 약점, 기회, 위협을 활용해서 어떤 전략을 사용할 수 있는지 선택해 보고, 다양한 전략을 세워 봅시다.

☐ SO 전략: 강점을 살려 기회를 포착	☐ ST 전략: 강점을 살려 위협을 회피
☐ WO 전략: 약점을 보완하여 기회를 포착	☐ WT 전략: 약점을 보완하여 위협을 회피

8회기	생활기록부 선물하기	별칭
활동 자료 8-②		

✎ 조원이 공유해 준 SWOT 분석을 바탕으로 조원의 생활기록부를 작성해 봅시다. 작성한 생활기록부를 조원에게 선물해 줍니다.

조원	조원의 SWOT 분석을 바탕으로 생활기록부 작성하기

9회기	나의 비합리적 신념 바꾸기		
하위 영역	낙관성		
활동 목표	맡고 있는 일들이 내가 생각한 방향대로 해결될 것이라는 긍정적 기대를 할 수 있다.		
준비물	PPT 자료, 참고 자료, 활동 자료, 필기구, 〈활동 자료 4-①〉	시간 (분)	90분
단계	활동 내용	시간 (분)	집단 구성
도입	◈ 활동 안내 - 이번 회기의 활동에 대한 전반적인 내용 안내 ◈ 집단에 참여하는 기분 및 기대 표현하기 - 집단에 참여하는 기분 및 기대를 형용사로 표현하기	10	전체
전개	◈ 담임교사로서, 행정 업무 담당자로서 〈활동 자료 9-①〉 - 현재 학교에서 담임교사로서, 행정 업무 담당자로서 자신의 업무와 역할 정리하기 - 1년을 마무리할 때 자신의 이성적인 모습과 성과 떠올리기 - 이상적인 모습과 성과를 이루기 위해 변화해야 하는 자신의 모습 찾기	15	전체
	◈ 비합리적 사고 탐색 〈활동 자료 9-②〉 - 자신의 비합리적 사고 탐색하기	10	개별
	◈ ABCDE 기법 안내 〈참고 자료 9-①〉 - REBT(합리정서행동치료) 상담의 기본 구도 설명하기	20	개별
	◈ ABCDE 기법 연습하기 〈활동 자료 9-③〉 - 학교에서 경험한 스트레스 상황에서 ABCDE 기법 연습하기	25	조별
정리	◈ 집단상담 소감 나누기 - 오늘의 집단상담 경험에 대한 소감 나누기 ◈ 다음 회기 설명 - 다음 회기에 대한 전반적인 설명하기	10	전체
유의 사항	- 상담자는 내담자가 학교에서 경험한 스트레스 상황을 찾기 어려워 한다면 〈활동 자료 4-①〉을 참조할 수 있도록 안내한다.		

9회기	담임교사로서, 행정 업무 담당자로서	별칭
활동 자료 9-①		

✎ 현재 학교에서 담임교사로서, 행정 업무 담당자로서 자신의 업무와 역할을 적어 봅시다.

담임교사	
행정 업무 담당자	

✎ 1년을 마무리할 때 담임교사로서, 행정 업무 담당자로서 자신의 이상적인 모습과 성과를 적어 봅시다. 또한 그러한 모습과 성과를 기대하는 이유는 무엇인지 적어 봅시다.

담임교사	
행정 업무 담당자	

✎ 담임교사로서, 행정 업무 담당자로서 자신의 이상적인 모습과 성과를 이루기 위해 변화해야 하는 나의 모습이 있나요? 있다면 어떤 부분인지 적어 봅시다.

담임교사	
행정 업무 담당자	

9회기	비합리적 신념 탐색	별칭
활동 자료 9-②		

✎ **내가 사용해 보았거나 자주 사용하는 비합리적 신념을 체크해 보세요.**

◆ V: 사용해 본 적이 있는 비합리적 신념

◆ O: 자주 사용하는 비합리적 신념

	비합리적 신념	체크란
1	나는 다른 사람들이 보는 데에서 실수를 했을 때 내가 아주 어리석다고 느끼거나 당황한다.	
2	나는 다른 사람들이 내가 어떤 일을 하는 것을 찬성하지 않을 것이라고 생각하면 내가 정말 하고 싶어 하는 그 일을 하는 것에 부끄러움을 느낀다.	
3	나의 집, 자동차, 수입 또는 다른 소유물들이 다른 사람들의 것만 못할 때 주눅이 든다.	
4	내가 사람들의 관심 한가운데에 있을 때 몹시 불편하다.	
5	나는 나에게 중요한 어떤 사람에게서 인정이나 사랑을 꼭 받아야만 한다고 생각한다.	
6	나는 다른 사람들에 의존하는 것 같고, 그들의 도움을 받지 못할 때 비참해진다.	
7	나는 일이 느리게 진행되거나 빨리 처리되지 않을 때 화가 난다.	
8	나는 어떤 사람이 나를 기다리게 할 때 몹시 화가 난다.	
9	나는 나보다 좋은 면이 있는 사람에 대해 질투심을 느낀다.	
10	나는 스스로 중대한 책임을 감당할 수 없을 것 같은 느낌이 든다.	
11	나는 일이 매끄럽게 되지 않을 때 몹시 풀이 죽는다.	
12	나는 일의 진행이 어려울 때 그 일이 이루어지지 않을 것 같은 느낌이 든다.	
13	나는 대부분의 일이 재미없고 지겹다.	
14	내가 일을 잘 해내지 못하는 것 때문에 스스로를 심하게 책망한다.	
15	내가 중요한 일에서 실패했을 때 매우 수치심을 느낀다.	
16	내가 중요한 결정을 해야만 할 때 걱정이 된다.	
17	나는 모험을 하거나 새로운 일을 시도하는 것이 두렵다.	
18	나는 한 인간으로서 너무나 가치 없다고 느낀다.	
19	나는 다른 사람들에게 너무 쉽게 양보한다고 생각한다.	
20	나의 성격을 보다 좋은 쪽으로 변화시킬 수 있다는 희망이 없는 느낌이다.	
21	나의 인생이 의미가 없거나 목표가 없다고 느낀다.	
22	내가 과거의 중요한 일들에서 실패했기 때문에 앞으로도 실패할 것만 같은 느낌이 든다.	
23	나는 불안이나 분노와 같은 강한 정서를 통제할 수 없음을 느낀다.	
24	내가 원하지 않는 어떤 일을 중단했을 때 어떤 나쁜 일이 일어날까 봐 계속해서 해야 한다고 느낀다.	
25	나는 일의 체계가 잡혀 있지 않을 때 몹시 불편하다.	

9회기
참고 자료 9-①

나의 비합리적 신념

✎ REBT(합리정서행동치료) 상담의 기본 구도

REBT(합리정서행동치료) 이론에 따르면, 사람들이 경험하는 정서적 혼란이나 행동적 결과(C)는 구체적인 상황이나 사실(A) 때문이 아니라 그가 가지고 있는 비합리적인 신념(B)으로 인한 것이다. 즉, 정서적 혼란이나 행동적 결과는 선행사건에 의한 것이 아니라 신념에 기인하는 것이다. 따라서 논박(D)를 통해 비합리적 생각과 신념을 합리적 생각과 신념으로 바꾸어 긍정적 효과(E)가 나타나도록 한다.

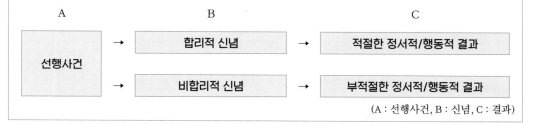

A		B		C
선행사건	→	합리적 신념	→	적절한 정서적/행동적 결과
	→	비합리적 신념	→	부적절한 정서적/행동적 결과

(A : 선행사건, B : 신념, C : 결과)

✎ ABCDE 기법 사례

A (선행사건)	→	B (비합리적 신념)	→	C (결과)
학급의 두 학생이 싸우다가 다쳐서 학부모님 간의 언쟁이 높아졌으며, 학교폭력 으로 넘어가기로 한 상황		교사는 반드시 학교 내의 모든 돌발 사고에 대해 우수한 처리 능력이 있어야 한다.		학급에서 발생한 일을 잘 대처하지 못한 것 같아 교사로서의 무능감을 느끼고 있다.

D (논박)	→	E (효과)
교사가 현실적으로 모든 돌발 사고에 대해 우수한 처리 능력을 가지고 있을 가능성이 얼마나 되나요?		논박을 통해 '교사는 학교 내의 모든 돌발 사고에 대해 우수한 처리 능력이 있어야만 능력이 있는 것은 아니다'라는 합리적 신념을 가지게 되었다. 이를 통해 교사는 무능감에서 벗어날 수 있게 되었다.

✎ **핵심적인 비합리적 신념**

비합리적 신념	설명 및 예시
당위성	'…해야만 한다(must)'에 대한 신념
	예) 나는 반드시 다른 사람에게 사랑받아야만 한다.
과장성	세상이 끔찍하고, 무시무시하고, 재앙으로 가득 찼다는 신념
	예) 그들이 나를 사랑하지 않는다면 끔찍하다.
인간의 가치 평가	인간의 가치가 평가될 수 있다고 믿는 신념
	예) 내가 사랑을 받지 못한다면 나는 가치 없는 사람이다.
좌절에 대한 낮은 인내심	인간은 좋아하지 않는 것을 참을 수 없다고 믿는 신념
	예) 내가 사랑받지 못하는 것을 나는 참을 수 없다.

✎ **논박**

논박의 종류	설명 및 예시
논리적 논박	내담자가 가지고 있는 사고의 논리성에 의문을 제기한다.
	예) 그 생각이 왜 사실인가요? 그 생각이 맞다고 어떻게 확신하나요? 그 생각의 논리의 근거는 무엇인가요?
현실적 논박	내담자의 생각이 얼마나 현실과 일치하는지를 확인하고 평가하도록 한다.
	예) 그것이 현실적으로 일어날 수 있는 가능성이 얼마나 됩니까? 그 일이 일어난다면 그것은 어떤 영향을 줄까요?
실용적 논박	내담자의 생각과 그에 수반되는 감정 및 행동이 실제로 내담자에게 도움이 되는지 의문을 갖게 한다.
	예) 그 생각이 개인적인 문제를 해결하는 데 도움이 됩니까? 그 생각이 다른 긍정적인 결과를 유도해 냅니까?

9회기	ABCDE 기법 연습하기	별칭
활동 자료 9-③		

✎ 학교에서 경험한 스트레스 상황에서 나의 비합리적 신념을 찾고, 결과를 생각해 봅시다. 〈활동 자료 4-①〉을 참조하여 학교에서 경험한 스트레스 상황을 떠올려 보아도 됩니다.

	학교에서 경험한 스트레스 상황	비합리적 신념	결과
1			
2			
3			

✎ 자신의 선행사건, 비합리적 신념, 결과에 대해 조원과 공유하고 함께 논박해 봅시다. 논박을 통해 비합리적 신념을 합리적 신념으로 바꾸었을 때 어떤 효과가 있을지 생각해 봅시다.

A (선행사건)	→	B (비합리적 신념)	→	C (결과)

↑

D (논박)	→	E (효과)

10회기	자기주장훈련		
하위 영역	낙관성		
활동 목표	맡은 업무에 어려움이 생겼을 때 긍정적으로 해결될 수 있을 것이라는 믿음을 가질 수 있다.		
준비물	PPT 자료, 참고 자료, 활동 자료, 필기구	시간 (분)	90분
단계	활동 내용	시간 (분)	집단 구성
도입	◈ 활동 안내 - 이번 회기의 활동에 대한 전반적인 내용 안내 ◈ 집단에 참여하는 기분 및 기대 표현하기 - 집단에 참여하는 기분 및 기대를 형용사로 표현하기	10	전체
전개	◈ 자기주장훈련 안내 〈참고 자료 10-①〉〈활동 자료 10-①〉 - 자기주장훈련 설명하기 - 학교에서 경험한 스트레스 상황에서 자신의 말하기 점검하기 - 소극적 행동, 공격적 행동을 자기주장 행동으로 바꾸어 보기	35	전체
	◈ 자기주장훈련 연습하기 〈활동 자료 10-①〉 - 역할극을 통해 자기주장 행동 연습하기 - 연습해 본 자기주장 행동을 집단에서 발표하기	35	조별
정리	◈ 집단상담 소감 나누기 - 오늘의 집단상담 경험에 대한 소감 나누기 ◈ 다음 회기 설명 - 다음 회기에 대한 전반적인 설명하기	10	전체
유의 사항	- 상담자는 집단원 모두가 이해할 수 있도록 자기주장훈련에 대해 자세하게 설명한다. - 상담자는 집단원이 편안하게 집단에 참여할 수 있도록 돕는다.		

10회기	
참고 자료 10-①	**자기주장훈련**

📝 자기주장훈련 안내

자기주장훈련		
자기주장훈련이란 과도한 불안 없이 적절하게 자신의 생각과 감정을 자유롭게 표현할 수 있는 능력을 증진시키기 위한 훈련이다.		
표현적 행동	자기주장 행동	자신의 행동이나 생각, 감정을 솔직하게 표현하면서 다른 사람의 입장을 고려하고 생각과 감정을 존중해 주는 행동
비표현적 행동	소극적 행동	자신의 행동, 생각, 감정을 솔직하게 말하고 싶어도 체면이나 다른 사람을 의식해서 말함(동의하는 척, 소극적인 척 등등의 행동)
	공격적 행동	자신의 권리나 의견을 내세우기 위해 다른 사람의 입장을 전혀 생각하지 않고, 심지어는 다른 사람을 괴롭히면서까지 자기 생각을 내세우는 행동

📝 같은 상황 다른 말하기

상황	업무를 처리하기 위해 업무포털을 들어갔더니 나의 업무가 아닌 공문이 배정되어 있다. 곧 교감 선생님께 전화가 와서 A선생님이 병가에 들어가셨는데 급하게 처리해야 하는 공문이니 나보고 처리를 해 달라고 하신다. 하지만 나는 나의 업무량도 많아 힘이 든 상황이다.
자기주장 행동	교감 선생님께 자신의 상황을 말씀드리고 의논을 드려야겠다는 생각이 들었다. 그래서 교감 선생님께 "교감 선생님, 제가 이번 주까지 처리해야 하는 일이 2개 정도 있습니다. 지금 처리하고 있는 일도 사실 감당하기 힘들어 부장 선생님께 여쭤 가면서 진행하고 있습니다. 혹시 다른 선생님께 부탁드릴 수 있을까요?"라고 정중히 거절하였다.
소극적 행동	상황이 힘이 들지만 거절하기 너무 미안하다. 그래서 교감 선생님께 "네…… 제가 처리하도록 하겠습니다"라고 교감 선생님의 요청에 응했다.
공격적 행동	나의 업무도 아닌데 왜 갑작스럽게 나에게 업무를 배정했는지 이해가 가지 않는다. 그래서 교감 선생님께 화가 난 목소리로 "왜 이걸 제가 해야 하나요? 이건 제 업무가 아닙니다! 저는 도와줄 수 없으니 재배정 처리해 놓도록 하겠습니다!"라고 거절 의사를 표하고 전화를 끊었다.

10회기	자기주장훈련	별칭
활동 자료 10-①		

✎ 귀인 차원이 외적, 불안정적, 통제불가능인 학교에서 경험한 스트레스 상황에서 어떤 말하기를 하였는지 생각해 보고 적어 봅시다.

	학교에서 경험한 스트레스 상황	자기주장 행동	소극적 행동	공격적 행동
1				
			(자기주장 행동으로 바꿔 보기)	
2				
			(자기주장 행동으로 바꿔 보기)	
3				
			(자기주장 행동으로 바꿔 보기)	

✎ 조원과 함께 역할극을 통해 자기주장훈련을 해 봅시다.

조원과 역할극 해 보기

• 조원과 함께 소극적 행동, 공격적 행동의 원인을 파악해 보고, 자기주장 행동으로 바꾸어 보세요.
• 조원과 함께 역할극을 통해 자기주장 행동 말하기를 연습해 보세요.
• 연습해 본 자기주장 행동을 집단에서 발표해 보세요.

11회기	나의 교직 인생 시			
하위 영역	낙관성			
활동 목표	자신의 교직생활을 긍정적으로 바라보는 태도를 가질 수 있다.			
준비물	PPT 자료, 활동 자료, 필기구	시간 (분)	90분	
단계	활동 내용	시간 (분)	집단 구성	
도입	◆ 활동 안내 - 이번 회기의 활동에 대한 전반적인 내용 안내 ◆ 집단에 참여하는 기분 및 기대 표현하기 - 집단에 참여하는 기분 및 기대를 형용사로 표현하기	10	전체	
전개	◆ 교직생활에 대한 시 〈활동 자료 11-①〉 - 나만의 시 작성해 보기 - 나만의 시 발표해 보기	20	개별	
	◆ 행복한 교직생활을 위해 〈활동 자료 11-②〉 - 행복한 교직생활을 위한 실천 리스트 작성해 보기 - 실천 의지와 다짐 적어 보기	30	조별	
	◆ 실천 의지 다지기 - 행복한 교직생활을 위한 실천 리스트를 집단원과 공유하고 실천에 대한 의지 다지기	20	전체	
정리	◆ 집단상담 소감 나누기 - 오늘의 집단상담 경험에 대한 소감 나누기 ◆ 다음 회기 설명 - 다음 회기에 대한 전반적인 설명하기	10	전체	
유의 사항	- 상담자는 집단원이 시 작업에 집중할 수 있도록 진지한 분위기를 조성한다. - 상담자는 집단원이 편안하게 집단에 참여할 수 있도록 돕는다.			

11회기	교직생활에 대한 시	별칭
활동 자료 11-①		

✎ 나의 긍정적인 교직생활을 떠올려 보면서 나만의 시를 작성해 봅시다.

◆ 1행: ~에서(장소)   ◆ 6행: 1행 반복

◆ 2행: ~는 ~을 한다   ◆ 7행: 2행 반복

◆ 3행: 나의 감정

◆ 4행: 3행을 자세히

◆ 5행: 4행을 더 자세히

〈 예시 〉
교실

따스한 햇살이 비치는 교실에서
아이들을 바라보며 미소 짓는다

나는 마음이 벅차오른다
아이들의 웃음 소리에 미소가 지어진다
서로의 웃음에 행복이 찾아온다

따스한 햇살이 비치는 상담실에서
아이들을 바라보며 미소 짓는다

나만의 시를 작성해 봅시다.

11회기	행복한 교직생활을 위해	별칭
활동 자료 11-②		

✏️ 행복한 교직생활을 위해 내가 할 수 있는 것들을 모두 적어 봅시다.

	행복한 교직생활을 위한 실천 리스트
1	
2	
3	
4	
5	
6	
7	
8	
9	
10	
11	
12	
13	
14	
15	

실천 의지와 다짐을 적어 봅시다.

12회기	긍정심리자본 지도			
하위 영역	종결			
활동 목표	향상된 긍정심리자본을 점검하면서 변화된 자신을 확인하고, 향상된 긍정심리자본을 적용하기 위한 구체적인 계획을 세울 수 있다.			
준비물	PPT 자료, 활동 자료, 필기구	시간 (분)	90분	
단계	활동 내용	시간 (분)	집단 구성	
도입	◈ 활동 안내 – 이번 회기의 활동에 대한 전반적인 내용 안내 ◈ 집단에 참여하는 기분 및 기대 표현하기 – 집단에 참여하는 기분 및 기대를 형용사로 표현하기	15	전체	
전개	◈ 긍정심리자본 지도 〈활동 자료 12-①〉 – 향상된 '희망' 요소 발견하기 – 향상된 '자기효능감' 요소 발견하기 – 향상된 '탄력성' 요소 발견하기 – 향상된 '낙관성' 요소 발견하기	35	개별	
	◈ 긍정심리자본 지도를 집단원과 공유하기 〈활동 자료 12-①〉 – 집단원에게 자신의 긍정심리자본 지도를 공유하기 – 향상된 '희망'에 대해 자신의 생각 이야기하기 – 향상된 '자기효능감'에 대해 자신의 생각 이야기하기 – 향상된 '탄력성'에 대해 자신의 생각 이야기하기 – 향상된 '낙관성'에 대해 자신의 생각 이야기하기	30	전체	
정리	◈ 집단상담 소감 나누기 – 전체적인 집단상담 경험에 대한 소감 나누기	10	전체	
유의 사항	– 상담자는 집단원이 향상된 긍정심리자본을 인지할 수 있도록 집단원이 작성해 왔던 활동 자료를 활용할 수 있도록 한다. – 상담자는 집단원에게 만다라트 작성 방법을 안내한다. – 상담자는 집단원이 편안하게 집단에 참여할 수 있도록 돕는다.			

12회기	긍정심리자본 지도	별칭
활동 자료 12-①		

✎ **지금까지 작성한 활동 자료를 통해 향상된 긍정심리자본을 발견해 봅시다.**

◆ 희망: 7, 8회기 활동 자료
◆ 자기효능감: 5, 6회기 활동 자료
◆ 탄력성: 2, 3, 4회기 활동 자료
◆ 낙관성: 9, 10, 11회기 활동 자료

'희망'의 섬	'자기효능감'의 섬

'긍정심리자본'
왕국

'탄력성'의 섬	'낙관성'의 섬

참고
문헌

강명선, 이희영(2012). 유치원 교사의 직무스트레스와 소진의 관계에서 스트레스 대처방식의 매개효과. 인문학논총, 29, 289-307.

강문실, 송병식(2008). 정서노동자의 직무스트레스 결정요인, 결과요인 그리고 조절 요인에 관한 연구. 한국인사관리학회 하계학술대회, 1-28.

강진령(2020). 학교상담과 생활지도. 학지사.

강진아(2010). 초등학교 담임교사의 심리적 소진이 학생의 학교생활적응과 학업적 자기효능감에 미치는 영향. 한남대학교 석사학위논문.

경기도교육연구원(2014). 경기도 교권침해 피해 교사치유 방안. 정책연구 2014-06.

고은영(1997). 분노 표현 방식과 분노 표현의 적절성이 우울에 미치는 영향. 가톨릭대학교 대학원 석사학위논문.

구본용, 김영미(2014). 중등교사의 직무스트레스와 심리적 소진 및 교사효능감의 관계. 청소년학연구, 21(7), 275-306.

권나연, 이희영(2012). 유치원교사의 직무환경의 위험요소와 심리적 소진과의 관계에서 교사효능감의 역할. 미래유아교육학회지, 19(3), 199-218.

권미경, 김천기(2015). 교사의 관점에서 본 학부모의 소비자 주권적 태도와 그에 따른 교사의 위축 및 정체성변화. 교육종합연구, 13(3), 83-109.

권재원(2017). "중등교사의 소진에 대한 진단과 과제"에 대한 토론문 2. 한국교원교육학회 제72차 학술대회자료집, 117-121.

김민지, 김현욱(2020). 초등 저경력 교사의 직무 스트레스가 심리적 소진에 미치는 영향. 학습자 중심교과교육연구, 20(19), 195-219.

김병섭(1990). 심리적 탈진감: 척도와 구성적 타당도. 한국행정학보, 24(3), 1455-1473.

김보람, 박영숙(2012). 초등학교 교사의 직무환경과 직무열의 및 심리적 소진의 관계에서 직무스트레스 대처방식의 조절효과. 스트레스연구, 20(3), 199-208.

김선경, 안도현(2017). 초등교사 소진 하위 요인의 분리적 관련성: 학생의 문제행동과 교장의 변혁적 리더십. 아시아교육연구, 18(2), 245-264.

김연옥(2012). 유아교사의 소진척도 개발 및 타당화. 경성대학교 대학원 박사학위논문.

김윤정, 이승호(2022). 감각운동 심리치료 집단프로그램이 외상경험자의 외상 회복과 심리적 안정에 미치는 영향. 인문사회 21, 13(3), 1085-1100.

김은성, 조덕주, 진석언(2019). 초등학교 교사의 의사소통역량 향상 프로그램 개발 및 효과 분석 연구. 한국교원교육연구, 36(1), 103-132.

김은주(2017). 교사소진의 원인과 대안 모색. 교육의 이론과 실천, 22(1), 1-38.

김장섭(2004). 고등학교 교사의 소진 경험과 귀인성향과의 관계 연구. 고려대학교 교육대학원 석사학위논문.

김주영(2010). 초등학교 교사의 교직선택동기 및 교직관과 소진경험과의 관계. 경인교육대학교 교육대학원 석사학위논문.

김지은(2006). 직무수행에 대한 학교조직문화와 교사의 문화성향의 관계. 한국교원교육연구, 23(1), 51-79.

김철희(2017). 사회복지전담공무원의 직무스트레스와 우울과의 관계에서 사회적 지지의 효과. 한국케어매니지먼트 연구, 24, 139-166.

김혜숙, 최은영, 김성민(2011). 호남 지역 일부 직장인의 직무스트레스와 스트레스 대처방식의 관계. 스트레스연구, 19(2), 147-154.

김혜원, 이지연(2016). 초등교사가 지각한 부정적 동료관계, 좌절된 대인관계욕구, 부적응적 인지적 정서조절, 소진의 구조적 관계분석. 아시아교육연구, 17(4), 37-62.

김호선(2017). 성인학습자의 완벽주의와 심리적소진의 관계에서 스트레스 대처방식의 매개효과. 아주대학교 교육대학원 석사학위논문.

김효정(2018). 초등학교 교사의 직무 스트레스가 소진에 미치는 영향-사회적지지, 직업 정체성, 회복탄력성의 조절효과와 매개효과를 중심으로. 경기대학교 대학원 석사학위논문.

나옥희, 오오현, 이미나(2019). 감정코칭 대화법을 활용한 학교폭력예방프로그램 개발 연구. 예술인문사회 융합 멀티미디어 논문지, 9(1), 267-277.

노형철(2022). 감정조절, 어떻게 가능할까?: 감정조절의 메커니즘과 브레인 트레이닝. 브레인, 95, 12-17.

도영호(2016). 초등학교 동학년 교사 간 갈등에 관한 연구. 경인교육대학교 교육전문대학원 석사학위논문.

문정희, 안정신(2019). 중년자녀의 양가감정과 심리적 안녕감의 관계에서 인지적 정서조절의 중

재효과. 한국생활과학회지, 28(3), 247-258.

민하영(2010). 유아교육기관 교사의 우울 및 동료교사/원장의 정서적 지지가 직무소진에 미치는 영향: 정서적 지지의 주효과와 완충효과를 중심으로. 아동학회지, 31(4), 1-14.

박대령(2015). 관계를 회복하는 용기. 소울메이트.

박대준, 최수찬(2015). 교사가 지각한 학급 내 학생의 문제행동이 교사의 소진에 미치는 영향: 감정노동의 매개효과를 중심으로. 초등교육연구, 28(2), 77-102.

박민아(2021). 중등교사의 온라인교수자 역할 수행 스트레스와 심리적 소진의 관계에서 긍정심리자본의 매개효과. 아주대학교 대학원 석사학위논문.

박인우(1995). 효율적인 집단상담 프로그램을 위한 체계적 모형. 지도상담, 20, 19-40. 계명대학교 학생생활연구소.

배서현(2019). 초등 저경력 교사의 회복탄력성 요인 분석. 춘천교육대학교 교육대학원 석사학위논문.

손현동, 김은실(2014). 초등학교 교사 민감성에 영향을 주는 정서와 유발 변인에 대한 질적 분석. 교원교육, 30(1), 137-166.

손형국(2015). 초등학교 남교사의 교직생활에 관한 문화기술적 연구, 한국교육학연구, 21(4), 347-372.

손형국, 양정호(2013). 초등학교 6학년 담임교사의 교직생활 탐구. 한국교원교육연구, 30(2), 413-437.

송미경, 양난미(2015). 한국 초등학교 교사 소진척도 개발 및 타당화. 상담학연구, 16(3), 196-214.

양은주(2022). 직무스트레스로 개인 상담을 받은 교사의 상담 성과에 관한 질적연구. 한국교원대학교 교육대학원 석사학위논문.

유미, 정선화(2011). 가족치료와 물고기 가족화의 해석. 이담북스.

유희정(2009). 초등교사의 공문서 처리 순응 경향. 춘천교육대학교 교육대학원 석사학위논문.

윤아랑, 정남운(2011). 상담자 소진: 개관. 한국심리학회지: 상담 및 심리치료, 23(2), 231-256.

이봉주(2017). 교사소진척도(TBS) 타당화 연구. 안양대학교 대학원 박사학위논문.

이선영, 안창일(2012). 불안에 대한 수용-전념 치료의 치료과정 변인과 치료효과. 한국심리학회지: 상담 및 심리치료, 24(2), 223-254.

이영만(2013). 교사의 심리적 소진에 관한 연구동향. 초등교육연구, 26(2), 134-142.

이오연(2015). 초등학교 교사의 학생 문제행동에 대한 지각과 심리적 소진의 관계. 경인교육대학교 교육전문대학원 석사학위논문.

이정영(2012). 초등학교 교사가 지각하는 학교 구성원에 대한 신뢰, 심리적 소진과 직무열의의 관계. 이화여자대학교 교육대학원 석사학위논문.

이정표(2018). 학급담임으로서 초등학교 교사의 역할정체성 구성요인 탐색. 한국교원대학교 대학원 박사학위논문.

임성택, 어성민, 이영민, 김나연(2012). 학부모의 교육지원이 교사의 심리적 소진에 미치는 영향: 교사효능감의 매개효과. 한국교원교육연구, 29(2), 149-173.

임지윤, 도승이(2014). 중등 교사의 정서조절이 교사 직무스트레스, 소진, 효능감에 미치는 영향. 사고개발, 10(1), 105-126.

정미향(2015). 초등학교 동학년 교사의 교육과정 개발 과정 기술. 통합교육과정연구, 9(1), 43-68.

정보용(2018). 초등학교 교사가 지각한 사회적 지지가 소진에 미치는 영향: 교사 효능감의 매개
효과. 아주대학교 대학원 석사학위논문.

정송, 노언경(2020). 한국형 교사소진 척도(MBI-ES) 타당화. 교원교육, 36(2), 271-292.

정연홍(2016). 교사의 심리적 소진 측정도구 개발 연구. 한국교원대학교 대학원 박사학위논문.

정연홍(2020). TBI 교사의 심리적 소진 측정도구 전문가 지침서. 학지사.

정연홍, 유형근(2016). 교사의 심리적 소진 측정도구 개발. 아시아교육연구, 17(3), 303-326.

정연홍, 유형근(2020). TBI 교사 심리적 소진 검사 전문가 지침서. 학지사.

조민아, 이정화, 송소원, 장석진(2010). 교사의 발달 단계에 따른 교사 효능감, 적응 유연성, 심리
적 소진의 차이. 교원교육, 26(1), 93-111.

조복순(2020). 초등학교 교사의 직무스트레스가 심리적 소진에 미치는 영향: 교사 임파워먼트
의 매개효과. 제주대학교 대학원 석사학위논문.

조성연(2005). 보육교사의 직무만족도와 자기효능감. 교육과학연구, 36(1), 81-104.

조환이, 윤선아(2014). 교사소진 연구 동향 분석. 뇌교육연구, 13, 77-100.

조환이, 윤선아(2017). 직무요구와 초등학교 교사소진과의 관계에서 긍정심리자본의 조절효과.
인문사회21, 8(3), 1295-1318.

차영경(2021). 정서행동문제를 지닌 학생을 지도한 초등학교 교사의 경험에 대한 내러티브 탐
구. 청주교육대학교 교육대학원 석사학위논문.

최우경, 김진숙(2014). 대학생 생활스트레스와 자살생각의 관계: 부적응적 인지적 정서조절과 좌
절된 대인관계욕구의 매개효과. 청소년상담연구, 22(1), 1-25.

최혜영(1994). 사회사업가들의 Burnout에 영향을 미치는 요인 연구: 복지관과 병원을 중심으
로. 연세대학교 대학원 석사학위논문.

하태완(2017). #너에게. 넥서스BOOKS.

한광현(2008). 교사의 자원과 대처전략 그리고 소진의 관계. 경영교육연구, 49, 327-349.

한국교원단체총연합회(2022). 제41회 스승의 날 기념 교원 인식 설문조사.

한국교육개발원(2020). 교원 및 교직환경 국제비교 연구: TALIS 2018 결과를 중심으로(Ⅱ)

한선아(2013). 상담자의 성격특성과 심리적소진간의 관계: 공감능력의 매개효과. 단국대학교 대
학원 석사학위논문.

홍경자(2016). 의사소통의 심리학. 이너북스.

홍석기(2013). 초등학교 교사의 생활지도 효능감과 대인관계 관련변인 간의 관계. 아주대학교 대
학원 박사학위논문.

홍우림(2015). 초등학교 초임교사의 심리적 소진에 대한 연구. 초등교육연구, 28(3), 255-280.

홍은영, 임진영(2014). 학부모상담 시 초등교사의 체험 내용 분석. 초등상담연구, 13(3), 349-377.

홍지윤(2023). 심리적으로 소진된 초등교사의 긍정심리자본 향상을 위한 집단 상담 프로그램 개
발. 한국교원대학교 교육대학원 석사학위논문.

황철형, 최류미, 김대현(2019). 학부모의 학교교육 참여에 대한 초등교사의 시선. 학습자중심교과

교육연구, 19(4), 105-127.

Alvarez, H. K. (2007). The impact of teacher preparation on responses to student aggression in the classroom. *Teaching and Teacher Education, 23*(7), 1113-1126.

Amirkhan, J. H. (1990). A factor analytically derived measure of coping: The Coping Strategy Indicator. *Journal of Personality and Social Psychology, 59*(5), 1066-1074.

Bakker, A. B., Schaufeli, W. B., Demerouti, E., Janssen, P. P., van der Hulst, R., & Brouwer, J. (2000). Using equity theory to examine the difference between burnout and depression. *Anxiety, Stress, & Coping, 13*, 247-268.

Beck, A. T., Epstein, N., Brown, G., & Steer, R. A. (1988). An inventory for measuring clinical anxiety: psychometric properties. *Journal of consulting and clinical psychology, 56*(6), 893.

Beck, A. T., Steer, R. A., & Garbin, M. G. (1988). Psychometric properties of the Beck Depression Inventory: Twenty-five years of evaluation. *Clinical Psychology Review, 8*(1), 77-100.

Brackett, M. (2020). 감정의 발견[*Permission to feel*]. 임지연 역. 북라이프. (원저는 2020년 출간).

Brock, B. L., & Grady, M. L. (2000). *Rekindling the flame: Principals combating teacher burnout.* Thousand Oaks: Corwin Press.

Brouwers, A., & Tomic, W. (2000). A longitudinal study of teacher burnout and perceived self-efficacy in classroom management. *Teaching and Teacher Education, 16*, 239-253.

Chang, M. L. (2009). An Appraisal Perspective of Teacher Burnout: Examining the Emotional Work of Teachers. *Educational Psychology Review, 21*, 193-218.

Cherniss, C. (1980). *Professional burnout in the human services organizations.* Praeger Publishers.

Cherniss, C. (1989). Burnout in new professionals: A long-term follow-up study. *Journal of Health and Human Resources Administration, 12*(1), 11-24.

Clark, K. K., Bormann, C. A., Cropanzano, R. S., & James, K. (1995). Validation evidence for three coping measures. *Journal of Personality Assessment, 65*(3), 434-455.

Farber, B. A. (1982). *Stress and burnout: Implications for teacher motivation.* Paper presented at the Annual Meeting of the American Educational Research Association, New York, March.

Farber, B. A. (1984). Stress and burnout in suburban teachers. *The Journal of Education Research, 77*(6), 325-331.

Farber, B. A. (1991). *Crisis in education: Stress and burnout in the American teacher.* San Francisco, Jossey Bass Publishers.

Freudenberger, H. J. (1974). Staff burn-out. *Journal of Social Issue, 30*(1), 159-165.

Friedman, I. A. (2000). Burnout in teachers: Shattered dreams of impeccable professional performance. *Psychotherapy in Practice, 56*, 595–606.

Hill, C. E. (2012). 상담의 기술[*Helping Skills: Facilitating Exploration, Insight, and Action*]. 주은선 역. 학지사. (원저는 1999년에 출간).

Humphreys, T. (2011). 선생님의 심리학[*A Different Kind of Teacher*]. 안기순 역. (주)다산북스. (원저는 1996년에 출간).

Jackson, S. E., Schwab, R. L., & Schuler, R. S. (1986). Toward an understanding of the burnout phenomenon. *Journal of applied psychology, 71*(4), 630.

Jones, J. W. (1980). *A measure of staff burnout among health professionals*. Paper presented at the annual convention of the APA.

Khamisa, N., Oldenburg, B., Peltzer, K., & Ilic, D. (2015). Work related stress, burnout, job satisfaction and general health of nurses. *International journal of environmental research and public health, 12*(1), 652–666.

Kyriacou, C. (2001). Teacher stress: Directions for future research. *Educational Review, 53*, 27–35.

Lazarus, R. S., & Folkman, S. (1984). *Stress, appraisal, and coping*. Springer publishing company.

Leiter, M. P. (1990). The impact of family resources, control coping, and skill utilization on the development of burnout: A longitudinal study. *Human relations, 43*(11), 1067–1083.

Leiter, M. P. (1993). Burnout as a developmental process: Consideration of models, 237–250 In Professional burnout: *Recent developments in theory and research*, edited by Schaufeli et al., Taylor and Francis.

Leiter, M. P., & Maslach, C. (1998). Burnout. En H. Friedman (Ed.). *Encyclopedia of Mental Health*. Academic Press.

Marshall. B. Rosenberg (2017). 비폭력대화[*Nonviolent Communication: A Language of Life*]. 캐서린 한 역. 한국NVC센터. (원저는 1999년 출간).

Maslach, C. (1998). A multidimensional theory of burnout. *Theories of organizational stress, 68*(85), 16.

Maslach, C., & Jackson, S. E. (1981). *Maslach burnout inventory manual*. Consulting Psychologist Press.

Maslach, C., Jackson, S. E., & Leiter, M. P. (1996). *Maslach burnout inventory* (3rd ed.). Consulting Psychologist Press.

Maslach, C., Schaufeli, W. B., & Leiter, M. P. (2001). Job burnout. *Annual Review of Psychology, 52*, 397–422.

Seidman, S. A., & Zager, J. (1987). The teacher burnout scale. *Educational Research Quarterly, 11*(1), 26–33.

Whitaker, T. (2015). 훌륭한 교사는 무엇이 다른가[*What great teacher do differently*]. 송형호 역. 지식의날개. (원저는 2002년에 출간).

저자
소개

유형근(Yu HyungKeun)

한국교원대학교 대학원 교육학(상담심리 전공) 석사 · 박사
한국교원대학교 학교생활상담센터 상담원, 한국청소년상담원 상담교수 역임
현 한국교원대학교 교육학과 교수

〈주요 저서 및 논문〉
중학생을 위한 학교상담 프로그램(공저, 학지사, 2009)
고등학생을 위한 학교상담 프로그램(공저, 학지사, 2009)
초등학교 고학년을 위한 학교상담 프로그램 Ⅰ(공저, 학지사, 2004)
초등학교 저학년을 위한 학교상담 프로그램 Ⅱ(공저, 학지사, 2004)
교사의 심리적 소진 측정 도구 개발(공동, 2016)
TBI 교사 심리적 소진 검사: 전문가 지침서(공저, 인싸이트, 2020) 외 다수

정연홍(Jeong Yeanhong)

한국교원대학교 대학원 교육학(상담심리 전공) 석사 · 박사
청소년상담사(1급), 전문상담교사(1급)
현 원주금융회계고등학교 교사
   한국교원대학교 교육학과 강사

〈주요 저서 및 논문〉
TBI 교사 심리적 소진검사: 전문가 지침서(공저, 인싸이트, 2020)
학교폭력 예방 및 학생의 이해(공저, 학지사, 2019)
교사의 심리적 소진 측정 도구 개발(공동, 2016)

≋ **문가람**(Moon Garam)

한국교원대학교 대학원 교육학(상담심리 전공) 박사과정 재학

공주교육대학교 교육대학원 교육학(교육상담 전공) 석사

전문상담교사(1급)

현 나래초등학교 교사

〈주요 논문〉

코로나(COVID-19)로 인한 비대면 학교생활에 적응하는 고경력 교사의 경험에 관한 현상학적

　　연구(공동, 2022)

긍정심리학 기반 행복증진 프로그램이 초등학생의 학업 스트레스와 심리적 안녕감에 미치는

　　영향(2021)

≋ **최지혜**(Choi Jihye)

한국교원대학교 대학원 교육학(상담심리 전공) 박사과정 재학

연세대학교 교육대학원 교육학(상담교육 전공) 석사

전문상담교사(1급), 한국상담학회 전문상담사(2급)

현 대전둔산초등학교 교사

〈주요 논문〉

부모의 과보호가 초등학생의 사회적 문제해결능력에 미치는 영향(2016)

≋ **홍지윤**(Hong Jiyun)

한국교원대학교 대학원 교육학(상담심리 전공) 석사

전문상담교사(1급)

현 매산초등학교 전문상담교사

〈주요 논문〉

심리적으로 소진된 초등학교 교사의 긍정심리자본 향상을 위한 집단상담 프로그램 개발(2023)

초등교사의 심리적 소진 회복을 위한
집단상담 프로그램

–TBI를 활용한 회복 프로그램
Group Counseling Program to the Recovery of Burnout for Elementary School Teacher

2023년 8월 20일 1판 1쇄 인쇄
2023년 8월 30일 1판 1쇄 발행

지은이 • 유형근 · 정연홍 · 문가람 · 최지혜 · 홍지윤
펴낸이 • 김진환
펴낸곳 • ㈜ **학지사**

　　　04031 서울특별시 마포구 양화로 15길 20 마인드월드빌딩
대표전화 • 02)330-5114　　　팩스 02)324-2345
등록번호 • 제313-2006-000265호

홈페이지 • http://www.hakjisa.co.kr
인스타그램 • https://www.instagram.com/hakjisabook

ISBN 978-89-997-2965-2 93180

정가　19,000원

출판미디어기업 **학지사**

간호보건의학출판 **학지사메디컬** www.hakjisamd.co.kr
심리검사연구소 **인싸이트** www.inpsyt.co.kr
학술논문서비스 **뉴논문** www.newnonmun.com
교육연수원 **카운피아** www.counpia.com